DU DROIT PUBLIC

ET DU DROIT DES GENS.

TOME IER.

ET SE TROUVE A PARIS,

CHEZ

BOSSANGE, MASSON et BESSON, libraires, rue de Tournon, n°. 6;

BRASSEUR AINÉ, imprimeur-éditeur, rue de la Harpe, n°. 93.

CAPELLE et RENAND, libraires-commissionnaires, rue J.-J. Rousseau, n°. 6.

CHAUMEROT, (Jn.) libraire, palais du Tribunat, première galerie de bois, n°. 188;

DUFOUR, libraire, rue des Mathurins St-Jacques, n°. 7.

Mme DUFRESNE, libraire, Palais de Justice;

LENORMANT, imprimeur-libraire, rue des Prêtres-Saint-Germain l'Auxerrois, n°. 17;

RENOUARD, (Antoine - Augustin) libraire, rue Saint-André-des-Arcs, n°. 55;

TREUTTEL et WURTZ, libraires, rue de Lille, n°. 17;

Et chez les principaux Libraires des Départemens et de l'Etranger.

DU DROIT PUBLIC
ET DU DROIT DES GENS,

OU

PRINCIPES

D'ASSOCIATION CIVILE ET POLITIQUE;

SUIVIS D'UN PROJET DE PAIX GÉNÉRALE ET PERPÉTUELLE.

PAR J. J. B. GONDON.

Respice res bello varias.
AEneid. lib. xii.

PARIS,
IMPRIMERIE DE BRASSEUR AÎNÉ.

NOVEMBRE 1807.

ÉPITRE DÉDICATOIRE

A SON ALTESSE SÉRÉNISSIME

MONSEIGNEUR LE PRINCE

CAMBACÉRÈS,

ARCHI-CHANCELIER DE L'EMPIRE.

MONSEIGNEUR,

En vous dédiant l'Ouvrage *du Droit Public et des Gens*, je n'ai fait que

suivre le mouvement de mon cœur,
qui a fait porter mes regards sur le
plus illustre des Protecteurs ; je me
suis senti entraîné vers Votre Altesse
Sérénissime par cet ascendant qu'ont
sur l'homme le génie et les vertus, que
vous réunissez au plus haut degré dans
un Poste éminentissime. Eh ! pouvais-
je faire mieux que de mettre mon
Livre sous la protection du Magistrat
Suprême qui a présidé à la confection
de toutes nos Lois régénératrices ; du
Prince dont le nom seul est d'une si
grande autorité dans les matières que
je traite !

Je ne peux le passer sous silence,
MONSEIGNEUR ; en acceptant cette

Dédicace, vous m'avez accordé le suffrage le plus glorieux : mais ce n'est pas seulement un honneur insigne pour moi; c'est encore un encouragement pour ceux qui se destinent aux Belles-Lettres : comme un nouveau Mécène, vous leur tendez vos mains protectrices; aussi il ne faut pas s'étonner si beaucoup d'Ecrivains cherchent avec empressement à faire paraître leurs Ouvrages sous vos Auspices.

Je ne citerai pas ici, MONSEIGNEUR, les grands services que vous rendez à l'Etat par vos immenses travaux; je dirai pour tout éloge que vous secondez puissamment par vos lumières le HÉROS-LÉGISLATEUR

qui nous gouverne avec tant de gloire,
et que vous vous faites chérir de la
nation entière.

Je suis avec un profond respect,

MONSEIGNEUR,

DE VOTRE ALTESSE SÉRÉNISSIME

Le très-humble et très-obéissant serviteur.

J. J. B. GONDON.

PRÉFACE.

Je n'ai pas cherché le bonheur d'un
pays dans le malheur d'un autre ; j'ai
écrit pour l'intérêt de toutes les nations du monde : mon livre, universel
par ses rapports, contient les principes
du droit public et du droit des gens, (1)
tels que je les ai aperçus moi-même. (2)

---

(1) Il est des auteurs qui ont confondu le droit public
avec le droit des gens , et se sont écartés des vrais principes en écrivant sur cette matière : le premier de ces
droits est celui qui est particulier à chaque peuple, qui
règle les fondemens de la société civile, et y fait régner
l'ordre et la tranquillité; le second est celui qui est
commun aux diverses nations, qui maintient leurs relations externes, et prescrit leurs obligations respectives pour l'intérêt et la sûreté de toutes.

(2) Je demeure au village d'Ansouis, département de
Vaucluse, où il n'y a aucune ressource littéraire ;
toutefois je ne prétends pas avoir eu la science innée;
j'ai étudié avant d'écrire, et j'ai réfléchi en écrivant :

J'ai vu chaque société à part formant un aggrégation d'hommes qui vivent sous des lois particulières; j'ai vu toutes les sociétés ensemble formant une aggrégation de peuples qui vivent sous des lois générales, mais encore imparfaites.

En considérant dans ses parties le

---

or, comme dans l'ordre de la nature, c'est à dire dans l'enchaînement général des êtres, tout ce qui suit dérive de ce qui précède, après avoir formé mon plan les idées sont venues se ranger comme d'elles-mêmes à leur place.

Je dois observer que depuis quelques mois que je suis à Paris j'ai lu trois ouvrages qu'il m'importait de connaître; *le Droit de la Guerre et de la Paix* de Grotius, *le Droit de la Nature et des Gens* de Puffendorf, et *la Politique* d'Aristote : j'ai été content de voir que j'avais traité à peu près le même sujet d'une manière différente, mais non opposée. J'ai lu aussi l'*Abrégé de la République* de Bodin, l'*Esprit des Lois romaines* de Gravina, *le Gouvernement civil* de Locke; et *le Droit Public de l'Europe* de Mably, où j'ai pris quelques citations qui m'ont paru venir à l'appui de mes principes; j'en ai puisé encore quelques-unes dans le *Dictionnaire encyclopédique.*

monde terrestre il m'a paru inconce-
vable que les hommes se soient diversement associés pour se nuire ; une
chose purement volontaire n'aurait
pas dû devenir pour eux un motif
de jalousie et de discorde ; n'aurait
pas dû rompre les liens du sang
humain, l'état politique sans doute
le plus convenable ; car une preuve
que cela est ainsi, c'est que chaque
peuple combat pour conserver son
gouvernement ; témoin la France qui
s'est continuellement défendue, et
avec avantage, quand on l'a atta-
quée.

Jusqu'ici on a cru pouvoir unir moralement les empires ou en détruisant la guerre par l'exposé de ses
horreurs, ou en faisant vivre la paix
par la manifestation de ses délices,
deux chimères qui ont trompé et qui
tromperont toujours le but des écrivains au détriment des peuples ; car

pour exister cet accord demande quelque chose de plus réel; il veut être maintenu constamment par la combinaison des rapports naturellement établis entre les nations, et par l'équilibre d'une force toujours active, entretenue disjonctivement, générale et réciproque de sûreté, qui repousse sans cesse les corps impériaux vers le point de repos d'où sans cesse ils s'éloignent, vu que chaque forme de gouvernement, par sa nature et son principe, s'aliène des autres, se particularise en quelque sorte, et ne conserve avec eux dans sa différence spécifique que les seuls rapports commerciaux, rapports qui ne peuvent s'établir que par le moyen de la paix.

On aurait beau vouloir combiner les passions humaines, on ne pourrait jamais les mettre dans un parfait équilibre; c'est à dire les enchaîner les unes par les autres; d'ailleurs

elles dépendent de tant de circonstances qu'on ne peut poser à leur
égard aucun principe solide; et ce
serait une grande absurdité de faire
d'une règle relative une règle absolue, d'une règle pleine d'exceptions
une règle générale : il est donc impossible de détruire la guerre de nation à nation autrement que par le
contre-poids des corps militaires; mais
encore faut-il que ce contre - poids
soit bien réglé.

¹ Les choses humaines conservent si
difficilement l'harmonie qu'on ne peut
l'établir solidement entre les nations
que par le moyen d'une surveillance
mutuelle. La paix des empires résulte
de l'équilibre de leurs forces, comme
le cercle résulte de la justesse de ses
rayons. L'univers est un assemblage de
pièces plus ou moins grandes qui marchent plus ou moins d'accord, que la
politique combine très-variablement;

c'est à dire qu'elle les arrange et les
dérange à son gré, et dont le vrai
point d'union, une fois bien fixé, donnerait cent fois plus de force aux différentes branches du commerce.

Ce n'est pas pourtant qu'il ne faille
connaître l'empire des passions pour
leur opposer un rempart suffisant; le
publiciste qui formerait un projet pour
le bien public sans faire entrer dans
ses calculs les passions des hommes,
et sans élever des barrières pour les
contenir, ne ferait qu'un ouvrage chimérique; eût-il fait ses calculs avec
la plus grande justesse, ils n'en seraient
pas moins inutiles s'il n'avait apprécié
en même tems les forces physiques et
morales des états.

Presque toutes les guerres de souverain à souverain ont des causes cachées
aux peuples, qui les croient utiles;
mais les résultats leur démontrent
très-souvent qu'ils sont trompés par

l'ambition, qui, allant au-devant de la fausse gloire, laisse toujours derrière elle une longue suite de désastres. Mais quand est-ce que ce fléau destructeur aura un autre principe que l'opinion absurde qui fait dépendre du malheur d'un peuple le bonheur de l'autre, comme si dans un corps où tout est lié, où il y a impulsion et répulsion, le mal d'une partie pouvait jamais produire le bien de l'autre; comme si une chose pouvait se donner pour telle qu'elle n'est pas?

Il ne me semble pas naturel que les peuples se détruisent pour avoir adopté le gouvernement qui leur a paru le plus conforme à leur position, à leur génie, et surtout au bien-être de chacun d'eux; bien-être qu'ils accroissent encore en se communiquant : c'est de cette communication que résultent plusieurs avantages répandus dans leurs diverses formes de gouvernemens, et qui se réunissent dans la conséquence; c'est à dire après que les hommes ont formé différens peuples; avantages qu'on eût perdus si l'on avait voulu les réunir dans le principe, c'est à dire avant que les hommes eussent formé divers peuples; car il faut observer qu'on peut séparer les hommes en politique en les jetant dans une civilisation différente, sans qu'on puisse les séparer en humanité.

Il existe entre les hommes des rapports naturels, des rapports civils et des rapports politiques; les premiers s'établissent par la naissance, les seconds par une association semblable, et les troisièmes par des associations différentes : ces divers rapports se font plus sentir à mesure que l'union règne davantage parmi les peuples.

J'appelle ici rapport politique tout ce qui a trait aux besoins et aux secours mutuels des nations, tout ce qui

tend généralement à mêler les gouvernemens, à les unir, à les faire dépendre les uns des autres par leur insuffisance s'ils ne communiquent entre
eux : or, c'est principalement de ces
rapports que je traite dans cet ouvrage. (1)

Quand un état veut faire son bonheur exclusif il fait alors son malheur; il détache son intérêt d'une
masse qui le rendrait plus puissant :
en effet, vouloir particulariser un
avantage qui ne peut exister qu'en
commun, c'est l'anéantir. En fait de
commerce il y a entre les états une
telle réciprocité de vie, que quand
chaque peuple ne veut exister que par

---

(1) *J.-J. Rousseau* fait connaître dans une note
du *Contrat Social*, liv. 3, chap. 15, l'importance
qu'il y avait de traiter des relations externes des
états pour parvenir à leur confédération; *matière*,
dit-il, *toute neuve, et où les principes sont encore
à établir.*

lui-même il se fait dans le monde une
perte commune : le commerce est un
fil d'union générale et d'utilité respec-
tive que l'on coupe pour soi en le cou-
pant pour les autres ; chaque pays le
fait plus ou moins, (1) suivant sa situation, ses facultés, la nature de son sol,
l'industrie de ses habitans ; et quiconque y éprouve des obstacles y en fait
éprouver : tel est le principe de la plupart des guerres étrangères. En mécanique tous les ressorts concourent à une
même fin, et l'accord de la pièce inté-
resse le plus petit aussi bien que le plus
grand : si celui-ci communique plus
de force il en reçoit plus ; si celui-là
en communique moins il en reçoit

---

(1) Tous les états de l'Europe continentale, étant plus
ou moins à portée de faire le commerce de la mer,
sont intéressés à maintenir la balance maritime, sans
laquelle ils surpaieraient les marchandises si une
seule puissance avait le droit de faire exclusivement
ce commerce.

moins; ce qui établit la proportion. Il en est ainsi des états à l'égard du commerce.

Dans toutes les choses qui sont d'un intérêt commun jamais les nations n'agiront de concert contre leur bien mutuel, pourvu qu'elles le connaissent : si l'une d'elles s'écarte de la fin générale les autres l'y ramèneront ; et cette fin générale existe lorsque le mal est balancé par le mal, le bien par le bien ; de manière que l'avantage particulier comporte l'avantage général, le désavantage d'un seul le désavantage de tous. Or, la paix des empires est d'un intérêt universel ; donc ils gagneraient tous à proscrire les hostilités. Une preuve que la paix des empires est d'un intérêt universel, c'est que chaque état peut avoir alternativement la guerre : en effet, quoiqu'elle soit particulière dans le même tems aux divers peuples qui la font,

elle devient successivement générale;
c'est à dire que, quoiqu'ils ne la fassent
pas tous à la fois, ils la font chacun
à leur tour. Je crois n'avoir pas besoin
de preuve pour le démontrer; l'histoire en fournit trop d'exemples.

En écrivant je me suis plus appliqué
à dire le bien qu'à le bien dire; et si,
contre mon intention, je manifestais
des principes faux, j'en aurais le plus
grand regret; j'en aurais le plus grand
regret si une seule fois dans ma vie on
pouvait, à juste titre, me reprocher
d'avoir offensé l'humanité!

Mon sujet demandant par sa nature
le style didactique, j'ai cru devoir
m'attacher à la justesse des raisonnemens plus qu'à l'élégance de la diction:
je sais bien que j'ai suivi une route
opposée à celle du siècle, et peut-
être certains esprits m'en sauront
mauvais gré; mais qu'importe, pourvu

toutefois que je puisse remplir mon
objet.

Pour bien exécuter mon plan j'ai
considéré les hommes avant et après
leur réunion en société; j'ai rapproché
ces deux états, et j'ai reconnu que la
civilisation était utile au genre humain, en l'établissant sur les vrais
principes; enfin j'ai tâché d'observer
toutes les impressions que nous recevons et de la nature et de la société.

Avant de m'appliquer à l'étude de
l'homme en général j'ai fixé les yeux
sur moi, et d'une proposition particulière je me suis élevé à une proposition générale malgré les différences
caractéristiques qu'il peut y avoir
parmi des êtres de la même nature;
j'ai écrit en un mot ce que j'ai éprouvé;
mes pensées ne sont que mes sentimens.

J'ai pensé qu'il valait mieux lire
dans le cœur de l'homme que dans

les livres; (1) on voit alors l'objet plus
distinctement, et, outre qu'on est plus
à même de se convaincre de la vé-

---

(1) Un peintre qui veut faire des portraits ressemblans ne les dessine pas sur des copies, mais
sur les originaux même : or, si depuis l'invention
de l'écriture tous les auteurs s'étaient appliqués directement à l'étude de l'homme nous serions beaucoup plus instruits dans les sciences de la morale et
de la politique; nous aurions alors moins de livres
et plus de connaissances, moins de fictions et plus
de réalités; car à quoi sert ce tas énorme de volumes?
A obscurcir la science et à embrouiller les esprits
par le moyen des subtilités et des contradictions
qui y sont répandues; à faire perdre un tems précieux
aux hommes en rendant vaines et dangereuses leurs
lectures par les doutes et les sophismes qui y sont
renfermés. Tant d'écrivains n'ont fait que se servir de
modèle les uns aux autres; et comme d'imitation en
imitation le vrai naturel s'affaiblit, on est parvenu à
dégrader l'original par les exagérations qu'on a faites;
d'où il est résulté que l'histoire de l'homme est
devenue un roman.

En effet, un seul livre suffirait pour développer
à fond le caractère de l'homme si un écrivain avait
assez de génie pour en saisir tous les rapports physiques et moraux, comme un seul tableau suffit pour
rendre fidèlement tous les traits de la figure lorsqu'il
sort de la main d'un grand peintre : or, si dans l'exe-

rité, on peut encore découvrir des défauts qui auraient échappé à l'attention
des autres, et les corriger : j'ai cru
aussi que pour exprimer de nouvelles
idées un auteur peut quelquefois créer
de nouveaux mots, ou donner aux
anciens une nouvelle signification, en
le faisant toujours avec réserve, clarté
et précision, afin qu'il n'y ait jamais
d'équivoque. (1)

Voici précisément le but que je me
suis proposé en écrivant ; c'est de réunir les peuples pour les faire jouir d'une
paix imperturbable : si j'ai le bonheur

---

cution de leurs desseins tous les auteurs avaient pris
l'homme même pour guide, nous aurions sans doute
une connaissance plus parfaite de ses attributs, parce
qu'alors ils nous auraient parlé dans le sens propre, et
non dans le sens figuré.

(1) La plupart des questions qu'agite l'esprit humain ne roulent que sur l'ambiguité des mots ; mais dès
qu'on a bien défini ceux dont on se sert, et qu'on les
emploie ensuite dans le sens exact qu'on leur a donné,
il ne doit plus y avoir d'amphibologie, ni par conséquent de dispute.

de réussir, mes souhaits seront accomplis; si je ne réussis pas, j'aurai toujours le mérite d'avoir voulu faire le bien. (1)

---

(1) Avant d'entrer en matière j'ai une grâce à demander; c'est qu'on ne juge de cet ouvrage que par son ensemble : toutes les parties de mon plan s'enchaînent; il faut le voir d'un bout à l'autre pour l'approuver ou le rejeter.

DU DROIT PUBLIC

ET DU DROIT DES GENS,

OU

PRINCIPES D'ASSOCIATION

CIVILE ET POLITIQUE.

~~~~~~

LIVRE PREMIER.

De la Société dans ses rapports avec le bonheur du genre humain.

~~~~~~

CHAPITRE PREMIER.

De la Société en général.

La société, dans le sens le plus étendu, est la réunion diverse de plusieurs êtres vivans ; ces êtres doivent être de la même espèce. Ainsi, tous les êtres qui sont animés sur la terre ont une société plus ou moins parfaite : l'homme a sa société ; les bêtes ont leur société ; les plantes même, si l'on y fait attention, ont leur société. Ces trois espèces d'êtres ont chacune le principe de la société; mais il n'y a que l'homme qui puisse en tirer des conséquences capables de la perfectionner et de l'agrandir : l'intelligence et la raison sont des prérogatives que Dieu lui a accordées pour le faire vivre dans une société bien réglée.

Il peut y avoir parmi les hommes autant de sociétés différentes que de fins pour lesquelles ils peuvent s'associer; mais je ne considérerai ici la société humaine que sous le rapport spécial de la civilisation développée dans toute son étendue.

Il faut distinguer pour l'homme trois sociétés principales, qui ne sont qu'un plus grand développement de l'ordre social, puisqu'elles viennent se renfermer dans une seule société. La première est la société domestique, qui est particulière à chaque famille; la seconde est la société civile, qui est particulière à chaque peuple; la troisième est la société politique, qui est universelle, tant parce qu'elle renferme les deux autres sociétés, que parce qu'elle embrasse toutes les nations.

Ces trois sociétés ont pris des formes différentes selon les tems, selon les lieux et selon les hommes; mais partout la même société a eu pour but le bonheur des associés. Par exemple, la société domestique n'est pas telle dans l'Asie que dans l'Europe : ici la loi ne permet qu'une seule femme; (1) là règne la polygamie ou le droit d'en avoir plusieurs. Cette société a pourtant dans ces deux parties du monde la même fin, celle de la propagation; mais elle veut y parvenir par une route opposée. La société civile n'est pas la même dans l'Espagne que dans la Suisse : ici plusieurs magistrats ont l'autorité souveraine; là un seul homme en est revêtu. Cette société a pourtant dans ces deux états le bien public pour objet; mais elle y parvient d'une manière différente. La société politique est autre en Europe, en Asie, en Afrique, en Amérique, parce qu'on n'y suit pas le même droit des gens; elle a pourtant également pour but, dans ces quatre parties de l'univers, l'établissement des relations commerciales et le maintien de la paix; mais malheureusement cette société se trouve souvent déviée par l'ambition de ceux qui gouvernent.

_____

(1) Cette loi est relative au climat, au sol, aux mœurs, et surtout à la religion.

La société domestique est distincte de la société civile, et la société civile est distincte
de la société politique; mais elles sont tellement liées et si dépendantes, que pour perfectionner la société politique il faut perfectionner la société civile, et pour perfectionner
la société civile il faut perfectionner la société domestique.

Selon l'ordre domestique, il faut qu'il y
ait dans chaque état une infinité de familles,
afin d'éviter la confusion des choses, et conserver l'ordre naturel des successions. Selon
l'ordre civil, il faut que ces différentes familles ne forment plus qu'un seul peuple ;
et selon l'ordre politique, il faut qu'il y ait
dans le monde plusieurs sociétés civiles, chacune gouvernée selon son génie particulier,
et qu'enfin ces diverses sociétés civiles, se réu-
nissant entre elles, ne forment plus qu'une
seule société politique. Or, s'il n'y avait sur
la terre qu'une seule société civile, il n'y aurait plus de société politique, et la confusion
serait dans l'état social, parce qu'un empire
de cette dimension serait trop grand pour
pouvoir subsister dans l'ordre.

Il est donc très-essentiel d'avoir établi dans
le monde ces trois espèces de sociétés humai-

nes que nous appelons domestique, civile et politique. La société civile se trouve placée au milieu des deux autres sociétés, parce qu'elle doit leur servir de liaison pour faire passer l'homme de la condition la plus particulière à la condition la plus générale, en rendant les différens peuples que le genre humain compose, réciproquement utiles par le moyen des relations commerciales : ainsi, on a distribué les hommes dans trois sociétés différentes, pour les mieux réunir en société, et leur procurer plus de tranquillité et de jouissances ; car de la distinction de ces trois sociétés découle la règle de nos devoirs envers les parens, envers les compatriotes et envers les étrangers ; ce qui embrasse l'humanité entière.

Sans la distinction de ces trois sociétés humaines, l'univers ne formerait qu'un groupe monstrueux où le choc des intérêts particuliers mettrait continuellement les armes entre les mains des hommes pour les faire massacrer en masse et en détail : c'est alors qu'on verrait en même tems les horreurs de la guerre domestique, civile et étrangère ; le frère s'armerait contre le frère, le citoyen contre le citoyen, et le peuple contre le peuple, parce que les lois du droit naturel, du droit civil et du droit des gens, se trouvant confondues, seraient sans force, et demeureraient sans exécution.

Par la société domestique, chaque famille doit se gouverner privativement selon les règles économiques qu'elle a adoptées pour l'intérêt de son ménage; par la société civile, chaque peuple doit se gouverner séparément selon les lois particulières qu'il a établies pour assurer sa tranquillité intérieure; par la société politique, toutes les nations doivent se gouverner collectivement selon les lois générales qu'elles ont faites pour établir leur sûreté extérieure.

Il faut donc admettre trois espèces de sociétés humaines. Il serait aussi absurde de dire que les hommes ne sont pas faits pour vivre en société à présent qu'ils y vivent, qu'il le serait de dire que le monde n'est pas fait pour exister à présent qu'il existe : ce serait vouloir nier ce qui est, et affirmer ce qui n'est pas. Le principe de la société a toujours existé, puisque sans lui la société n'aurait pas été possible; car avant de s'associer il a fallu que la société fût possible : elle a été possible, puisqu'elle s'est formée. Quand on n'aurait d'autre preuve de la sociabilité que la perfectibilité

humaine, c'en serait assez pour croire à la
nécessité de son existence. L'existence de la
société a été contingente avant qu'elle fût formée; mais elle est devenue nécessaire après
qu'elle a été établie.

La société n'est pas une institution fortuite;
elle existe par les rapports naturels qui unissent l'homme à son semblable : sans elle
point de bienveillance, point d'amitié, point
de vertu, aucune connaissance de nos devoirs, nul développement de nos facultés intellectuelles; sans elle il n'y aurait que faiblesse,
ignorance et férocité parmi les hommes. Il est
certain qu'il y a dans nous-mêmes un lien secret par lequel Dieu a voulu nous attacher les
uns aux autres. Que serait-ce que des hommes
épars sur la terre, sans moralité, sans vertu,
sans religion ? car c'est la religion qui trace
nos devoirs; et au bonheur qu'elle nous procure en ce monde par l'exercice du bien, elle
joint l'espoir d'une récompense céleste.

Certes, le genre humain est bien plus heureux dans l'état social que s'il vivait dans
l'état sauvage : c'est la différence de l'homme
d'avec la brute. Tous les arts, toutes les in-
ventions, toutes les choses utiles et agréables
se reversent d'une main dans une autre : la

société achève les desseins du Créateur; c'est
elle qui fait de l'homme un être poli, doux,
affable, éclairé, et donnant par son industrie une forme nouvelle à tout ce qui l'envi-
ronne; c'est elle qui, pour immortaliser les
grands hommes, anime le marbre et la toile
sous la main du sculpteur et du peintre; c'est
elle encore qui, par le génie du poète, donne
une seconde vie aux héros. (1)

L'inégalité des forces humaines a rendu
nécessaire la formation de la société, afin de
mettre chacun de ses membres sous une protection commune; et l'accord de ces mêmes

---

(1) Le monde civilisé est un monument qui atteste
fièrement le génie de la société. Si le Créateur a fait
dépendre d'un sentiment délicieux la propagation des
hommes, il a chargé leur orgueil de multiplier ses
merveilles. C'est cet orgueil qui nous élève, pour ainsi
dire, au-dessus de nous-mêmes par les plus belles
productions; c'est lui qui développe nos talens, étend
nos pensées et ennoblit nos actions; c'est lui qui
épure nos sentimens, embellit notre esprit, perfectionne nos connaissances et complète notre félicité,
autant que notre état le comporte sur la terre. Ce n'est
pas que cet orgueil ne puisse devenir un instrument
dangereux dans la main qui s'en sert, comme lorsqu'on
l'emploie à des objets frivoles, à des ouvrages obscènes,
à des actions barbares.

forces l'a rendue possible, afin de les égaler par les lois : mais si chaque individu ne vivait au milieu de ses semblables que sous la protection de sa force particulière, il n'y aurait alors de sûreté pour personne ; ce serait le droit du plus fort, et il vaudrait infiniment mieux que les hommes demeurassent isolés et sauvages ; ils seraient en proie à leur fureur mutuelle ; leurs jours malheureux seraient partout menacés ou entourés de pièges : ils étaient tranquilles et assurés avant l'association, et il faudrait qu'après l'association ils vécussent dans le trouble et dans les alarmes ; ils étaient timides et confians hors de la société ; et il faudrait que dans la société ils devinssent téméraires et méfians ; à chaque pas ils y verraient le danger, et ils devraient l'affronter ; à chaque instant ils y verraient le combat, et ils devraient le soutenir ; à chaque moment ils y verraient la mort, et ils devraient la braver.

Le germe de la société s'est développé à l'ardeur que les hommes ont eue de se réunir pour assurer leur vie et étendre leurs jouissances. Comme chacun d'eux ne s'est pas senti pourvu d'une existence proportionnée à ses desirs, et qu'il n'a découvert en soi qu'une faiblesse extrême, il s'est empressé de sortir de la solitude pour entrer dans la société; car à mesure que l'homme à vu autour de lui des êtres de son espèce, il a eu la pensée qu'il pouvait s'associer avec eux pour ne former qu'un seul tout, dans le dessein d'opposer une force redoutable à quiconque voudrait lui porter atteinte; et, par l'effet de la communication, il s'est multiplié autant de fois qu'il a rencontré son semblable : aussi faudrait-il s'étonner que les hommes aient pu vivre un moment dans l'état sauvage, plutôt que d'admirer comment ils ont pu se réunir en société.

La faiblesse, la crainte, l'ennui, les besoins ont porté les hommes à se rassembler, en leur montrant plus de force, plus de sûreté, plus de jouissances, plus d'agrémens, plus de plaisirs : mais bientôt tous les avantages de la société ont séduit chacun de ses membres, qui les a exclusivement poursuivis; c'est alors que les desirs de l'homme se sont augmentés à proportion des biens qu'il a vus; alors l'égoïsme, qui était propre à un être accoutumé à vivre seul, l'a séparé de son semblable; et, oubliant les relations qui se trouvaient établies entre eux par l'humanité, il a voulu vivre étranger au milieu de ses concitoyens, qui avaient les mêmes sentimens , les mêmes affections, les mêmes facultés, les mêmes besoins que lui , et avec lesquels il avait les rapports les plus étroits, les plus prochains, les plus spécifiques, les plus ressemblans, comme il vivrait au milieu des arbres qui sont des êtres sans sentiment, et qui fructifient pour lui, ou parmi des animaux avec lesquels il n'a qu'un rapport très-éloigné et très-distinct, et qui n'existent que pour servir à ses différens besoins, tant pour ce qui regarde ses vêtemens que pour ce qui concerne sa nourriture.

Suivant les principes de l'association , l'homme se trouve uni avec ses semblables par trois intérêts différens : le premier est celui qui, dérivant de son individu en faveur de la société civile , se réfère encore à lui en se référant à tous les associés ; le second est celui qui, dérivant de la société civile en faveur de chaque membre , se rapporte encore à lui en se rapportant à tous les citoyens; et le troisième est celui qui, dérivant de chaque société civile en faveur des autres sociétés civiles, se rapporte encore à lui en se rapportant à tout l'univers. Tels sont les rapports naturels, civils et politiques qui dérivent de la

société parmi les hommes ; mais malheureusement ces rapports sont oubliés ou méconnus.
D'où vient cela? De ce que chacun exige
pour soi le bien-être de la partie, considéré
indépendamment du tout.

Mais pourquoi dans leur association les
hommes ont-ils formé différens peuples, et
pourquoi ces peuples se sont-ils constitués sous
différentes formes de gouvernemens? C'est
que le monde était trop étendu pour former
un seul état; et les caractères humains étaient
trop variés à raison des climats pour former
un seul peuple.

Si dans le monde il ne s'était formé qu'un
seul état, on aurait placé les rênes du gouvernement entre les mains d'un monarque ou de
plusieurs magistrats; ce qui aurait formé une
monarchie ou une république universelle.
Or, si le genre humain s'était mis sous la puissance d'un seul souverain, où est l'homme
qui aurait été capable de gouverner un si
grand empire? Où est celui qui aurait eu la
force d'imprimer le mouvement nécessaire à
un si vaste corps? (1) Aurait-il pu le faire par

_____

(1) Les plus grands conquérans, sentant le poids
d'un trop vaste empire, ont formé dans le monde

des ministres, tandis que dans la plupart des
états il s'exerce des concussions de toute espèce? (1) Et ces ministres ne seraient-ils pas
devenus encore plus puissans que le monarque? Car à force de donner des portions de
son autorité, on l'affaiblit au point qu'elle se
trouve bientôt détruite. D'ailleurs, une si

---

divers royaumes, auxquels ils ont donné de nouveaux
gouverneurs. Voici ce que l'historien dit d'Alexandre :
*Huic regi ducique successor quærebatur ; sed major
moles erat, quàm ut unus subire eam posset : ita-
que nomen quoque ejus et fama rerum, in totum
propemodùm orbem reges ac regna diffudit ; claris-
simique sunt habiti, qui etiam minimæ parti tantæ
fortunæ adhæserunt.* « On cherchait un successeur à ce
« monarque belliqueux ; mais le poids de son empire
« était trop grand pour qu'un seul homme pût le sou-
« tenir : par conséquent son nom et l'éclat de sa re-
« nommée créèrent des rois et des royaumes presque
« dans toutes les parties de l'univers ; et les plus cé-
« lèbres furent ceux qui eurent la moindre portion
« d'une si grande fortune.» QUINTE-CURCE, liv. x.

(1) Dans les gouvernemens despotiques, de la forme de
ceux que l'on voit chez les Orientaux, les souverains,
toujours exempts de la responsabilité, parce qu'ils sont
absolus, remettent l'administration des revenus publics
à des ministres, qui, n'étant pas plus responsables, di-
lapident à leur aise.

grande nation aurait été opprimée moins
parce que le pouvoir souverain aurait été confié à un seul monarque, que parce qu'il se
serait divisé et accru dans les mains de plusieurs ministres, qui seraient devenus autant
de vice-rois despotiques, attendu qu'ils n'auraient pas été directement responsables envers elle.

Si d'ailleurs l'univers n'avait formé qu'une
monarchie, les ressorts politiques, se trouvant
en disproportion avec la grandeur de l'état,
se seraient brisés, et ce grand corps se serait
bientôt dissous. Mais quelles lois aurait-on pu
trouver convenables à tant de climats opposés, flexibles à tant de caractères différens ?
Combien n'auraient-elles pas dû être divergentes pour correspondre à toutes les parties
de ce vaste empire ! Il aurait fallu qu'elles
fussent différentes au Nord et différentes au
Midi, autres à l'Orient et autres à l'Occident,
douces et dures, modérées et sévères, c'est
à dire contradictoires. La Chine, la Perse et
tous les grands états de l'Asie sont-ils plus
heureux dans leur vaste étendue ? les peuples
y vivent-ils plus tranquilles ? Non, sans doute.
Ce serait donc bien pis d'une monarchie universelle. Si enfin le monde s'était constitué

sous un seul monarque, on aurait eu tout à décider par le droit civil, et rien par le droit des gens ; ou plutôt tout aurait roulé sur une confusion du droit civil et du droit des gens : ainsi, on aurait non-seulement perdu une distinction qui met de l'ordre dans les sociétés humaines , mais encore ce monarque serait devenu un despote, parce qu'en donnant une trop grande puissance on met celui qui la reçoit dans le cas d'en abuser.

Si, au contraire, le genre humain s'était mis sous l'autorité de plusieurs magistrats, où aurait-on trouvé un sénat qui pût gouverner avec sagesse une si grande république ? Où est le corps de gouvernans qui aurait assez de vertus pour ne songer qu'au bien public à travers mille jalousies qui naîtraient de leur élévation ? Où est l'assemblée sénatoriale dont chaque membre pourrait persévérer dans l'abnégation absolue de ses intérêts au milieu de tant de richesses et de magnificence ? Et si le gouvernement républicain, qui a pour principe la vertu, (1) ne peut convenir qu'à

---

(1) C'est l'opinion de *Montesquieu :* je l'ai adoptée, parce qu'elle m'a paru juste. Je ne m'arrêterai pas à le prouver par des raisonnemens, vu qu'on en trouve le développement dans l'*Esprit des Lois.*

une ville ou à un petit état, combien il serait plus déplacé encore dans un empire qui embrasserait tout l'univers !

Il est vrai que, par le moyen d'un gouvernement civil qui embrasserait le monde entier, il n'y aurait plus de batailles entre les nations; mais il y aurait plus de combats entre les hommes : ce ne serait plus une guerre dans laquelle une puissance assemble ses forces contre une autre puissance, et est victorieuse ou vaincue ; ce seraient autant de guerres qu'il y aurait de villes et de provinces; ce seraient à la fois les hommes et les citoyens acharnés partout les uns contre les autres ; des essaims de brigands des différentes contrées, des bandes de forcenés parcourraient la terre, les armes à la main, pour massacrer et dévorer leurs semblables : ils se détruiraient les uns par les autres; ils seraient pires que des Tartares qui du moins ne courent que sur les étrangers : tous les jours seraient marqués par de nouveaux meurtres distributifs ou collectifs. Et quel nom pourrait-on donner à cette guerre pour exprimer tant d'horreurs et tant de désastres? Aucun que je sache : ce serait une guerre générale, aussi funeste au monde que la boîte de Pandore, parce qu'elle renfermerait à la fois tous les maux qui peuvent affliger l'espèce humaine.

Au reste, si les habitans d'un état sont dans le cas d'avoir plus d'altercations entr'eux à raison de ce qu'ils ont des rapports moins éloignés, et par conséquent plus de fréquentation, ils sont aussi dans le cas d'avoir moins de démêlés avec les habitans d'un autre étas par la raison des contraires. Il est vrai de dire que là où un peuple est ennemi d'un peuple, là aussi l'homme est ennemi de l'homme, puisque ce sont des hommes associés qui sont ennemis d'autres hommes associés : mais si d'un côté ils sont civilement séparés, de l'autre côté ils sont politiquement réunis; et de ces deux importans rapports naissent les lois du droit civil pour les assurer au-dedans, et les lois du droit des gens pour les assurer au-dehors.

Mais puisque le genre humain s'est constitué distributivement sous la puissance de plusieurs souverains, ces souverains n'auraient-ils pas pu gouverner le monde en commun, ce qui aurait formé une république universelle ? Non; car tel peuple s'est mieux accommodé du gouvernement républicain, et tel autre a mieux aimé le monarchique. Or, en voulant conserver les diverses formes de gouvernemens pour suivre l'inclination de chaque peuple, on aurait formé dans le monde un gouvernement monstrueux, composé de parties hétérogènes et destructives: d'ailleurs, les guerres auraient été plus fréquentes, à raison de ce qu'ils auraient possédé toute la terre par indivis; ces empereurs se seraient disputés comme des particuliers, et n'auraient pu rien décider que par le droit civil, ou plutôt par un droit indéfinissable, parce qu'il n'en a jamais existé de semblable. Règle générale : plus les différens intérêts sont distincts, plus l'union règne entre les diverses personnes intéressées ; et plus ces intérêts sont considérables, plus ils excitent de jalousie entr'elles. Ces souverains ont donc dû gouverner le monde séparément; ce qui prouve la nécessité qu'il y a eu d'établir différentes sociétés civiles. (1)

---

(1) La preuve la plus forte que je puisse citer à l'appui de mon assertion se trouve dans l'histoire d'*Alexandre* et de *Tamerlan*: que de troubles n'éclatèrent pas après leur mort entre leurs successeurs !

CHAPITRE II.

De la Société primitive.

Les auteurs qui ont fait des recherches sur la formation de la société humaine lui ont assigné différens principes : les uns ont eu recours au hasard, comme si une cause aveugle pouvait produire un ouvrage qui suppose la première intelligence ; les autres l'ont attribuée à la crainte, comme si une cause *dispersatrice* pouvait composer une union si belle ; d'autres enfin l'ont fait dériver d'une force coërcitive, comme si une chose qui découle de l'amour réciproque pouvait être forcée. Or, sous les trois rapports, il serait absurde d'adopter leurs opinions.

On a donc imaginé toutes les causes pour faire naître la société parmi les hommes, et on n'a pas vu que son principe éclate dans la volonté de la nature, c'est à dire dans la reproduction et conservation du genre humain; on n'a pas vu qu'il y a un lien invisible qui a présidé à la formation de cette grande société,

et que ce lien est sorti des mains du souverain
Être. Or, puisque l'union sociale est un ouvrage divin, que l'homme n'y oublie jamais
sa dignité ; qu'il y conserve toujours son caractère moral ; qu'il combine tous les rapports
qui le lient à ses semblables, et qu'il en déduise
tous les devoirs qu'il doit remplir envers eux,
suivant cette volonté suprême qui l'a rendu
sociable.

En effet, si l'on cherche d'où est venu à
l'homme le penchant qui le porte à s'unir
avec son semblable, on ne peut que découvrir
qu'il lui a été donné par l'auteur de son être.
Cela est si évident, que, pour rendre la société plus nécessaire, Dieu a réparti différemment les talens entre les hommes, en
donnant à chacun d'eux une vocation spé-
ciale, c'est à dire plus d'aptitude pour telle
ou telle chose ; en sorte qu'ils ont dû se réunir
et par les besoins mutuels qui les assujettissent
les uns aux autres, et par les moyens réciproques qui les rendent capables de s'entr'aider ; car si l'intention du Créateur n'eût
pas été que l'homme s'associât, il aurait donné
à chacun des qualités suffisantes pour vivre
solitaire ; et s'il ne l'a pas fait, c'est parce
qu'il a voulu que les liens du sang humain

formassent désormais parmi nous cette union
plus étendue qu'il voulait établir sur la terre.
Tels sont les signes certains auxquels on
reconnaît que l'homme est né pour vivre en
société.

Les hommes ont donc été portés à se réunir en société par le sentiment de leurs besoins
et de leurs moyens réciproques, à l'aide de la
lumière naturelle, autrement de l'inspiration
divine; et, soit que la raison les ait conduits
à cet état pour leur propre avantage, soit que
l'instinct les y ait dirigés, tant la réunion
est naturelle à l'homme, il est toujours vrai
qu'ils se sont rassemblés par le desir d'une
assistance mutuelle, afin de jouir d'une plus
grande sécurité et d'un plus grand bonheur.

Mais quand, comment et pourquoi la société humaine s'est-elle formée? Il existe
différentes opinions à l'égard de son établissement, mais elles sont toutes fondées sur des
présomptions : une longue série de siècles l'a
couvert de tant d'obscurités, qu'il n'est pas
possible de sonder la profondeur de l'abyme.
Le premier qui a passé de l'état de nature à
celui de société n'a pas écrit de quelle manière ce changement s'est opéré sur la terre :
il peut y avoir été porté par des sentimens

qu'il n'a su exprimer, ou par des circonstances qu'il n'a pu connaître. D'ailleurs, comme il a existé des hommes avant l'établissement des sociétés, et qu'il s'en est formé différentes çà et là, personne n'a pu marquer l'époque ni le motif de la société primitive; car il serait possible qu'un autre homme se fût associé auparavant par d'autres raisons. On ne peut donc pas connaître précisément la voie qui a conduit l'homme de l'état de nature à l'état de société. Les Sauvages, qui se civilisent aujourd'hui, pourraient bien en donner un indice ; mais encore il ne serait pas sage de se fonder sur une comparaison, car les premiers hommes étaient certainement différens des Sauvages d'à-présent. (1)

---

(1) Ce qu'il y a de bien certain, c'est que les hommes ne se sont pas policés tous à la fois ; la civilisation a passé successivement d'une contrée dans l'autre. Or, les nations qui ont été les premières à se policer ne sont pas celles qui sont aujourd'hui le mieux policées; pour s'en convaincre, il suffit de jeter les yeux sur les Asiatiques et sur les Européens : les arts florissaient déjà dans l'Asie que l'Europe était encore dans l'abrutissement; et aujourd'hui l'Europe est mieux policée et plus florissante que l'Asie. Ici on ne voit guère que des états despotiques où l'homme, vil

Quoi qu'il en soit, l'homme s'est associé pour mieux remplir sa destination sur la terre; et l'on trouve le vrai principe de la société humaine dans le sentiment naturel qui le porte par instinct à s'unir avec son semblable pour le bonheur commun; car c'est dans cette union qu'il trouve principalement l'occasion d'exercer ses facultés intellectuelles; c'est là qu'il éprouve les sentimens si délicieux de la fraternité, de la bienveillance, de l'amitié, de la générosité, de la compassion, de la charité; car tel est le charme ravissant de ces affections sociables, qu'il en naît nos jouissances les plus douces. Ainsi, le besoin nous fait un devoir de vivre en société, et le penchant nous en fait un plaisir.

Avant qu'aucune société se fût établie, il y avait déjà entre les hommes une société commune par les seuls rapports de leur ressemblance, qui la rendaient possible; car

esclave, rampe sous la domination orgueilleuse et tyrannique d'un maître absolu: là on voit des états monarchiques où le citoyen, libre selon les lois, repose sous l'égide d'un gouvernement sage et modéré. Il semble qu'il est un point d'élévation au-delà duquel il faut décliner.

avant qu'ils se fussent associés, ils en avaient la faculté, comme avant d'aimer ils en eurent le pouvoir. Mais cette société, que nous présentons aujourd'hui sous trois points de vue différens, n'avait alors que très-peu d'attrait et aucune forme; c'était une société d'hommes placés à une certaine distance les uns des autres, c'est à dire une société, telle que l'agreste nature la donnait, très-imparfaite, très-sauvage, qui a été perfectionnée depuis par la distinction et la réunion des trois sociétés que nous appelons *domestique, civile* et *politique.*

Pour se faire une juste idée de l'état des hommes avant toute société, il faut se représenter une multitude infinie d'êtres épars, bornés et farouches, mais susceptibles d'union, d'entendement et de civilisation, vivant tous d'une manière analogue à leur isolement, n'ayant encore entr'eux d'autre rapport que celui fondé sur cette liaison simple et naturelle qui résulte de leur ressemblance: c'étaient en un mot des hommes dispersés dans les bois, presque réduits à l'instinct de la brute, et suivant machinalement le penchant de la nature, sans connaître ni règles, ni devoirs, ni mœurs, ni lois, ni commerce, ni arts, ni aucun lien de société permanente.

Vers le commencement du monde les hommes n'étaient pas obligés de travailler pour subsister et se vêtir; la fécondité de la terre, le petit nombre de ses habitans et la simplicité de leur vie faisaient qu'ils trouvaient sur leurs pas une nourriture facile et un vêtement commode; les arbres et les animaux leur fournissaient de quoi se nourrir et se couvrir : mais ensuite, par la propagation de leur espèce, les hommes, ne pouvant plus vivre de cette manière, s'adonnèrent les uns à la chasse, les autres à la pêche; ceux-ci se mirent à garder des troupeaux; ceux-là s'attachèrent à cultiver les champs selon la situation des lieux, la nature des climats et la disposition des esprits.

Mais les hommes ne s'accommodèrent pas long-tems de ce genre de vie; ils se réunirent bientôt en société par une promotion innée, c'est à dire à l'aide de la raison, ayant reconnu que de cette manière ils pouvaient vivre avec plus d'agrément, soit pour se mettre à l'abri des animaux malfaisans, soit pour accroître leurs jouissances par le moyen de la communication, par la réciprocité des secours, par l'échange des denrées provenant des différens climats et des terreins contraires; car, dès que

les hommes eurent formé différens peuples,
le commerce s'établit entr'eux par l'effet de
leurs relations intérieures et extérieures. Il
faut placer l'époque de l'établissement du
commerce immédiatement après celle de la
civilisation; il est même très-possible qu'il
ait contribué à réunir les hommes en société,
sous la perspective d'une assistance mutuelle;
car sans lui la société ne subsisterait pas, et
avec lui on échange les denrées de première
nécessité pour les meubles de luxe, le produit
de l'industrie pour le produit de la terre, et
l'on réunit par ce moyen l'utile à l'agréable.

A mesure que les hommes se furent réunis en
société ils contractèrent aussitôt de nouveaux
besoins; et ayant voulu se procurer des jouissances qu'ils n'avaient pas, pour améliorer
leur condition, ils s'adonnèrent aux arts et à
l'agriculture. Ils firent des progrès sensibles
dans tous les genres de savoir; ils changèrent,
pour ainsi dire, la nature de place, et mul-
tiplièrent sous leurs mains industrieuses toutes
les choses qui pouvaient leur être nécessaires
ou commodes.

Dans ce nouvel ordre de choses chacun,
par une émulation favorable au bien public,
voulant, comme il était juste, jouir de son

travail, et ne partager le fruit de ses peines
avec ses semblables qu'à titre d'échange
contre d'autres jouissances, demanda à partager également le terrein qu'ils possédaient
en commun. Des bornes de séparation furent
posées sur les lignes limitrophes pour distinguer les propriétés ; mais cette égale possession ne dura pas long-tems, car les hommes
devinrent bientôt inégaux en biens et en richesses, par la différence de leurs qualités
spirituelles et corporelles, c'est à dire par le
plus ou moins d'industrie, de génie, de
force, d'adresse, d'avarice, de sobriété, de
travail, d'économie. Or, la raison, qui leur
avait fait faire la distinction de leurs propriétés, leur fit faire des lois pour les conserver et en jouir paisiblement ; car autrement
les biens et la vie de ceux qui auraient été
laborieux ou économes eussent été en butte
à l'envie et à la méchanceté de ceux qui auraient été dissipateurs ou fainéans.

C'est donc, à consulter l'origine des choses,
la crainte de l'injustice qui a fait instituer
les lois, pour empêcher le vol, le brigandage,
le meurtre. Le sentiment naturel, qui n'est
autre chose que la conscience, pouvait bien
tracer à l'homme la règle de ses devoirs,

et lui faire connaître ce qu'il faut rechercher
et ce qu'il faut fuir ; mais quand il a été question de le faire marcher dans la voie de
l'honnêteté et de la justice à travers mille
passions turbulentes, il a fallu établir des
lois coërcitives, des freins repressifs, freins
qu'on n'a rendus efficaces qu'à l'aide de la
religion qui frappe seule les crimes invisibles,
et les étouffe dans leur origine même.

Immédiatement après la formation de la
société on a donc établi des lois civiles pour
statuer sur les démêlés des citoyens, régler
leurs devoirs, et maintenir tous les rapports
qui en sont dérivés parmi eux. L'homme,
dans l'état social, n'a plus été capable de
suivre exactement de son chef la loi naturelle
à cause de l'intérêt particulier qui l'a dominé,
des passions fortes qui ont troublé ses sens, des
objets de prédilection qui ont fasciné ses yeux,
des sons harmonieux qui ont charmé ses
oreilles ; et il a fallu des freins positifs pour
le retenir dans ses égaremens. De là sont nées
les lois humaines, auxquelles la religion a
donné un pouvoir divin : ces lois ont été
instituées entre la loi naturelle, qui se rapporte
plus particulièrement au bonheur de la vie
présente, et la loi surnaturelle, qui se rapporte

plus particulièrement à la félicité de la vie
future. Telle a dû être l'organisation de la
société parmi les hommes.

On pourrait assigner pour modèle des premières sociétés humaines la formation actuelle de nos colonies, à la différence que
celles-ci s'établissent sous la conduite d'un
officier qui en devient le fondateur et le chef,
tandis que les autres se sont ordonnées d'elles-
mêmes, en instituant le magistrat qui a dû les
gouverner : mais ce n'est pas encore là l'é-
bauche de l'association primitive.

La première société civile qui s'est formée
sur la terre (si l'on peut l'appeler de ce nom)
était naturellement simple et indépendante ;
elle n'avait d'autre chef que l'Être souverain
qui régit le monde, nul n'ayant alors le droit
de commander, parce que tous y étaient
égaux. Dans cet état primitif chacun disposait
librement de ce qu'il possédait, ou plutôt de
ce qui lui devenait nécessaire ; car il n'y avait
pas encore de propriétés distinctes, puisque
tout était commun, en vertu de l'égalité originaire des hommes. Alors on jouissait de
tous les biens autant qu'on pouvait le faire,
en ne dépassant pas les bornes de la loi naturelle, qui défend de nuire à ses semblables ;

et comme tout individu était l'arbitre absolu de ses besoins, on pouvait prendre à
son gré sur la masse commune sa portion de
subsistance, sans que personne pût s'y opposer, pourvu qu'on remplît l'obligation imposée
à chacun de travailler pour l'utilité générale,
afin que nul ne vécût aux dépens des autres.

Mais au commencement de la société il y
eut un tems où les hommes, encore très-
simples et peu nombreux, n'avaient d'autre
souci que de consommer les fruits que la
terre produisait d'elle-même. Alors ils vivaient en communauté de biens, sans se livrer
à aucun travail; et ce ne fut qu'après s'être
un peu civilisés qu'ils reconnurent que, pour
vivre d'une manière plus agréable, il fallait
faire la division des terres, et établir le droit
de propriété, afin qu'ils pussent chacun faire
valoir leurs moyens d'industrie, et avoir un
aiguillon propre à les mettre en œuvre, tant
pour leurs intérêts particuliers que pour l'intérêt général de la société.

Enfin, la société, dans son origine, a été
un bloc d'une étendue universelle; on ne dis-
tinguait alors ni maisons, ni patrie, ni familles, ni peuples; on était à la fois particulier, patriote et citoyen : ce ne fut que dans

la suite que se formèrent diverses familles
et différens peuples, et qu'on établit des lois
civiles, des lois politiques et des lois nationales sur le fondement du droit naturel, pour
maintenir l'ordre et l'harmonie dans les trois
espèces de sociétés que nous avons distinguées
sous les noms de *société domestique* de *société civile* et de *société politique*.

CHAPITRE III.

De la Société domestique.

La société domestique ou matrimoniale est l'union de deux sentimens délicieux : les animaux ont ce sentiment comme les hommes : la nature en a fait aux deux sexes un besoin mutuel, qui commence toujours par des plaisirs, et finit quelquefois par des amertumes. Il y a dans le monde des actions communes ou réciproques : l'homme sans la femme n'est d'aucun résultat dans la génération, ni la femme sans l'homme ; l'un ne peut point faire sa cote-part sans que l'autre fasse la sienne, et les deux contingens sont perdus s'ils n'agissent ensemble, preuve évidente que le Créateur a voulu unir les créatures. (1)

---

(1) Dans l'union conjugale chacun des deux sexes concourt à la génération, mais d'une manière différente. Or, l'inégalité qu'ils apportent dans la mise commune forme la différence des rapports physiques et moraux de l'un et de l'autre. Pour leur commune conservation l'Auteur de la nature, qui a tout ordonné avec une

Rien ne démontre mieux la nécessité de l'union conjugale que la parfaite sympathie des deux sexes : ils sont faits de manière qu'ils doivent, pour ainsi dire, *s'encastrer* par l'acte de la communication. Comme leur tâche est commune dans le mariage, ils sont tous les deux incomplets lorsqu'ils ne sont pas réunis ; car, par les rapports qui dérivent immédiatement de leur constitution physique, ils s'attirent si fortement l'un et l'autre, que plus ils sont éloignés, plus ils sentent le besoin de se rapprocher.

En effet, il n'y a pas de penchant plus irrésistible que celui qui pousse un sexe vers l'autre ; c'est la plus forte de toutes les attractions, parce qu'elle dérive de la nature même des êtres vivans. L'homme a été créé pour la femme, ainsi que le cerf pour la biche ;

---

sagesse infinie, n'a donné à l'homme que certains momens pour se reproduire, parce qu'il aurait pu abuser de sa force à l'égard de la femme, plus faible ; et il lui a donné aussi la force pour résister aux attaques de la femme, qui aurait pu le contraindre à l'embrasser lorsqu'il y serait le moins disposé. Or, si la nature n'avait pas élevé cette double barrière entre les deux sexes, l'espèce humaine se serait détruite, au lieu de se conserver.

ils doivent donc se réunir pour remplir leur destination.

Mais comment s'opérera cette réunion? Est-ce le jeune homme qui doit chercher la fille, ou bien est-ce à la fille de chercher le jeune homme? Dans l'union des sexes c'est la femme qui attire l'homme, parce que sa faiblesse a besoin d'un protecteur pour la mettre à l'abri de la séduction, et son honneur demande un mari pour la mettre à couvert de la critique. D'ailleurs le vide de son sexe appelle celui qui doit le remplir; c'est pour cela sans doute que la nature lui a donné la beauté, qui subjugue la force.

La femme timide, tant qu'elle n'est pas conjointe, est d'une fermeté étonnante lorsqu'elle repose sous l'immédiate protection d'un époux. Ce sexe, qui succombe si aisément sous les traits de l'amour, est capable de résister à toutes les séductions dans les liens de l'hymen. Si l'homme supporte avec patience les travaux de la campagne, la femme remplit avec douceur tous les soins du ménage; si l'un affronte le danger dans l'action du combat, l'autre brave la mort, et souvent même des douleurs plus terribles que la mort dans l'action de la vie.

Dans le nœud de l'hymen la femme devient l'égale de l'homme ; quoiqu'elle passe sous la puissance maritale , elle ne dispose pas moins de sa volonté ; et l'empire de son sexe est si grand encore , que dans sa faiblesse elle commande à la force de son époux.

La femme gagne le plus au mariage ; mais aussi les devoirs qu'il lui impose sont plus rigoureux. Après avoir goûté les plaisirs de l'union conjugale il faut qu'elle endure les douleurs de l'enfantement , et qu'ensuite elle allaite et soigne le fruit de ses plaisirs et de ses douleurs , et , pour mieux dire encore , le tendre objet de ses amours. Mais combien il y a de femmes aujourd'hui qui , oubliant le premier devoir de leur sexe, se déchargent de ce soin précieux entre les mains d'une nourrice ! (1) Quoi, mères bar-

---

(1) La plupart des femmes ne sentent qu'elles sont mères que quand elles sont enceintes ; un moment après l'accouchement elles oublient tout à fait les devoirs maternels : il faut chercher à l'enfant une nourrice, qui souvent lui donne un lait contraire à son tempérament, et la mère fait des remèdes qui lui coûtent quelquefois la vie, pour tarir en elle la source de cette douce liqueur qu'elle refuse à son fils. Les bêtes, quoiqu'elles ne soient unies que par le senti-

bares ! osez-vous refuser à vos enfans le lait
que la nature leur donne pour aliment dans
leur bas âge ! N'êtes-vous pas les dispen-
satrices de cette douce liqueur qui , émanant
de leur création , fait partie d'eux-mêmes ,
et est celle qui leur convient le mieux ! Que
vous observez mal cette loi de la nature
que les animaux suivent avec tant de régularité ! Ah ! ce n'est pas ainsi que dans les
premiers âges du monde les femmes rem-
plissaient leurs devoirs maternels !

Cette société des époux , qui est aussi ancienne que le monde , est l'effet de la nature ;
par sa nécessité elle existerait , dans quelque
condition que l'on supposât l'être vivant et
entier. (1) Rien ne peut arrêter ce mou-

---

timent, et, pour mieux dire, par l'instinct, conservent
mieux leur espèce; elles nourrissent toujours leurs petits : on peut voir l'hirondelle qui niche dans nos
maisons; tandis que la femelle couve ses œufs, le
mâle va lui chercher sa nourriture, et ils élèvent
ensemble leurs petits.

(1) Il faut excepter le cas de la castration, qui est
un acte contre nature, et celui de la vieillesse; encore
celle-ci ne s'y oppose point, parce qu'on se marie ordinairement dans la jeunesse, et quelquefois aussi dans
un âge très-avancé.

vement que la nature imprime à tous les
êtres animés ; et l'homme, fût-il livré à
l'instinct de la brute, chercherait partout
sa moitié. Quoi donc ! les poissons s'unissent
dans la mer ; les oiseaux s'accouplent dans
les champs ; les reptiles s'engendrent dans
les marais ; les bêtes féroces se reproduisent
dans les bois ; et l'homme, qui est le roi
de la terre par la sublimité de sa nature,
par la beauté de sa constitution, par la
majesté de sa figure et par l'excellence de
son caractère, sera-t-il condamné à vivre
seul et sans compagne pour voir dépérir son
espèce ! Ah ! ce n'est pas ainsi que l'a ordonné l'Auteur de son être !

Non-seulement le besoin physique rend
le mariage nécessaire aux deux époux, mais
il s'y joint encore le besoin moral qui leur
rend cette société plus chère. Douce, aimable
et charmante union qui, en nous comblant
de bienfaits, nous prépare, par des enfans
dignes de nos caresses, un bonheur qui ne
finit pas même à la mort ! c'est ici que l'indignation s'allume dans nos cœurs contre
ces pères barbares et ces femmes dénaturées
qui abandonnent leurs enfans après leur
avoir donné le jour. La nature a beau les

avertir de ne pas désavouer leur consangui-
nité; elle a beau leur faire voir dans ces
victimes infortunées d'un commerce illicite
l'image de ce qu'ils sont, les malheureux!
ils sont sourds aux cris de la tendresse, et,
pour mieux dire encore, ils tâchent d'étouffer
la voix de la conscience!

Les sentimens de l'homme qui s'unit à la
femme ont une moralité inconnue aux bêtes.
S'il n'avait que les désirs charnels dérivant
de sa constitution physique, l'amour serait
alors un mouvement passager et périodique,
comme le besoin qui le ferait naître; mais
l'estime, la bienveillance et l'amitié qui
naissent entre l'homme et la femme mul-
tiplient pour eux les jouissances du mariage:
il faut que le sentiment d'un amour sincère
forme le caractère des époux.

Il faut bien distinguer l'amour physique,
qui est un penchant purement machinal, de
l'amour moral, qui est une affection raisonnée:
le premier, qui nous est commun avec la
bête, nous rend semblables à elle si nous
nous livrons à ses emportemens; mais le
second, qui nous est particulier, nous élève
infiniment au-dessus d'elle quand nous sui-
vons les règles qu'il nous donne : l'un est

soumis aux bienséances, aux devoirs et aux
mœurs; l'autre est sujet aux caprices, aux
débauches et aux déréglemens. L'amour honnête ou moral bannit l'inconstance, la du-
plicité, le parjure, la perfidie et la violence; l'amour déshonnête ou physique emploie les ruses, les artifices, les séductions,
les contraintes, les dissimulations et les trom-
peries : en un mot, l'amour physique est un
transport passager qui naît de la seule différence des sexes, s'il est vrai qu'on puisse
encore donner le nom d'*amour* à une fureur
capable d'inspirer des crimes.

Oui, l'union des deux sexes doit reposer
sous le voile de l'honnêteté et de la pudeur.
Le plaisir même qui est attaché à une si
douce union, ce sentiment le plus poignant
et le plus vif que l'homme puisse éprouver,
qui porte la félicité des sens à son dernier
période, n'est jamais si pur que quand il
est accompagné de la décence : aussi l'instinct
moral nous fait-il une loi de couvrir des
ombres de la nuit les transports de l'amour
pour les rendre plus délicieux en les rendant plus chastes.

Dans l'état de nature l'homme s'approchait
de la femme comme parmi les animaux le mâle

s'approche de sa femelle (c'est ainsi que font encore aujourd'hui les Sauvages;) on s'accouplait au hasard ; on se séparait après la communication pour ne se revoir qu'au besoin ; on vivait isolé ; la mère ne connaissait ses enfans que pendant le tems qu'elle devait les allaiter, tant pour leur nourriture que pour sa propre conservation ; le père ne les connaissait pas. (Les animaux, par l'instinct dont ils ne mésusent point, ont plus de discernement à cet égard ; la nature y a pourvu par le moyen du cri, ce qui prouve que l'homme n'est pas fait pour vivre isolé comme eux.) (1) Dans cet état farouche la société ne durait que le tems du besoin; elle se rompait à mesure qu'on l'avait rempli ; on changeait de femme, on se mêlait comme les bêtes, (2)

———————————

(1) L'homme, que la raison rend capable de développemens progressifs, serait plus embarrassé et plus malheureux que la brute s'il ne vivait en société ; il serait d'abord plus timide et plus inquiet, parce qu'il connaît le danger.

(2) Il arrive quelquefois que les animaux d'espèce différente se mêlent; et de leur communication naissent les métis.

et quelquefois même avec les bêtes, (1) si la femme n'arrivait pas dans le moment du besoin, ou, pour mieux dire, dans le transport de la passion ; et, avec la faculté intellectuelle qu'on avait, on ne connaissait ni ordre, ni règle, ni devoirs, ni crimes, ni vertus, ni justice, ni morale, ni préceptes ; tout était alors dans l'ignorance, avec la faculté du savoir. (2)

La société domestique ou conjugale est la première et la plus simple des associations ; c'est aussi la seule qui existe parmi les bêtes, qui l'observent avec bien moins de régularité que l'homme tant qu'il n'a pas perdu la raison. Cette union des deux sexes entre les différens animaux a toujours une durée proportionnée aux moyens et aux difficultés de nourrir et d'élever leurs petits. Il ne se

---

(1) Cela arrive encore aujourd'hui chez les Sauvages ; les monstres qu'on trouve dans les déserts en sont une preuve démonstrative ; et quand cette union avec des bêtes a lieu sur la terre, on doit l'attribuer à la nature désordonnée de l'homme.

(2) Il y a des animaux qui ont des règles que nous n'avons pas, et qu'ils observent constamment ; tels sont ceux qui mettent bas toujours à peu près dans la même saison.

forme aucune société permanente parmi ceux dont l'enfance est très-courte ; mais comme l'enfance de l'homme est infiniment plus longue et plus faible que celle de la bête ; comme la conservation des enfans demande beaucoup plus de soins de la part de leurs pères, l'union conjugale doit être scellée par un contrat solennel qui la rende durable et même perpétuelle.

Chez quelques peuples sauvages de l'Amérique le père, la mère et les enfans vivent ensemble comme des personnes que le hasard aurait rassemblées. Dans cet état ils ne peuvent avoir les uns pour les autres aucun de ces attachemens qui, chez les peuples civilisés, naissent au sein des familles. Le souvenir des bienfaits que les enfans ont reçus de leurs pères est trop faible pour exciter la piété filiale lorsqu'elle n'est plus entretenue par les soins de l'amour paternel : telle a dû être partout la société conjugale au moment qu'elle s'est formée.

Mais l'homme en se policant a perfectionné cette société : il l'a étendue, il l'a affermie, il l'a cimentée par des actes civils et religieux ; il s'est uni à la femme par des conventions inviolables, que la religion a ren-

dues encore plus inviolables; il s'est lié avec
elle par des engagemens sacrés que l'autel a
rendus encore plus sacrés; ils ont formé
une maison; cette maison a formé une famille, et le mariage s'est fixé par l'habita-
tion. Cette société est devenue formelle : les
lois civiles l'ont rendue indissoluble, excepté
dans les cas qu'elles ne peuvent prévoir, je
veux dire d'incompatibilité.

Par le domicile commun des époux et par
la réunion de leurs biens respectifs, la société domestique a acquis plus de solidité :
les liens du sang sont devenus plus étroits;
l'autorité paternelle à l'égard des enfans s'est
établie dans la maison, et elle y a exercé le
plus doux des empires : l'obéissance filiale,
ou plutôt l'amour des enfans pour leurs pères,
les a captivés sous la plus douce des dépen-
dances; et, par les étreintes d'un mutuel
attachement, toute la famille a ressenti le
charme de cette agréable société. Eh! peut-on
donner un autre nom à ces douces affections
et à ces embrassemens encore plus doux qui,
à la suite des desirs ardens, complètent la
félicité! Cette transfusion d'ame, ces transports ravissans, ces aimables illusions, ou
plutôt ces charmantes réalités, font les dé-

lices de la vie. Quoi! deux êtres de la même
espèce, deux êtres d'un sexe différent, qui
se confondent dans le plus doux des plaisirs pour se reproduire, pour se renouveler!
O sensation incompréhensible! ô délices inex-
primables !

Pour se reproduire il n'était pas nécessaire à l'homme de passer sa vie avec la
femme; mais pour être plus heureux il fallait qu'il vécût avec elle : ainsi tous les deux
ont continué cette société par le charme qu'ils
ont senti dès le moment qu'elle a commencé,
et par les besoins qu'ils ont contentés quand
elle s'est formée : ils ont alors connu leurs
enfans; ils les ont élevés : ces enfans leur
ont retracé sans cesse le souvenir des plaisirs qu'ils ont éprouvés pour les faire naître;
les deux époux se sont aimés encore dans
l'âge où le principal dessein de cette société
doit être rempli, c'est à dire où ils ne peuvent
plus avoir des enfans, et où ceux qu'ils ont eus
doivent leur être également attachés comme
étant une partie de leur propre substance; car
si l'homme a eu plus de part à la création,
la femme a eu plus de part à l'éducation et
à la nourriture, ce qui les leur a rendus
également utiles l'un et l'autre.

Alors l'inceste et l'adultère, ces crimes contre les mœurs qu'on commettait sans le savoir dans l'état sauvage, ont été connus et bannis de la société ; on a fait des lois sur la propriété, on a établi l'ordre des successions pour légitimer les enfans; et de là sont nés tous les réglemens qu'on a formés pour affermir l'union conjugale ; car, comme nous ne sommes pas faits pour vivre dans l'isolement, mais dans la réunion, c'est à la société même à régler les conditions de cet engagement sacré qui unit l'homme à la femme, et sur lequel reposent l'ordre et l'intérêt public, la distinction et la perpétuité des familles, l'état et l'éducation des enfans, la sûreté et le repos des particuliers.

Il faut conserver au mariage toute sa pureté pour le rendre délicieux ; c'est de là que dépend surtout la propagation. Or, comme c'est le plus important de tous les actes humains, il doit être réglé par les lois civiles, en conformité des lois naturelles : mais ce n'est pas tout; il faut encore que la religion le consacre entre les époux.

Autant les engagemens des époux sont sacrés, autant leurs infidélités sont criminelles. Les liaisons illicites qu'ils peuvent former sont d'autant plus punissables, que les devoirs de leur sexe sont plus rigoureux. L'homme et la femme qui les enfreignent se rendent coupables d'attentat contre les lois de la pudeur, de la morale et de la société même, en donnant un exemple pernicieux au public, et en introduisant dans la maison la corruption, le désordre, la perfidie, l'iniquité, et par conséquent tous les malheurs qui en sont la suite; et, soit qu'on attribue le tort à l'homme, soit qu'on l'attribue à la femme, il est toujours vrai que les enfans légitimes souffrent de ce commerce qui leur donne des frères adultérins.

Tout au contraire, l'homme et la femme qui conservent la pureté du mariage jouissent du plus délicieux état de la vie : les charmes de leur union se joignent alors à ceux de l'innocence ; nulle crainte, nulle méfiance, nulle honte ne troublent leur félicité; au sein des vrais plaisirs de l'hymen ils forment en quelque sorte, dans leur contraste et par leur sympathie, un modèle commun de perfection et de félicité.

On voit des peuples qui, dans l'union des sexes, ont observé les lois de la pudicité et de la nature ; on en trouve d'autres qui les

ont diversement violées. Chez les Perses et les
Assyriens il était permis aux enfans d'épouser leurs mères; chez les Scythes il était
permis aux pères d'épouser leurs filles; à
Athènes le frère épousait sa sœur consan-
guine; à Sparte il épousait sa sœur utérine;
et en Egypte il épousait sa sœur germaine:
aux Indes un homme peut avoir plusieurs
femmes; au Malabar une femme peut avoir
plusieurs maris. Tous ces usages renversent
également l'ordre de la nature et les règles de
la morale.

Chose bien extraordinaire! à Ceylan le mariage introduit, à la faveur des lois, la corruption dans le sein même des familles : par un
abus étrange, la première nuit des noces y
est pour le mari; la seconde pour le frère du
mari, et ainsi de suite, jusqu'au sixième degré
de parenté. Cela rend tous les enfans communs dans la maison, et contrarie plus que la
polygamie les lois de la pudeur et de la propagation, de la nature et de la civilisation,
de l'amour paternel et de l'amour filial. A
Formose et en Arabie, au contraire, le mariage était incestueux au quatrième degré.

Dans les états chrétiens la loi ne permet à
l'homme qu'une seule femme, et à la femme

qu'un seul homme, qu'elle peut épouser jusqu'au degré de cousin-germain exclusivement.
Chez les Gaures on ne peut avoir aussi
qu'une seule femme; mais en cas de stérilité
pendant neuf ans on en peut épouser une
autre : sainte institution qui entre exactement
dans les vues de la nature. Enfin, l'union
d'un seul mari avec une seule femme est si
naturelle et si utile à la société, que quoiqu'au
Japon un homme puisse en avoir plusieurs, il
n'y a que les enfans d'une seule qui soient légitimes; ce qui, en corrigeant un peu le vice de
la polygamie au préjudice des autres enfans
qu'elle exclut injustement, fait voir que la loi
des deux époux est la meilleure pour conserver l'ordre civil et domestique.

Chez tous les peuples de la terre l'union
de l'homme avec la femme est soumise à des
règles qui varient selon les climats; et les
droits du mariage ont été reconnus et fixés
d'une manière plus ou moins solide. Chez les
nations où les moyens de subsister sont plus
difficiles, comme dans les pays septentrionaux,
l'homme se borne à une seule femme; chez
les peuples où les subsistances sont abon-
dantes par la fertilité du terrein, comme dans
les états orientaux, la loi y accorde en même

tems plusieurs femmes. Cette différence se trouve surtout introduite par la diversité des climats, et plus encore par celle des religions. Dans certains pays l'union conjugale dure pendant toute la vie; dans d'autres le nœud du mariage se dissout sur le plus léger prétexte, et même souvent sans aucune cause.

Dans tous les pays les désordres du mariage viennent ordinairement de l'alliance de deux penchans contraires. Il faut que l'union conjugale soit l'accord des volontés et la convenance des personnes. L'intention du père ne doit jamais contrarier celle du fils dans le choix de son épouse, ni celle de la fille dans le choix de son mari; il doit bien au contraire les respecter, les aider, et même les éclairer dans leur choix, s'il veut que leur hymen soit l'asile de l'innocence et de la paix; car autrement les jours malheureux que les deux époux traîneraient ensemble seraient suivis de mille désordres, qui feraient la honte et le désespoir de toute la famille, et causeraient encore le scandale et le malheur publics.

Le principe de la tranquillité publique réside dans l'union conjugale. Si la maison est troublée par la tyrannie du père, ou par la rebellion de la mère, ou par la désobéissance des enfans, on perd tout à coup les moyens de rendre heureux son pays, et par conséquent ses concitoyens; car lorsque la discorde est dans les familles le bonheur ne peut pas exister dans l'État : c'est par l'ordre domestique que doit commencer l'ordre civil et politique.

Dans l'union conjugale il faut avant tout consulter les rapports personnels qui dérivent de l'amour véritable. Or, personne ne connaît mieux ces rapports que ceux qui les sentent ; car, comme on ne peut bien juger des sentimens sans les éprouver, le père qui veut porter un jugement sévère sur le choix du fils se trompe très-souvent, et devient un tyran s'il use d'une injuste rigueur pour le contraindre à prendre une épouse qu'il n'aime pas.

Combien de fois deux amans auraient formé une heureuse union conjugale s'ils avaient pu accomplir leur mariage au gré de leurs parens! Parce que le père du jeune homme ou de la fille n'a pas voulu signer le contrat, l'amour ardent dont ils brûlaient l'un pour l'autre est devenu criminel; et, soit par le funeste préjugé des rangs et des fortunes, soit par la crainte d'encourir l'exhérédation, soit enfin par caprice ou par dégoût, le jeune homme, qui serait devenu auparavant un bon père et un bon époux, est devenu un vil et barbare corrupteur; et de cet indigne commerce est né un enfant qui maudira un jour les auteurs de sa vie. Ah! les bêtes, qui ne sont guidées que par l'instinct, suivent bien mieux que nous les mouvemens progressifs de la nature! on ne voit point parmi elles des bâtards. (1) Homme cruel et barbare!

---

(1) Il est vrai qu'on a établi des maisons de charité affectées, sous le nom d'*hôpitaux*, aux enfans trouvés, pour conserver ces innocentes victimes qu'on y porte secrètement, non sans raison, car c'est un scandale pour la société, un crime qui révolte la nature et qui blesse les mœurs et la religion : mais outre le danger auquel on expose ces pauvres enfans dans leur nudité, combien il en périt encore dans le sein de leurs mères, qui les étouffent, ou tout au moins les déforment, pour cacher et dérober, seulement pendant quelques jours, au public la faute qu'elles ont commise! vaine ressource pour sauver quelques instans un honneur qu'elles ont perdu pour toujours; crime atroce devant Dieu et devant les hommes, commis pour se garantir momentanément de l'indignation publique, qui, les poursuivant bientôt, les livre à des remords continuels.

J'avoue que ces établissemens sont utiles dans le désordre actuel des hommes; mais leur utilité, qui est

tu veux goûter le plaisir de te reproduire, et
tu oses ensuite méconnaître le sang de ton
sang! Monstre! tu outrages la nature dans
ses lois les plus sacrées, dans ses sentimens
les plus doux! Ingrat! tu brises à la fois les
liens de l'amour conjugal et de l'amour paternel! Par cet acte épouvantable tu désoles
l'humanité en abandonnant ton fils dans sa
plus tendre enfance et dans ses plus grands
besoins! Malheureux! tu ne t'aimes donc pas
toi-même, puisque tu renies ta plus pure
substance, et que tu sacrifies le moi humain
à la propriété des choses! Quoi! pour des
convenances anticiviles, tu oses abandonner
celle que tu as séduite et déshonorée! mais
le fruit de ton commerce avec elle n'indi-
que-t-il pas entre vous deux la plus vraie des
consonnances et le premier des engagemens?

---

le résultat de la dépravation des mœurs, fait la honte
du genre humain, en décélant notre iniquité. Sans
doute ce ne sont pas d'abord ces asiles de l'innocence
infortunée qui ont fait naître la corruption, puisque
c'est la corruption elle-même qui a donné lieu à
de pareils établissemens; mais il est arrivé ensuite
que ces asiles, pour servir l'humanité, l'ont dégradée,
en favorisant et multipliant les effets de la débauche
par les secours qu'ils lui font espérer.

Quoi! l'animal nourrit et élève ses petits, et l'homme, qui a la raison pour guide, ose refuser à son enfant la reconnaissance et l'amitié qu'il lui doit!

Pour rendre la société domestique vraiment heureuse il faut qu'il y ait entre les époux la sympathie des humeurs et l'harmonie des caractères. Il y a, humainement parlant, deux sortes de convenances dans le mariage; celle des personnes et celle des biens; celle des cœurs et celle des conditions. La première, plus réelle et plus douce, est indépendante des coups de la fortune ; c'est ordinairement celle que les amans consultent : l'autre, plus factice et plus soucieuse, est sujette à tous les caprices du sort; c'est ordinairement celle que les parens considèrent. Celui qui n'épouse une femme que pour les richesses ne peut jamais goûter le bonheur des vrais époux ; il s'attache à une chose trop mobile pour pouvoir jouir d'une félicité stable ; il s'attache à un objet qui lui laisse toujours un vide affreux dans l'ame, parce qu'il ne peut trouver la véritable amitié ; et son opulence lui sert encore d'instrument pour lui faire violer la sainteté des devoirs de l'hymen. Celui, au contraire, qui s'attache au caractère, ou, pour mieux dire, au naturel, trouve continuellement dans son épouse une idole qui fait l'objet de ses adorations, et dans lui-même une source intarissable d'amour qui enflamme son cœur d'une ardeur toujours pure et toujours nouvelle. Ah! quand deux cœurs sont nés pour s'aimer, fussent-ils placés aux deux extrémités de la terre, il faudrait les unir malgré l'inégalité des rangs; et jamais union conjugale ne sera plus heureuse.

Par un préjugé barbare les peuples modernes sacrifient trop les convenances de la nature à celles de l'opinion : de là viennent tous les désordres qui éclatent dans le sein des familles, désordres qui, pour être devenus si communs, troublent souvent la société civile ; car que de meurtres et d'empoisonnemens n'ont pas fait commettre tant de liaisons illicites, tant de commerces impurs, les séductions, les fornications, les incestes, les adultères! Il n'en était pas ainsi chez les anciens dans ce tems où la richesse se faisait une gloire d'aller chercher la vertu dans la pauvreté. (1)

_____

(1) Les Samnites, les Spartiates et les Romains s'attachaient plus aux qualités personnelles qu'à la richesse

Non-seulement il faut la convenance des caractères et la sympathie des cœurs dans l'union conjugale, mais il faut aussi l'accord intime des sentimens religieux. Tous ces mariages qui se font entre des époux d'une religion différente sont ordinairement accompagnés de mille désordres. Certes, un hymen qui doit se célébrer sous les auspices du Tout-Puissant; un lien qui doit être scellé par le plus saint des sacremens, pourra-t-il jamais devenir stable et salutaire entre l'homme et la femme s'ils n'ont pas la même croyance ? Il n'est pas possible qu'ils forment alors un même esprit dans deux corps différens. Et si le père et la mère doivent s'exciter réciproquement à remplir dans la maison leurs devoirs de piété envers le Créateur; s'ils doivent inspirer à leurs enfans les mêmes préceptes de morale, les mêmes principes de religion; s'ils doivent ériger en forme de doctrine leurs bons exemples; si, à l'absence de l'un, l'autre

---

dans leur union conjugale. Cet usage de préférer au mérite un sordide intérêt, quoique très-commun chez les modernes, n'est pourtant pas sans exception : il y a des hommes d'un rang distingué qui se sont fait un honneur d'épouser des filles pauvres, mais vertueuses.

doit redoubler de zèle pour rendre l'éducation toujours complète, comment sera-t-il possible qu'un père chrétien et une mère juive, si opposés de sentimens, puissent former l'esprit de leurs enfans dans l'une des deux religions? Plus ils s'efforceront de les instruire l'un et l'autre, plus ils rendront leurs leçons inutiles, parce qu'elles seront contradictoires ; et, au moyen de cette éducation manquée, ils donneront à la société des êtres d'un exemple pernicieux.

Si, au contraire, les deux époux se conviennent parfaitement d'esprit, de corps, de mœurs, de principes, de caractère et de religion, ils formeront alors sur la terre une union que rien ne pourra altérer ; leur bonheur, toujours mutuel, fera comme un flux et reflux dans une mer de délices; alors le dogme de cette religion sainte, qui transporte les chastes époux dans une éternité bienheureuse, fait que l'union conjugale ne se dissout pas, même à la mort.

CHAPITRE IV.

De la Société civile.

De la société domestique l'homme a dû passer nécessairement dans la société civile ; car, à mesure que la famille s'est multipliée par l'effet de la progéniture, elle n'a pu rester plus long-tems dans la même maison : alors, s'étant répandue au-dehors, elle a formé diverses branches consanguines qui ont construit de nouvelles habitations. Les parentés primitives ont insensiblement disparu pour faire place à de nouvelles parentés qui se sont formées par les alliances ; de là sont nés les rapports de citoyen à citoyen, qui ont formé un peuple : telle a été vraisemblablement l'origine de la société civile.

Ce n'a été sans doute qu'après avoir goûté les charmes de la société domestique que les hommes ont conçu le dessein de se réunir dans la société civile pour accroître leurs jouissances. Si les Sauvages de l'Amérique n'ont pu encore se civiliser ; si jusqu'à pré-

sent ce n'a été que des hordes errantes et
vagabondes, c'est qu'ils n'ont point encore
chez eux de société domestique bien réglée; la
plupart s'unissent et se séparent presque dans
le même moment. Si quelques-uns se réunissent en famille sous une même tente, c'est
d'une manière si imparfaite, que le père,
la mère et les enfans vivent ensemble comme
des étrangers, sans jamais avoir les uns pour
les autres aucune de ces affections qui devraient
naître des liens qui les unissent.

Quand plusieurs familles, répandues dans
la même contrée, se sont trouvées voisines les
unes des autres, elles se sont réunies civilement entr'elles pour vivre sous une commune
protection ; alors il a fallu instituer des lois
sur la propriété ; il a fallu établir un ordre
de succession pour légitimer les enfans, créer
des peines pour réprimer les méchans, élire
des magistrats pour en faire l'application, et
de là s'est formé le gouvernement.

Dans le passage de l'état primitif à l'état
social il se fait la plus grande des métamorphoses : l'homme qui s'associe ne vit plus
seulement pour soi, mais encore pour ses
concitoyens ; il s'aggrège dans un corps qui
ne peut exister que par l'union de tous ses

membres ; sitôt que cet accord cesse de régner le corps politique touche au moment
de sa dissolution. C'est dans ce passage de
l'état de nature à celui de société que l'homme
a changé son existence particulière pour une
existence publique : en renonçant à son indépendance originaire il s'est assujetti à une
autorité souveraine, qui a réuni toutes les volontés et toutes les forces particulières pour
les diriger constamment vers le but de la sûreté publique. Mais, malgré ce grand changement, il ne faut pas croire que la société
civile ait détruit le droit naturel de l'homme,
ni qu'elle ait anéanti ni infirmé les rapports
essentiels qu'il a avec ses semblables ; au contraire, ces rapports se sont fortifiés et accrus ;
car l'état civil n'est autre chose que le développement, la perfection même de l'état naturel : il exécute les desseins de la Providence,
qui impose aux hommes l'obligation de pour-
voir réciproquement à leurs besoins ; il leur
fait connaître la règle de tous leurs devoirs ;
il leur fait remplir tous les points de leur destination ; il leur procure enfin le bonheur.

Pour parvenir à civiliser les hommes, c'est
à dire pour réunir en corps de nation et sous
de bonnes lois diverses familles qui se trou-

vaient éparses et isolées, il a fallu en quelque sorte débrouiller le chaos de la société humaine; il a fallu présenter de la manière la plus attrayante le bonheur des unes dans le bonheur des autres, à cause de l'intérêt particulier qui ne cessait de leur inspirer une aversion réciproque; car qu'étaient-ce dans le commencement que les familles, considérées en général, sinon de petits corps domestiques qui se fuyaient mutuellement? Qu'était-ce que la famille, considérée en particulier, sinon une société encore brute, résultant de l'union sexuelle qui se formait et se dissolvait presque dans le même moment? Or, on a dû façonner un peu cette société de l'homme avec la femme avant de composer la société civile, qui l'a perfectionnée en lui donnant des règles et des principes qui l'ont rendue stable et permanente.

Par cela même que la société dérive de notre propre nature, il faut la croire aussi ancienne que le monde. Dans tous les tems l'homme et la femme se sont unis pour satisfaire au besoin de leur sexe. Mais cette société, ou plutôt cette union, d'abord passagère, s'est peu à peu prolongée, et a acquis enfin de la permanence : ce n'a été qu'alors que les en-

fans ont commencé de vivre avec leurs pères ;
ce n'a été qu'alors que la famille a formé
comme un état où se sont trouvées l'autorité
paternelle et la dépendance filiale. Les enfans,
devenus maris à leur tour, ont donné des
neveux à leurs pères ; et la famille s'est multipliée dans la maison sous la puissance ascen-
dantale ou de l'aïeul.

La société humaine a dû son origine au
sentiment naturel. Les premières associations
qui se formèrent furent modelées sur le respect filial, et l'on érigea le gouvernement
paternel en institut national. Rien ne le prouve
mieux que l'exemple des Chinois : ce peuple
antique et religieux, dont la civilisation a précédé celle de tous les autres peuples, conserve
encore aujourd'hui l'image du gouvernement
domestique dans le plus vaste empire de
l'univers ; il regarde son souverain comme
le père de la grande famille ; ayant fait de la
puissance paternelle une loi nationale, il lui
porte le respect que des enfans auraient pour
leur père.

L'exemple de nos gouvernemens modernes
prouve encore que la société civile est dérivée
de la société domestique ; car on ne voit guère
à présent que des états monarchiques dans

l'Europe, aussi bien que dans les autres parties du monde : il y a seulement la différence
que jadis l'autorité souveraine, plus ressemblante à celle d'un père à l'égard de ses enfans, était plus fondée sur l'amour et sur le
respect filial, tandis qu'aujourd'hui l'autorité souveraine, plus ressemblante à celle d'un
maître à l'égard de ses serviteurs, est plus
fondée sur la crainte et sur l'obéissance servile.

Il serait ridicule de croire que les hommes
dispersés aient pu se réunir civilement sans
passer par la société conjugale, qui a été toujours la moins nombreuse et la plus facile.
Dans l'état sauvage les hommes se fuient réciproquement ; tout les effraie, tout les éloigne
les uns des autres. Or, ce n'est que par la
confiance amicale, qui est née d'abord parmi
les membres de chaque famille, que les hommes sont parvenus à se réunir dans la société
civile. D'ailleurs, comme dans toutes leurs
œuvres ils n'avancent que pas à pas vers la
perfection, ils n'ont dû former un peuple
qu'après avoir goûté les douceurs du mariage :
il a donc fallu être père, enfant, frère, époux
avant de devenir citoyen.

On pourra m'opposer l'exemple des Ro-

mains qui ont commencé par être soldats
avant de devenir citoyens, parce qu'ils se
sont réunis sous un chef qui les a conduits à
la guerre, ou, pour dire mieux, au brigandage : mais il faut observer que ce n'est pas
là l'origine de la société parmi les hommes.
Ces premiers Romains, que *Romulus* rassem-
bla sous son commandement, étaient des pas-
teurs dispersés dans des cabanes, vivant avec
leurs familles du produit de leurs troupeaux :
ils quittèrent leurs mères, leurs femmes,
leurs enfans pour courir au butin que ce
général leur promit. Or, l'enlèvement qu'ils
firent des Sabines prouve qu'ils connaissaient
déjà la société domestique par ses besoins et
par ses charmes.

L'état des premiers Romains revient à peu
près à celui des bandits qui sortent de leurs
maisons pour aller former dans les bois une
société de brigands sous la conduite du plus
habile ou du plus vaillant de la troupe. C'est
ainsi que font aujourd'hui les Tartares. Or,
cet exemple prouve seulement qu'il y a eu des
peuples chez lesquels l'état militaire a précédé
l'état civil, comme il y en a eu d'autres chez
lesquels l'état civil a précédé l'état militaire,
selon l'esprit de l'homme qui les a dirigés ;

car, si l'empire romain a été fondé sous les
auspices de la grandeur et de la gloire par un
général qui s'est fait descendre du dieu *Mars*,
pour faire voir qu'il était né pour la guerre ,
et inspirer par conséquent plus de courage à
ses troupes, la colonie de Pensylvanie a été
fondée, sous la devise de la liberté et du bonheur, par un législateur qui y institua un gouvernement équitable et paisible.

Sans doute les Romains ne se sont pas civilisés avant d'avoir connu les principes de la
société domestique : leur rassemblement sous
Romulus ne fut qu'une émigration de leurs
propres demeures pour aller ravager d'autres
contrées ; ils n'étaient alors pas plus ignorans
de l'union conjugale de laquelle ils étaient
nés, que les hommes qui se transplantent de
différens pays sur une terre éloignée et déserte pour former de nouvelles colonies. D'ailleurs , ce n'était pas une civilisation pour les
Romains de marcher sous les enseignes de
Romulus, ce chef de leur brigandage ; c'était
bien plutôt un désordre soldatesque ; car ce
peuple n'a commencé de se civiliser que sous
Numa, ce sage législateur.

Au reste, il faut faire la différence d'un
peuple qui se forme, et d'un peuple qui se

civilise; le premier existe déjà que l'autre n'existe pas encore. Comme la civilisation peut acquérir divers degrés de perfection, il arrive souvent qu'un peuple se forme sans se civiliser; et il arrive aussi quelquefois qu'un peuple se civilise sans se former; car un peuple peut être peuple, quoiqu'il change de gouvernement. Les Russes étaient Russes avant que *Pierre I*er les eût civilisés : il en a été de même de divers autres peuples, que je crois inutile de citer, venant de faire voir que *Romulus* forma un peuple qu'il ne civilisa point, et que *Numa* civilisa le peuple que *Romulus* avait formé.

Il faut avouer pourtant que la société civile a fait naître dans la société domestique un grand nombre d'institutions sages et salutaires qui n'auraient pas eu lieu, telles que les lois sur les successions, sur les testamens, sur le divorce, sur la répudiation, sur le mariage et sur l'adoption; mais ce n'a été qu'une suite complémentaire de la société domestique : tout cela ne s'est fait qu'après la formation de cette société.

Ainsi, dans quelque condition qu'on suppose l'homme, il est évident que la société domestique a précédé la société civile. Mais si l'on demande ensuite comment un sauvage

s'est policé, c'est une question insoluble,
parce que personne n'a jamais pu expliquer
de quelle manière l'homme a passé de l'état
de nature à celui de société. Toutes les choses
qu'on a dites à ce sujet ne sont que des con-
jectures ou des probabilités qui se rapprochent
plus ou moins de la vraisemblance. (1) Or,

---

(1) La plupart des nations ont jeté de l'obscurité
sur leur origine, pour la rapporter à un terme plus
reculé; et de là sont nées toutes les absurdités, toutes
les fables qu'on a débitées. Les Romains, pour faire
remonter leur origine à une source céleste, se firent
descendre du dieu *Mars*; et cela ne contribua pas peu
à ces grandes victoires qui leur donnèrent l'empire du
monde. Cette ville, fondée sous les meilleurs auspices;
cette naissance merveilleuse de *Romulus*, son fondateur; cette triple opinion qui s'éleva, dit *Montesquieu*,
quand *Tarquin* bâtit le Capitole, que le peuple de
Mars ne le céderait à aucun autre, que la jeunesse
romaine ne serait point surpassée, et que le dieu
Terme des Romains ne reculerait jamais, tout cela
fit sur leur esprit une si grande impression, qu'ils
se crurent destinés à faire des conquêtes. Les Carthaginois, pour faire voir que leur destinée était de
former un peuple belliqueux, ont rapporté que les
Phéniciens, dont ils descendaient, en creusant les fondemens de Carthage, trouvèrent une tête de cheval
qu'ils regardèrent comme un signe que la ville qu'ils
bâtiraient se rendrait illustre par les armes.

il faudrait que les hommes des premiers tems
nous l'eussent appris ; ce qui n'a pu se faire ,

Les hommes ont voulu aussi illustrer leur origine.
Quand *Galba* fut salué empereur, nous dit *Suétone*,
il plaça à l'entrée de son palais une inscription où
l'on voyait qu'il venait de *Jupiter* du côté paternel,
et de *Pasiphaé* du côté maternel....*Imperator verò
etiam stemma in atrio proposuerit, quo paternam
originem ad Jovem, maternam ad Pasiphaën Mi-
noïs uxorem referret.* Suet., ex vitâ Galbæ imp.

Dans tous les tems et dans tous les pays la plupart
des grands hommes ont ennobli leur origine : dans
l'ancien paganisme on se donnait pour aïeux des
héros, des demi-dieux, et souvent même des dieux ;
chez les Chrétiens modernes, chez les Mahométans,
on aime à se donner pour ancêtres des hommes illustres, de grands capitaines, de grands conquérans.
Alexandre-le-Grand se faisait descendre d'*Achille*
et puis de *Jupiter; Jules César* faisait remonter son
origine à *Assaracus*, aïeul d'Anchise, et se faisait
appeler Jules, du nom d'*Iulus*, fils d'Énée, issu de ce
même Anchise.

Combien de personnes avant la révolution française,
pour s'enter sur des familles illustres, changeaient
leurs noms, et méconnaissaient ainsi leurs pères !
Mais il faut observer que la naissance n'est autre
chose que le passage du néant à l'être ; que le mérite
est personnel, et qu'on ne jouit de celui de ses ancêtres qu'autant qu'on en a par soi - même. J'avoue

car ils étaient alors aussi stupides, en fait de
raisonnement, à la fin de leur carrière que

---

que c'est un titre flatteur d'avoir eu des parens vertueux ; oui, c'est un titre de plus pour le devenir ;
et quand on dégénère on est bien plus méprisable ;
car alors les rayons de la gloire des ancêtres ne bril-
lent sur leurs descendans que pour mettre au grand
jour leur déshonneur.

Tous ceux qui ont une haute opinion d'eux-mêmes,
et qui se proposent de grands modèles, dans la vue
de les imiter, se font descendre de grands hommes,
pour faire voir qu'ils ne dégénèrent pas : c'est pour
réunir sur leur tête et leur propre mérite et le mérite de leurs aïeux, parce qu'ils pensent que les dis-
positions aux grandes choses tiennent à la famille ;
ce qui donne du ressort à leur ame. C'est de là sans
doute qu'est venue la généalogie, qui peut être
utile, mais non pas de la manière qu'on la dresse,
parce qu'elle a été pervertie par des hommes qui en
ont fait un art. Comme la généalogie est le dénombrement suivi de nos ancêtres, les généalogistes re-
montent jusqu'à un parent illustre, vrai ou faux, et
s'y arrêtent. Pour de l'argent on trouvait jadis des
hommes savans dans l'art de coudre une série d'aïeux
célèbres avec une ressemblance digne de faire illusion ;
mais si cela se faisait autrement, il n'y aurait personne
qui fût curieux de connaître les siens ; et si quelqu'un
pouvait être intéressé à demander sa généalogie, ce
serait un pâtre.

nous le sommes aujourd'hui dans la plus tendre enfance, où nous n'avons ni idée ni souvenir de nos premières sensations. Quoi qu'il
en soit, ce que nous venons de dire paraît
expliquer le développement progressif de la
nature brute de l'homme.

Mais qu'est-ce que la société civile, telle
qu'elle existe aujourd'hui? Cette société est
une institution plutôt naturelle qu'artificielle,
parce que l'esprit humain l'a faite en suivant
son propre penchant, d'après l'idée innée
qu'il en a eue; c'est, à parler plus clair, le
développement d'une seconde nature qui se
crée dans l'intelligence pour le mieux possible; c'est elle qui fait les hommes plus
forts, qui multiplie leurs jouissances, qui les
rend polis, affables, humains, doux, chari-
tables et meilleurs; et quand elle ne ferait que
leur donner la réciprocité des moyens, une religion, des lois, des mœurs, et avec elles plus
de confiance et plus de sûreté, elle ferait
beaucoup. (1)

_____

(1) L'homme dans l'état sauvage ne peut contenter
tous ses besoins, parce qu'il manque de beaucoup de
choses. Ses facultés personnelles devenant presque
nulles dans l'isolement, il est privé de toutes ces

Si nous considérons bien la chose en elle-même, nous reconnaîtrons sans peine que la société civile est une société toute naturelle, gouvernée par un ou plusieurs magistrats qui sont les dépositaires de la volonté de chacun et de la force de tous, pour assurer, sous l'observation des lois, l'état des citoyens qui leur ont délégué l'autorité souveraine. Cette société n'est que l'addition ou le complément de la société domestique qui dérive de notre propre nature. En effet, les hommes ne sont-ils pas, par leur ressemblance et par leur destination même, appelés à vivre en société? Chacun d'eux ne tend-il pas à son plus grand bien-être? et quel autre état que l'état social peut le lui procurer? Ils ont tous une même constitution, les mêmes organes, les mêmes facultés, les mêmes penchans, les mêmes besoins, les mêmes desirs; ils ne sauraient se passer les uns des autres, et ce n'est que par leurs secours mutuels qu'ils peuvent réunir l'utile à l'agréable. Il faut donc en induire que l'état naturel de l'homme est l'état de société.

---

commodités et de tous ces agrémens que l'état social lui procure avec abondance par la diversité des arts, à la faveur du commerce.

Plus on raisonne sur la nature humaine et sur ses attributs, plus on découvre que l'homme est fait pour vivre en société. Sa faiblesse dans l'isolement, et sa force dans la réunion en démontrent également la nécessité dans l'ordre physique; et dans l'ordre moral, son intelligence et sa raison en sont la preuve la plus frappante. Dans quel autre état pourrait-il remplir sa destination, développer son génie, multiplier ses jouissances, et parvenir au bonheur, qui est la fin principale de l'union sociale? Dans quel autre état pourrait-il remplir tous ses devoirs envers Dieu, envers le prochain et envers lui-même, en ramenant au but de la justice universelle toutes les facultés de son être, c'est à dire ses talens, ses actions, ses intérêts, ses penchans, ses passions même?

La société humaine subsiste moins par la vertu du gouvernement que par la force de la nature, qui ébauche nécessairement le corps politique par la tendance qu'ont tous les hommes de vivre réunis. Or, l'ordre naturel, qui veut que le plus grand nombre obéisse au plus petit, oblige chaque citoyen à vivre sous l'empire des lois, devenues nécessaires pour empêcher le vol, le brigandage, l'adul-

tère et le meurtre; car sans elles les plus
forts, abusant de leurs forces à la manière des
bêtes, déchireraient les plus faibles; sans
elles encore les plus pauvres dépouilleraient
les plus riches. Tel est l'effet des lois, qu'elles
protègent à la fois le faible contre le fort, et le
riche contre le pauvre. Il faut donc qu'une
immense population soit soumise à quelques
magistrats armés de la force publique, parce
que les hommes vivant en société ont besoin
d'un gouvernement, et que les membres des
sociétés ne pouvant être égaux, l'empire, soit
de la force, soit de la parole, soit des arts,
doit se réunir en peu de mains, et former un
point central pour garantir tous les citoyens.

Ce n'est pas que des hommes ne pussent
vivre simplement en société sans avoir aucune
forme de gouvernement légale. Jadis les Pé-
ruviens n'en avaient point, et cependant ils
vivaient dans une espèce de société qui, quelque brute qu'elle fût, a subsisté jusqu'au moment qu'ils ont organisé chez eux un gouvernement régulier. C'était une société d'hommes qui vivaient par troupes ou pelotons, sans
règles et sans lois. Les Arabes, les Cafres, les
Floridiens et tous les sauvages de l'Afrique
et de l'Amérique vivent encore de cette ma-

nière. Or, ce n'a été qu'après avoir appris par
eux-mêmes ou de quelque homme éclairé
que chez les nations policées on était plus à
couvert des injures particulières, au moyen
de la force publique dirigée par des magistrats
également établis, que les hommes sauvages,
dans la vue de se civiliser, ont confié de plein
gré le pouvoir souverain à celui d'entre eux
qu'ils ont jugé capable de les conduire au but
de la sûreté commune.

La réunion des hommes en société a été un
acte purement spontanée. En cela ils ont
suivi le penchant de la nature pour se mettre
sous une commune protection. Comme dans
leur isolement ils vivaient tous dans la même
dépendance, nul n'avait le droit de soumettre
ses semblables, et chacun a dû se déterminer
librement à l'association. Oui, toute espèce
de société s'est formée par l'accord volontaire
des associés. Rome et Venise doivent leur
naissance à des hommes libres et indépendans,
qui n'avaient originairement entre eux ni supériorité, ni infériorité, et qui, s'étant réunis
à une époque différente, formèrent deux peuples, dont l'un se constitua sous le gouvernement monarchique, et l'autre sous le gouvernement républicain.

Sans doute que dans l'état primitif l'homme
ne connaissait d'autre souverain que lui-même.
Chaque individu était égal à un autre, et
jouissait des mêmes prérogatives; il n'était
alors d'autre soumission que celle des enfans à
leur père; mais les besoins naturels, la faiblesse de l'isolement et la crainte des ennemis
déterminèrent les hommes à se réunir pour
s'assister mutuellement; et s'étant bientôt
aperçu que, pour rendre cette nouvelle condition meilleure, il fallait que chacun dans la
société sacrifiât une partie de son indépendance naturelle pour se soumettre à une volonté souveraine qui représentât celle du
corps entier, et fût capable d'en protéger tous
les membres, ils établirent volontairement
des magistrats, auxquels ils conférèrent le
pouvoir nécessaire pour les gouverner: mais
la puissance de ces anciens magistrats était
très-bornée en comparaison de celle des gouvernemens modernes; ce n'était alors qu'une
ombre d'autorité qui, s'étant accrue insensiblement dans les mains des monarques, a rendu
héréditaires les trônes, qui n'étaient d'abord
qu'électifs; car il est à croire que les premiers
peuples qui se sont donné des rois, n'avaient
pas voulu confier leur liberté et leur bonheur à

es hommes dont ils ne pouvaient connaître le mérite.

La société civile a donc beaucoup changé à notre état primitif, et elle a dû le faire nécessairement, parce que l'homme, perfectible par sa nature, n'a pu, en s'associant, continuer de vivre dans sa simplicité native ; car comme les passions, souvent plus fortes que la raison, ont pu l'entraîner en dépit de lui-même à des excès révoltans et funestes, par les amorces d'un intérêt mal entendu, et sous les apparences d'un bonheur chimérique, il a eu besoin de toute la force de son génie pour venir à bout de réprimer ses mauvais penchans; mais encore les freins qu'il leur a opposés n'ont pas toujours été efficaces. Il a institué des lois sévères, et il en a confié l'exécution à des magistrats qui ont été chargés de poursuivre avec le glaive de la justice toutes les infractions faites au droit des personnes et les propriétés ; infractions qui seraient devenues d'autant plus fréquentes, qu'avant l'état social existait l'usage de la communauté des biens, dont le seul souvenir aurait occasionné encore bien des usurpations : ainsi, l'établissement volontaire d'une souveraineté quelconque a fait disparaître parmi les hommes cette indépendance qui dérivait de l'égalité naturelle; la subordination s'en est ensuivie, et le souverain est devenu l'organe de la loi et le dépositaire de la force publique.

Ceux qui font commencer la société par le despotisme d'un seul homme choquent évidemment la raison : quel est l'homme qui aurait eu la puissance, ou plutôt la force de soumettre malgré eux une foule immense d'individus? Nous voyons dans l'histoire sainte, que ce ne fut qu'après que le peuple juif se trouva fatigué de la démocratie qu'il demanda d'être gouverné par un roi. L'homme, dans l'origine des sociétés, ne s'est soumis à des magistrats de son choix que pour être plus tranquille, et il a fallu un tems considérable pour soumettre une grande nation à un seul chef.

Pour trouver l'origine d'un grand état il faut la chercher dans ces réunions libres d'un grand nombre de familles qui vivaient éparses dans les bois, et qui, s'y étant accrues insensiblement, se sont mises sous la protection de plusieurs chefs qu'elles ont choisis, et ont formé d'abord diverses petites sociétés, qui, s'étant ensuite rapprochées les unes des autres par l'effet du plus grand voisinage qu'elles

nt eu en se multipliant, se sont réunies entre
lles, et ont formé une grande nation qui s'est
ivilisée peu à peu par de bonnes lois.

Il y a des auteurs qui prétendent que les
onquêtes ont donné naissance aux gouver-
iemens ; mais c'est une erreur grossière : com-
nent serait-il possible que d'anciens conqué-
ans, dont le système était généralement la
lestruction des peuples, aient pu former les
iremiers gouvernemens? Les conquêtes sont
ussi éloignées d'avoir fondé les premières so-
iétés civiles, que les passions sont éloignées
le suivre les principes de la raison. J'avoue
[ue la destruction d'un état prépare un nou-
'el état, comme l'expulsion d'un peuple en
imène un autre sur le même territoire ; mais
a conquête ou l'invasion qui le change par la
'orme n'en est pas l'origine.

Il peut se faire pourtant qu'un guerrier soit
e fondateur d'une nouvelle ville, comme
Alexandre l'a été d'Alexandrie, *Romulus*
le Rome, *Constantin* de Constantinople ;
nais la fondation de ces trois grandes villes
i'a pas été l'effet immédiat de la conquête;
elle n'en a été qu'une suite éloignée ; car ces
rois conquérans n'ont pas bâti ces trois villes
sur les ruines d'autres villes qu'ils aient dé-

truites, parce qu'alors ils mériteraient le titre de destructeurs plutôt que celui de fondateurs, et leur acte n'aurait été qu'une réédification.

Il faut donc convenir que la société civile doit sa naissance à plusieurs familles qui se sont volontairement réunies sous un gouvernement quelconque. Il serait absurde de diré que les conquêtes ont formé les premiers gouvernemens, lorsqu'on voit au contraire qu'elles les ont détruits. Les réformes, les changemens, les révolutions même qu'elles ont amenés sur la terre, n'ont été que les résultats de la corruption des peuples, et plus souvent encore de quelques hommes ambitieux et entreprenans. D'ailleurs, il aurait fallu que les auteurs de ces conquêtes se fussent auparavant réunis entre eux de plein gré ; ce qui démontre que la société civile ne peut tirer son origine de la conquête.

Si nous cherchons bien l'origine des premiers peuples du monde, nous pourrons la trouver dans ces émigrations libres d'un grand nombre de petites peuplades, qui, s'étant transplantées en différens pays, s'y sont organisées en société, et y ont resté tant qu'elles y ont trouvé des subsistances, et qu'elles n'ont pas été englouties par d'autres sociétés plus grandes.

Le desir de vivre en société est inné dans nous-mêmes. En effet, l'état social tient de si près à la nature humaine, que nous recevons la vie de l'union conjugale, qui est la plus importante de toutes. Notre premier besoin (je veux dire l'existence) ordonne cette première association, puisque nous ne la pouvons tenir que d'elle; association naturelle, car pour la former il ne faut qu'un sentiment, faculté innée de l'homme. Notre second besoin (je veux dire la nourriture et le vêtement) commande une seconde association bien plus grande que la première, qui pour se maintenir a besoin d'être entourée de lois pénales, de dogmes religieux, de préceptes moraux, de terreurs divines, de menaces présentes, de craintes futures, de supplices infernaux, de tourmens éternels; série de freins que rendent nécessaires nos faiblesses, nos passions, nos égaremens, notre conservation, notre sûreté, notre bonheur; association artificielle, car pour l'établir il faut du discernement, faculté d'acquis; et s'il y a des animaux qui vivent associés, (1) il est alors indubitable que ce n'est pas un éta-

---

(1) Tels sont dans nos ménages les moutons, les

blissement de l'homme, mais une institution de la nature : or, on ne pourrait le nier ; donc la société est une chose naturelle.

L'importance de la société civile consiste à fixer tous les penchans de chaque particulier dans le bien commun. Si, faute d'une tendance unanime, chaque citoyen s'estimait centre unique, et rapportait tout à lui seul, la société serait dissoute, ou bien ce ne serait plus qu'un désordre ; chacun n'y verrait que des rivaux ; la désunion y introduirait la faiblesse ; la défiance y inspirerait les craintes ; le soupçon y ferait éclater les perfidies ; la jalousie y ferait naître les haines ; l'inimitié y ferait dresser des embûches ; enfin, le meurtre s'y organiserait de mille manières : alors l'homme rusé le disputerait à l'homme simple ; l'homme fourbe à l'homme ingénu ; l'homme improbe à l'homme honnête ; l'homme dépravé à l'homme moral ; et dans cette lutte du vice avec la vertu

---

chèvres, les brebis et les abeilles ; dans les champs les guêpes, les fourmis, et dans les bois les castors ; et ce qui démontre clairement la sagesse du créateur, c'est que les animaux malfaisans et voraces ne vivent point en société, parce que leur réunion pourrait devenir funeste au genre humain.

le crime sortirait toujours triomphant, parce
que le sage, qui ne veut nuire à personne, serait toujours en butte aux coups de quelque
audacieux scélérat : alors les monstres à figure
humaine sortiraient de leurs cavernes; les assassins s'embusqueraient contre les voya-
geurs; et presque dans tous les lieux on ne
verrait que les plus horribles forfaits. Quel
rapprochement, ou plutôt quelle différence
d'un état à l'autre ! Ce qui devrait assurer la
vie des hommes, serait précisément ce qui la
détruirait. Or, tel serait le désavantage qui résulterait du passage de l'état sauvage à l'état
social, si nous ne vivions pas sous l'égide des
lois.

Par un malheur qui est attaché à la nature
humaine, l'honnête citoyen met toujours
moins d'énergie et d'adresse à prévenir le
mal, que le méchant n'en met à le consommer : la raison en est simple; c'est parce que
celui-ci n'a qu'à le méditer, tandis que l'autre
est dans le cas de le deviner. Or, vu le nombre des scélérats qu'il y a dans le monde, il
est impossible que l'honnête homme puisse
toujours se soustraire à leurs coups. C'est
pour cela qu'on a établi des lois sévères et des
magistrats vigilans qui, malgré leur sévérité

et leur vigilance, ne suffisent pas toujours pour mettre le juste à couvert des atteintes de l'iniquité; car que de vols, de brigandages et de meurtres ne se commettent pas, souvent encore avec impunité, dans le sein de la société! Le scélérat profite de l'équité du sage et de sa propre scélératesse; de manière qu'on dirait que les lois de la justice ont un effet contraire à leur institution, puisqu'elles opèrent le bien du méchant au préjudice de l'honnête homme, qui en est le seul observateur.

En vivant solitaires les hommes auraient eu sans doute moins d'occasions de se nuire; mais dans cet éloignement mutuel leur férocité se fût tellement accrue, leur caractère eût été si brutal, leurs regards auraient été si atroces, que dans leur rencontre ils se seraient exterminés, et peut-être mangés; témoins les antropophages de cette partie de l'Afrique qui est voisine du canal Mozambique : ces hommes sauvages mesurent les degrés de leur rage inhumaine sur ceux de leur isolement farouche; et par la profonde ignorance qu'ils ont de l'état social, leur cruauté s'augmente envers l'homme policé, proportionnellement à la distance qu'il y a de leur abrutissement à sa civilisation. Ce sont des choses journalières dans ce pays. Quoi ! la dent de l'homme se porter ainsi sur la chair de son semblable ! Ce spectacle fait plus reculer d'horreur que tous les bronzes tonnans. L'homme est donc capable de s'élever ou de se rabaisser jusqu'au dernier point ! S'il est sauvage, il commettra de sang froid, c'est à dire dans le calme de son esprit, tous les meurtres imaginables ; ne raisonnant point, ne connaissant ni l'honneur, ni la honte, il ne cesse, avec un tel sang froid, d'être disposé aux homicides. S'il est civilisé, il n'en commettra que de sang chaud, c'est à dire dans la fureur; car, raisonnant toujours, excepté alors, il n'y sera porté que plus rarement, c'est à dire que quand il sera égaré par les passions.

L'homme isolé dans les bois est d'autant plus timide quand il voit plusieurs hommes ensemble, qu'il est plus cruel et plus rassuré lorsqu'il n'en voit qu'un seulement, parce que dans sa méchanceté il redoute les témoins, et aperçoit en eux des hommes disposés à secourir l'honnête citoyen contre lui. L'homme vivant dans la société, au contraire, se croit d'autant plus fort et plus en sûreté s'il voit plusieurs de ses semblables, qu'il se croit plus faible et plus en danger s'il n'en voit qu'un seul, parce que, dans sa franchise et sa probité, il aime les témoins, et voit en eux des citoyens capables de le garantir des coups des malfaiteurs et des atteintes des calomnia-teurs. La crainte différente que s'inspirent alternativement l'homme sauvage et l'homme civilisé naît dans l'un de sa raison, qui lui montre un danger qui existe réellement dans l'état farouche du sauvage, dont il connaît les égaremens; et elle naît dans l'autre de son abrutissement, qui lui fait imaginer un danger qui n'existe point dans la nature humaine cultivée, dont il ignore la bienfaisance. Celui-ci, irraisonnable, et par cela même soupçonneux, croit mal à propos que ses épouvantables coutumes se pratiquent de même chez les hommes policés; celui-là, raisonnable et pensant, reconnaît avec raison que la pureté et l'excellence de ses principes ne peuvent être en honneur chez des hommes abrutis.

Qu'est-ce que l'homme sauvage? C'est un animal composé de force et de faiblesse, d'audace et de lâcheté, selon les occasions propices ou défavorables. Dans son étonnante contradiction il passe, suivant le sort

des combats, de la violence au sang froid :
s'il est vainqueur il devient bourreau ; s'il
est vaincu il devient patient, et il est
toujours sacrificateur s'il n'est victime ; il
offre le continuel contraste de la domination
ou de la servitude. L'homme dans l'état
sauvage ne peut tendre à la fois aux deux
extrêmes ; il faut qu'il soit despote ou esclave, licencieux ou enchaîné ; et au milieu
de sa férocité il porte la dent sur la chair
humaine ; il raffine les tourmens qu'il est
dans le cas de faire endurer.

Si nous voyons dans le sein même de la
société tant d'indifférence et tant de mépris
pour l'humanité souffrante, c'est que les
hommes y veulent vivre comme dans l'état
sauvage. Certainement ils gagneraient à être
encore isolés, parce qu'alors ils auraient
moins d'occasions de se rencontrer, et par
conséquent de se nuire. On y frémit de voir
de quelle manière on y traite le malheureux :
le riche a le privilège exclusif de vexer le
pauvre, et l'opprimé n'a pas seulement le
droit de se plaindre. O honte ! cet abus s'est
accrédité jusque dans le sanctuaire de la
justice ! Les magistrats, ces organes de la
loi, qui devraient être impassibles comme

elle, qui devraient spécialement protéger le
faible contre le fort, ferment souvent les
yeux pour ne pas voir ces iniquités. Et d'où
viennent tous ces maux? De ce que les hommes
ne sont encore qu'à demi policés : peu de
civilisation conduit à la barbarie, comme peu
de philosophie mène à l'irreligion.

Certes, il vaudrait bien mieux que les
grands eussent moins de cette fausse politesse
dont ils observent si exactement les règles
envers leurs égaux, et plus d'attention pour
leurs inférieurs; il vaudrait bien mieux
qu'ils jetassent un œil de compassion sur
le malheureux, que de le regarder avec indifférence. Ah! homme sans entrailles, songe
que celui que tu méprises est ton semblable,
et que l'identité que tu as avec lui t'accuse
devant le tribunal suprême! Il faut pourtant
avouer qu'il existe encore sur la terre des ames
sensibles qui tendent une main secourable
à la misère du pauvre; mais malheureusement elles sont devenues un peu trop rares.

S'il n'y avait point de société sur la terre
tous les hommes vivraient épars, et par conséquent exposés aux plus grands dangers et
aux plus grands malheurs. Dans leur faiblesse
ils se fuiraient les uns les autres par une

crainte mutuelle, et deviendraient la proie
des bêtes féroces, peut-être même de leurs
semblables; mais par le moyen de la société
l'homme est devenu supérieur à toutes les
atteintes étrangères : il a fabriqué des armes
pour éloigner de sa demeure les animaux
malfaisans; il s'est mis sous la protection des
lois pour se garantir des coups du scélérat.

Sans la société il y aurait beaucoup plus
de division parmi les hommes; car, comme
chaque état réunit une infinité d'habitans,
la séparation qui se trouverait entre les divers individus ne se trouve plus qu'entre les
différens peuples. Il est vrai que si les guerres
sont moins nombreuses elles sont plus san-
glantes; s'il y a moins de combats particuliers, il y a aussi des dissentions civiles et
des guerres nationales qui font périr à la
fois des milliers d'hommes : mais cela vient
de ce que les sociétés humaines ne sont pas
encore bien ordonnées.

Comme l'étendue de la terre est immense,
les hommes ont dû former deux espèces
d'unions sociales : par l'une ils ont établi
plusieurs sociétés particulières, et par l'autre
ils ont composé une seule société générale ;
et tandis que dans l'état sauvage il y aurait

en même tems beaucoup plus de guerres particulières, il y a dans l'état social beaucoup
moins de guerres communes, soit parce que,
sous le rapport civil, l'intérêt de chacun, au
lieu de se mettre en concurrence avec l'intérêt de tous les habitans de la terre, ne
s'y met qu'avec celui des habitans du même
état; soit parce que, sous le rapport politique,
la guerre, qui est toujours un désastre public, est souvent écartée par les peuples qui
se balancent pour le maintien de la paix. Il
faut pourtant convenir que dans la société
les hommes peuvent s'inquiéter de trois manières différentes; par les combats singuliers,
par les dissentions civiles et par les guerres
nationales; mais ils sont contenus au-dedans
par les lois du droit civil et politique, et
au-dehors par celles du droit des gens; au
lieu que dans l'état sauvage, se trouvant sans
lois, sans mœurs, sans règle et sans frein,
ils sont exposés en même tems à des milliers
de combats qu'ils peuvent se livrer en masse
et en détail.

Malgré tous les avantages qui résultent
de l'état social quand il est bien réglé, il
serait pourtant desirable qu'à l'époque d'une
dissention civile tous les hommes fussent dis-

persés à de grandes distances, au lieu d'être politiquement réunis. Quel est le Français vertueux qui n'aurait pas préféré de vivre errant dans les bois parmi les animaux farouches pendant le tems de nos proscriptions? Quel est l'homme qui, avec un cœur droit et des sentimens purs, n'a pas frémi d'horreur dans le cours d'une si abominable tyrannie? Quel individu, sous le règne du brigandage et de la terreur, n'aurait pas changé son sort pour celui de la brute, si, à l'exemple des scélérats, il n'avait pas cru à l'existence de Dieu et à l'immortalité de l'ame? Qui enfin, au milieu de tant d'horreurs, si nous eussions vécu dans un tems de superstition et d'idolâtrie, n'eût pas supplié *Jupiter* de le métamorphoser en pierre pour échapper à la barbarie des assassins? Qui...... Mais je m'arrête, parce que la nature en frémirait.

C'est pourtant dans ce tems d'horreur que nous avons vu, au milieu de la lâcheté publique, des exemples du plus grand courage dans quelques citoyens : les plus grandes vertus étincèlent toujours à côté des plus grands vices; c'est par leur contraste que l'on voit toute la laideur des uns et toute

la beauté des autres : il faut qu'il y ait des
martyrs de la chasteté quand il y a des pro-
moteurs de la débauche ; des héros de la
charité et de la religion quand il y a des
fauteurs de l'impiété et de la barbarie ; il
faut qu'il y ait d'infâmes assassins pour qu'il
y ait d'innocentes victimes ; il n'y a point
des hommes très-méchans sans qu'il y ait
des hommes très - sages ; point de licence
populaire sans calamités politiques ; point
de fréquens soupçons sans injustice.

Lorsque dans un état la classe des mauvais
citoyens est parvenue, sous les apparences
de la justice, à faire subir la mort à des
hommes intègres, on a vu alors des traits
du plus grand héroïsme. La vertu est insensible à la douleur ; le fer qui la déchire
ne lui fait aucun mal ; les supplices sont
pour elle des jouissances délicieuses : elle ne
redoute que l'ignominie ; mais l'ignominie
ne peut atteindre la vertu triomphante des
scélérats même qui l'outragent. Ce courage
à braver la mort par ostentation, que les
païens ont tant vanté dans les héros de l'antique sagesse, les chrétiens modernes l'ont
montré sans apprêt et sans faste en mourant dans les supplices les plus affreux, parce

qu'ils avaient le sentiment de leur innocence. Si *Socrate* chez les Athéniens a bu avec intrépidité la ciguë; si *Sénèque* chez les Romains a vu couler son sang sans frémir, chez les Hollandais un *Barnevelt*, chez les Français un *Bailli* sont morts héroïquement sur l'échafaud, l'un martyr de la liberté, l'autre de son patriotisme.

Tout devient suspect dans un tems trop libre et orageux : le soupçon est un abus de la prudence et un effet de la licence; parce qu'il ne coûte rien de le jeter au hasard, les délateurs exercent leur métier impunément; c'est aussi le fruit du despotisme, parce qu'on y a tout à craindre de l'effroi même qu'on inspire. Les tyrans de Rome, remplis de soupçons, avaient des délateurs dans l'état pour espionner les démarches des citoyens, et contenter par la dénonciation leurs fantaisies barbares, et ils en avaient aussi dans l'armée pour examiner celles des soldats. Ils étaient timides et cruels, qualités qui sont inséparables; (1) et sitôt qu'il leur

---

(1) La timidité est naturelle à tous les tyrans, soit qu'ils craignent que quelque homme hardi ne vienne les poignarder, soit qu'ils redoutent les

venait dans l'idée ou en songe que tel citoyen
ou tel soldat conspirait contre eux, ils le
faisaient périr comme pour se mettre en
sûreté : tems horrible où la mort des hommes
était commise à la malveillance, et où la vie

---

remords de leur crime, soit enfin que l'idée d'un
dieu vengeur les épouvante. Caligula, Néron, Tibère et Domitien furent timides et méfians : ils
s'entourèrent de satellites et de gardes pour mettre
en sûreté leur vie ; mais malgré ces précautions, ils
ne tremblèrent pas moins dans leur palais. Il n'en
fut pas de même de Trajan, d'Antonin, de Titus
et de Marc-Aurèle ; ces dignes empereurs, ayant leurs
vertus pour gages de leur sûreté, vécurent en paix
avec leurs sujets et avec eux-mêmes, parce que la
confiance bien méritée du peuple ne leur laissa aucun
sujet de crainte.

Dans les traités d'amitié qu'ils signent les despotes
ne sont jamais de bonne foi ; on doit se méfier autant
de leurs caprices que de leurs menaces ; leur haine
est peut-être encore moins dangereuse que leur amitié,
qui est toujours feinte. Or, je suis tellement convaincu
de cette vérité, que je craindrais moins d'un prince
vertueux que j'aurais offensé, que d'un prince méchant que j'aurais respecté. Le premier, par un effet
de sa clémence, pourrait me pardonner, tandis que
le second chercherait à me perdre si ma mort lui
était utile.

des despotes et des esclaves était également exposée ! (1)

Mais comment naquit à Rome ce système de destruction ? Ce fut principalement Sylla, cet homme dont la mémoire fait horreur, qui, ayant confondu tout à la fois la tyrannie, l'anarchie, la licence, l'esclavage et la liberté, y dicta la plupart des lois sanguinaires qui désolèrent le peuple romain. Avec cet esprit populaire qu'il affectait, il ne chercha qu'à faire naître des craintes, des soupçons et des alarmes. Dans ce tems-là les prétextes tenaient la place des raisons ; la calomnie prenait les couleurs de la vérité.

Il est de l'essence du despotisme d'être timide, soupçonneux et cruel, parce que, comme il ne se soutient que par l'effroi, la méfiance et la mort, il faut qu'il soit envi-

---

(1) Si le souverain - despote croit se mettre en sûreté en récompensant le vice et en favorisant la délation, il se trompe étrangement ; car il a tout à craindre des méchans qui l'environnent, et qui sont tentés de le perdre pour se soustraire à ses fureurs sanguinaires. Il en est bien autrement du monarque vertueux qui punit le vice, et s'entoure d'hommes sages ; en faisant régner la justice dans ses états il affermit sa puissance, et paralyse tous les sinistres projets.

ronné de délateurs, d'esclaves et de bour-
reaux.

Quand on est dans un tems d'alarmes,
quand la circonstance est critique, ou que
la méfiance est outrée, le danger n'est souvent qu'une terreur panique; l'imagination,
frappée et teinte en noir, crée alors de vains
fantômes de peur, ou, pour mieux dire, de
prestige; chaque objet prend à nos yeux une
forme effrayante, et il arrive que nous nous
alarmons inutilement. Ces périls gratuits et
illusoires se succèdent; et à mesure que nous
en sommes désabusés il faut que nous nous
en désabusions encore, et pendant ce tems-là
nous ne cessons de soupçonner : c'est de là
que naît toujours la tyrannie, qui croît insensiblement.

Il n'y a rien de plus odieux ni de plus
atroce que le soupçon quand il est mal fondé :
pourlors, n'ayant qu'un objet vague, il cherche
des coupables dans l'innocence même; il ima-
gine mille faux prétextes pour assurer des
mensonges et affirmer des erreurs; et finit
toujours par quelque catastrophe. Les démarches les plus droites sont censurées; les
intentions les plus pures sont noircies par
l'homme soupçonneux, afin de faire triom-

pher une imposture qu'il a dite par inad-
vertance ou par méchanceté, et de finir plus
mal qu'il n'avait commencé, en convertissant
en crime ce qui n'était en lui-même qu'une
témérité aveugle, ou une erreur grossière,
ou une inimitié secrète, ou une fausse crainte.
La France en a vu beaucoup d'exemples dans
le tems du *gouvernement révolutionnaire,*
dans ce tems affreux où les meilleurs citoyens
devaient périr sur l'échafaud dès qu'ils étaient
dénoncés par l'envie ou l'animosité d'un ennemi particulier.

C'est une égale indignité de soupçonner
un coupable et un innocent : dans le premier cas, le soupçon retranche à la vérité
du crime, et tend à disculper le criminel en
mettant là où il y a certitude de forfait
un simple doute qui l'absout quelquefois,
et qui ne l'afflige jamais assez, parce qu'il en
mérite davantage : on ne doit pas soupçonner
ce qui est vrai. Dans le second cas, le soupçon
retranche à la certitude de l'innocence, et
tend à incriminer l'innocent en jetant un
malheureux doute qui le fait quelquefois
condamner, et qui l'afflige toujours trop,
parce qu'il ne mérite qu'une confiance pro-
tectrice : on ne doit pas soupçonner ce qui

est faux. L'homme qu'on accuse a commis le crime, ou il ne l'a pas commis; c'est une question de fait où il n'y a point de moyen terme à poser : les deux propositions sont absolues, et l'on ne peut pas plus douter de l'une que de l'autre. S'il en est coupable, pourquoi l'en soupçonner? S'il en est innocent, pourquoi l'en soupçonner encore? Il faut le condamner ou l'absoudre. Mais comme la vérité ne s'offre pas tout de suite à nos regards, il faut un certain tems pour pouvoir convaincre le coupable; et de là se fait une suspension entre le crime et l'innocence, pendant laquelle on jette les yeux de tous côtés pour parvenir à la découverte de la vérité: c'est ce qu'on appelle dans le barreau le *genre délibératif.*

La vérité découle nécessairement de deux propositions contradictoires; car si l'une est fausse, l'autre doit être vraie. Or, un avocat qui démontre clairement le droit de sa partie, prouve en même tems le tort de la partie adverse: c'était l'opinion des Stoïciens, et, quoi qu'on en dise, elle n'est pas dénuée de fondement.

Si en général l'homme avait assez de lumières pour discerner toujours le vrai d'avec le faux, il n'y aurait plus de doute ni de soupçon dans le monde, parce qu'on ne pourrait point tromper les autres ni se tromper soi-même.

Telle est la nature du soupçon qui se trouve attaché à la crédulité comme à l'incrédulité; il tient à l'ignorance de l'homme, qui n'aperçoit que les actes extérieurs, qui échappent souvent encore à sa vue, et qu'il ne peut attester sans témoins. Toutefois le soupçon comporte cette fatalité, que l'innocence est quelquefois molestée et flétrie, et le crime méconnu et impuni : il faudrait que la vérité et le mensonge se présentassent au premier coup d'œil, et alors on ne serait plus dans le triste cas de soupçonner. Si nos juges avaient le pouvoir de scruter les cœurs, ou de se trouver présens partout en même tems, il ne faudrait plus alors de témoignages ni d'enquêtes juridiques; mais ces attributs n'appartiennent qu'à l'être infini; et si quelque chose démontre la nécessité de la religion, c'est à coup sûr la puissance qu'elle a de parler au cœur du méchant pour le retenir ou le châtier dans le secret; puissance céleste qui supplée jusqu'à un certain point à l'imprévoyance de l'homme.

Quoique nous n'ayons pas le pouvoir de sonder les cœurs, il est pourtant arrivé en France, sous le gouvernement révolutionnaire, que les tribunaux, désignés sous le nom de *commissions populaires,* ont jugé les hommes sur l'intention. On n'a jamais rien vu de plus arbitraire ni de plus despotique que cette question intentionnelle, de la manière qu'on la faisait naître, et qu'on l'interprétait dans un tems où l'innocence n'avait pas le droit de parler pour sa justification. Je sais bien qu'il y a des maux volontaires et des maux involontaires, que le moraliste distingue par *actes humains* et par *actes de l'homme,* qui doivent se juger par l'intention, attendu que les uns sont prémédités, et les autres irréfléchis; mais il faut alors considérer l'état du prévenu dans le moment qu'il a fait le mal, et se déterminer par le motif d'intérêt qu'il avait à le faire ou à ne le pas faire.

Qu'il était odieux ce système de tyrannie qui s'était introduit parmi nous dans le tems de la terreur! A-t-il jamais existé un plus grand despotisme que celui qui s'exerçait alors avec les apparences de la justice? Des juges immoraux, qui n'avaient à suivre d'autre ègle que leur volonté, qui ne devaient mettre entr'eux et l'accusé que leur conscience, qui avaient contre lui toutes sortes de présomptions funestes, pouvaient-ils ne pas juger comme coupable celui qui n'était qu'innocent? Certes, lorsque la loi accuse tant de citoyens sans donner de motif; lorsque le magistrat condamne toujours sans jamais absoudre, c'est une preuve qu'il faut des victimes. Quoi donc! n'y a-t-il pas assez de crimes sur la terre? Faut-il encore en supposer pour en commettre!

En matière de délit la présomption de la loi n'est pas toujours bonne : or, si la loi ne doit pas présumer, à plus forte raison le magistrat, qui n'en est que l'organe. Lorsque la loi présume, elle le fait d'une manière souvent favorable au coupable, parce qu'étant fondée sur l'opinion publique, elle suppose toujours le bien plutôt que le mal à l'égard de l'accusé : lorsque le magistrat présume, il le fait d'une manière souvent nuisible à l'innocent, parce qu'il n'a pour règle, dans le jugement qu'il porte, que son opinion particulière, sujette au caprice, à la passion, à l'erreur.

C'est sur la tête des juges, des magistrats, des généraux que le soupçon est ordinaire

ment suspendu comme un glaive tranchant ;
et quand de tels personnages sont soupçonnés,
il est alors à présumer qu'ils font leur devoir. C'est la haine, la jalousie, l'ambition,
la malveillance qui sèment les soupçons ; et
dans les circonstances critiques où, par un
excès de circonspection, on doute du bien
comme du mal ; dans ce tems où il faudrait
voir le premier pour le faire, et le dernier
pour l'éviter, l'ignorance les croit ; un zèle
vrai, mais excessif, les accueille, dans l'idée
qu'ils sont véritables ; et, dans cette perplexité
fatale, le peuple avec cent mille yeux ne voit
rien ; avec cent mille oreilles il ne veut rien
entendre ; avec cent mille bras il soupçonne,
renverse et détruit.

L'amour trop exalté de la liberté et l'horreur trop excitée de la servitude sont également capables de porter le peuple à d'effroyables excès quand des flatteurs le poussent
à la révolte. Le peuple est trop crédule pour
ne pas se laisser égarer par des intrigans qui
veulent s'en servir d'une manière favorable à
leur ambition ; et, sous le prétexte de se rendre
indépendant, il accablera la liberté même par
sa fougue et sa violence. Certes, si l'esprit de
modération pouvait appartenir à un peuple,

il ne serait pas dangereux de vivre sous son empire ; mais, dans sa passion aveugle pour la liberté, il rompt les barrières qui le séparent de la licence; et il croit n'exercer que des droits légitimes en commettant mille atrocités.

Le peuple est un être composé qui se ressemble d'un siècle à l'autre ; il a été autrefois ce qu'il est à présent et ce qu'il sera à l'avenir, toujours extrême dans ses desseins. Il suffit de jeter les yeux sur l'histoire, et l'on verra les horreurs qu'il a commises anciennement à Athènes, à Sparte, à Syracuse, à Rome, et de nos jours en France; car, comme il ne se conduit jamais par les voies de la modération, tous ses actes portent le caractère de la fureur ; et, en passant de la violence à la faiblesse, il tombe dans la servitude par un excès de liberté.

En effet, jamais le peuple n'est plus près de l'esclavage que quand il jouit d'une extrême liberté. Ceux qui veulent s'élever sur ses ruines ne cessent de lui parler de sa souveraineté, afin de lui cacher leur ambition, et, en l'égarant sous le beau nom d'*indépendance*, ils le précipitent dans les troubles de l'anarchie, ce qui enfante le plus affreux des despotismes. C'est alors que pour mettre fin à ses malheurs il demande un maître : heureux si dans ces circonstances il se présente un homme capable de le tirer de l'abyme où il est plongé !

L'histoire des républiques de la Grèce est pleine d'exemples qui attestent les malheurs qui sont inséparables du gouvernement démocratique : partout on y voit le peuple en proie aux horreurs de la guerre civile.

C'est un principe incontestable dans la nature que la souveraineté appartient au peuple ; mais c'est une règle fondamentale en politique qu'il ne doit pas l'exercer immédiatement, car il ne serait pas de souverain plus despote. En effet, si un seul homme, malgré les lois constitutionnelles de l'état, malgré la force physique de la nation, abuse quelquefois de la puissance souveraine envers plusieurs millions de sujets, combien plus encore tout un peuple en abuserait à l'égard de lui-même, parce qu'on ne pourrait lui opposer aucune résistance, aucun contrepoids, aucune barrière, aucun rempart ! C'est pour cela que la monarchie modérée est préférable à tous les autres gouvernemens. (1)

_____

(1) *Non posse bene geri rempublicam multorum imperiis.* Cornel. Nepos, Vie de *Cimon.*

En vain préconiserait-on la liberté des républiques ; cette apparente liberté est sanglante,
est meurtrière pour les peuples, et devient
destructrice d'elle-même. D'ailleurs, bien loin
que les hommes veuillent être absolument indépendans, ils sont tous disposés à recevoir
un chef qui leur donne des lois. Pourquoi ?
c'est qu'ils sentent tous la nécessité du gouvernement, le besoin d'une concentralisation ;
c'est qu'ils devinent par instinct que l'extrême
liberté produit l'esclavage.

Le peuple français vient d'en donner un
exemple frappant. Ayant fait bien des efforts
pour établir la démocratie, au milieu des différentes factions qui l'ont agité changeant
sans cesse de règlemens et de principes, il
cherchait la liberté, et ne la trouvait pas ;
enfin, après bien des commotions et des secousses, il est revenu au gouvernement monarchique, parce que c'est celui qui convient le
mieux à un grand état ; celui aussi où il y a
plus de vraie liberté, parce qu'on y est plus
tranquille, plus sûr, et par conséquent plus
heureux.

CHAPITRE V.

De la Société politique.

La société civile a conduit à la société politique, comme la société domestique a conduit à la société civile. Cette gradation a dû nécessairement avoir lieu à l'égard de ces trois sociétés, par la raison que tous les ouvrages humains sont assujettis à une marche progressive; mais cette société de peuple à peuple est d'abord née des seuls rapports nationaux, sans que les hommes aient voulu l'établir; et ce n'a été que dans la suite qu'on l'a placée sous la garantie du droit des gens, pour arrêter les entreprises d'un peuple contre l'autre; garantie souvent encore insuffisante contre l'ambition des gouvernemens.

Cette société de peuple à peuple est encore dans l'état de nature le plus sauvage. Pourquoi? Parce qu'en travaillant à l'institution de la société d'homme à homme, on a laissé à part la société de nation à nation; et plus on s'est appliqué à perfectionner la première, plus on a dégradé la seconde, parce ue les progrès de l'une et de l'autre se sont aits en sens contraire. On a toujours séparé es deux sociétés sans les avoir jamais unies, omme si tous les peuples n'étaient pas com-posés d'hommes civilisés qui, quoiqu'ils ne puissent s'unir civilement entr'eux, ne doi-ent pas moins s'unir politiquement; et si tous voyons tant de guerres étrangères, c'est parce qu'il n'y a pas encore une union assez orte entre les états.

L'union civile dans chaque état n'est que à moitié de la civilisation; il faut aussi l'union politique des peuples pour la compléter. Or, l vaudrait mieux que les hommes fussent dispersés dans des forêts que de vivre dans diverses sociétés particulières sans aucune société générale; ils auraient alors moins de uses, moins de jalousies, moins de commu-nication, moins de disputes; ils se fuiraient u lieu de se rassembler pour s'exterminer n bataille rangée; il n'y aurait enfin plus guère parmi eux que des combats particuliers.

Avant l'établissement des sociétés il y avait les combats: un homme en tuait un autre; son parent, son allié, son voisin, son ami vengeait sa mort, et le sang coulait de chaque côté; mais ces combats n'avaient lieu entre

les individus que dans des rencontres for-
tuites; et, tout fréquens qu'ils pouvaient être,
ils faisaient périr très-peu de gens en comparaison des batailles qui se donnent aujour-
d'hui. Il faudrait supposer bien des guerres
particulières pour égaler les pertes et les dé-
;sastres que causent ces guerres générales où
des millions d'hommes à la fois marchent sous
les étendards de la mort. Quoi ! les hommes
se sont réunis pour assurer leur repos, accroître leur puissance, et, par une action et
une réaction épouvantable, ils s'égorgent im-
pitoyablement à des distances infinies ! Quoi !
les jalousies et les haines nationales n'arment
pas seulement un peuple contre un autre, mais
plusieurs empires à la fois! Un pavillon insulté
sur l'Océan allume la guerre parmi les puissances maritimes, et des vaisseaux chargés
d'hommes et de provisions vont s'engloutir
de toutes parts dans les abymes d'une mer
éloignée! Hélas ! le genre humain est donc
en proie à des calamités cent fois plus terribles que celles qu'il a voulu éviter !

Sans la formation de la société politique
un peuple serait, à l'égard d'un autre peuple,
ce qu'un homme serait à l'égard d'un autre
homme sans l'établissement de la société ci-

ile ; ils vivraient entr'eux comme dans l'état
.e nature, épars et fugitifs comme les ani-
naux, et comme eux ils seraient réduits à
eurs forces individuelles; ils auraient même
ien plus à craindre les uns des autres, parce
[u'en se trouvant désunis au sein même de
a société, ils auraient plus d'occasions de
e nuire : mais si la société politique était
ien réglée, l'état des peuples se trouverait
nfiniment meilleur; alors, au lieu d'avoir
in intérêt particulier qui les divisât, ils au-
aient un intérêt commun qui les unirait; au
ieu d'avoir une volonté privée qui se rebutât
i la plus petite difficulté, ils auraient une
ésolution générale qui surmonterait les plus
grands obstacles ; au lieu d'avoir une exis-
ence individuelle qui singularisât leurs
noyens, ils auraient une existence publique
[ui les pluraliserait ; enfin, tous les peuples
leviendraient alors dépendans les uns des
utres sous le rapport indivisible de l'hu-
nanité.

Il doit se former dans le monde une société
le peuple à peuple par les rapports d'union
[ui dérivent de leur séparation même, à raison de ce que, par la diversité des climats,
ils ne peuvent pas être intérieurement unis

sous les mêmes lois civiles ; comme il s'est
formé plusieurs sociétés d'homme à homme
par les rapports de séparation qui dérivent de
leur réunion particulière, à raison de ce que,
par la diversité des caractères, ils ne peuvent
pas être extérieurement unis sous les mêmes
lois politiques ; mais cette société doit être
fondée sur l'amour du genre humain, parce
qu'elle embrasse tous les hommes.

Il faut pourtant observer que l'amour de
l'humanité, ce sentiment naturel à tous les
hommes, s'affaiblirait beaucoup s'il se géné-
ralisait à la fois par tout l'univers : il faut
d'abord qu'il se concentre chez chaque peuple
en particulier, sous le nom de *patriotisme*,
(c'est ce qui a fait établir plusieurs sociétés civiles) et qu'ensuite il se développe dans tous les
états sous le nom de *philantropie* (c'est ce
qui a fait établir une seule société politique.)
C'est alors que les liens de cet amour que les
hommes ont les uns pour les autres s'accroissent et se fortifient à la faveur de la séparation de chaque état, et de la réunion de tous
leurs habitans.

Pour bien faire concorder la société civile avec
la société politique, il faut faire devenir tous
les habitans de chaque état membres du même

)ut , sans confondre ce qui doit appartenir
1térieurement à l'une et extérieurement à
autre de ces deux sociétés. Or, pour y par-
enir avec succès , il faut que le moi *humain*
1sse place au *patriotisme* dans chaque état
ivilement séparé , et que le *patriotisme* fasse
lace à la *philantropie* dans tous les états poli-
quement réunis ; et de ce double sacrifice
ésulte au plus haut point la perfection de
1 société universelle , où chaque membre ,
onsidéré comme citoyen et comme homme
)ut ensemble , devient un être public qui
cquiert deux existences , en tant qu'il par-
1ge avec ses semblables les biens provenans
t de la société civile et de la société politique.

On a tellement exalté le patriotisme chez
)us les peuples , qu'on est parvenu à blesser
humanité en les faisant regarder comme
1nemis. On n'a pas considéré que l'excès de
amour patriotique était autant et plus fu-
este encore au genre humain que l'excès de
amour personnel , parce que la séparation
es différens peuples est plus dangereuse
t plus terrible que la séparation des divers
articuliers , attendu que chaque état forme
1ne masse collective de moyens et de forces ca-
1ables d'opérer en même tems les plus grands

désastres : c'est ce que nous voyons tous les jours par les guerres affreuses qui s'allument entre les nations.

Les législateurs ont blâmé dans chaque individu l'excès de l'égoïsme; ils l'ont regardé avec raison comme une abjection capable de rétrécir le cœur de l'homme, en le détachant entièrement de ses semblables pour ne songer qu'à son amour-propre; mais ils ont porté dans chaque peuple le patriotisme à l'excès, par les récompenses et les éloges qu'ils lui ont donnés. Aussi ont-ils inspiré aux citoyens tant d'amour pour la patrie, qu'ils ont détruit dans leur cœur l'amour de l'humanité; ils ont flatté et récompensé dans chaque peuple le même vice qu'ils ont flétri et puni dans chaque individu; ils ont agi en sens contraire dans ces deux sociétés, comme si l'excès de l'amour patriotique entre les différens peuples n'était pas aussi blâmable que l'excès de l'amour personnel entre les divers particuliers. Après cela il ne faut pas être surpris si la société civile approche plus de la perfection que la société politique, puisqu'on a voulu perfectionner l'une au détriment de l'autre; mais cette perfection, qu'ils ont cru atteindre, a fui devant eux, puisqu'elle sert à détruire les

tions par les guerres qui s'allument entre
es. Ainsi, les hommes ne sont encore qu'à
mi civilisés.

En effet, la société politique doit avoir une
ı générale qui tende toujours à la conser-
tion de chacune de ses parties, c'est à dire
tous les peuples, ayant pour base le respect
: leurs droits réciproques; il faut que chaque
at ait au-dedans un intérêt particulier sépa-
ment des autres, et au-dehors un intérêt gé-
:ral, conjointement avec les autres; car, dans
ırdre du monde, aucune nation ne doit se dé-
cher des autres, parce que la part du bien
ıblic qui lui revient de son union avec elles,
ıut plus que tout le bien particulier qui lui re-
iendrait de sa séparation. Ainsi, chaque peu-
le, pour son plus grand avantage, doit re-
oncer à toute guerre injuste, parce que les
ɔups qu'il porte à son ennemi retombent
ɔt ou tard sur lui-même.

A voir le nombre des rivalités nationales,
n dirait que la société civile contraste essen-
iellement avec la société politique : mais la
ıuerre ne vient point de la séparation de ces
leux sociétés; elle vient au contraire de la
lépravation des hommes; car aussi bien la
ıuerre aurait lieu parmi eux s'il n'y avait

dans le monde qu'une seule société civile, autrement qu'une seule nation.

Pour observer l'ordre des choses, il faut bien distinguer la société civile de la société politique : la première se divise en plusieurs branches, et la seconde les réunit toutes en un seul tronc. Or, quand il y a des guerres nationales, cela ne vient point de ce que les deux sociétés sont différentes, mais de ce qu'elles ne sont pas encore bien liées entre elles. Tant qu'on voudra perfectionner l'une sans l'autre, vu leur mutuelle dépendance, il ne sera pas possible de les faire concorder; tant que chaque état voudra s'agrandir au préjudice des autres états, la guerre sera dans le corps politique.

Mais quelle différence y a-t-il entre la société civile et la société politique, considérées séparément l'une de l'autre ? La même qui se trouve entre le tout considéré indépendamment des parties, et les parties considérées indépendamment du tout. La société civile divise le genre humain en différens peuples, formant chacun une société distincte, et la société politique réunit ces différens peuples en une seule société générale : l'une les fait vivre distributivement sous des lois particulières, et l'autre les fait vivre collectivement sous des lois universelles.

La société civile, qui a dû précéder la société politique, est plus proche de la nature, et par conséquent plus éloignée de l'art; ce qui la doit rendre plus facile à gouverner, car les opérations humaines deviennent plus difficiles à mesure qu'elles s'éloignent plus du naturel, et elles deviennent plus faciles à mesure qu'elles s'éloignent plus de l'artificiel. Toutefois il y a des choses que la nature fait avec effort; par exemple, le travail de l'enfantement; mais elle les fait encore avec plus de facilité que l'art, qui, dans un pareil cas, ne peut souvent opérer malgré le secours de la nature. (1)

Quoiqu'en général les choses qui touchent de plus près la nature doivent être plus aisées à faire, il faut pourtant convenir que comme il y a ici deux associations différentes, l'une des hommes et l'autre des peuples, la première a dû être la plus difficile à former, par la raison qu'elle a tracé le plan de l'insti-

---

(1) L'exemple que je cite ici ne répond pas à la noblesse de mon sujet; mais comme c'est celui qui peut le mieux prouver mon assertion, le lecteur voudra bien me le permettre.

tution sociale à la seconde, qui n'a guère eu qu'à l'imiter.

Il paraît qu'un homme est plus flexible qu'un peuple, et qu'il doit être par conséquent plus facile de le coordonner avec d'autres hommes dans la société civile, qu'il ne l'est de coordonner un peuple avec d'autres peuples dans la société politique. Un peuple est composé d'une multitude d'individus sujets à bien des jalousies, à bien des contradictions et à bien des désordres : un homme est un être simple qui, en persévérant dans son unité personnelle, serait moins sujet aux passions irascibles. Il est vrai que si tous les individus qui forment un peuple vivaient en bonne intelligence, ils seraient plus capables de se réunir avec les individus des autres peuples dans la société politique, que ne le serait un individu de se réunir avec d'autres individus dans la société civile; pour lors ces citoyens mettant toute leur rivalité à faire le bien public, se plieraient d'eux-mêmes à la formation de la société politique.

Il semble d'abord qu'il y a plus d'individus dans la société politique que dans la société civile, puisque les diverses sociétés civiles ne forment qu'une seule société politique ; cependant si l'on considère séparément le corps de chaque société sans en considérer les membres, il n'y aura alors qu'un être collectif dans la société politique, tandis qu'il y en aura plusieurs dans la société civile, qui se divise en plusieurs parties. Il est vrai que l'être collectif de la société politique équivaudra aux êtres collectifs de toutes les sociétés civiles, attendu que les sociétés civiles, considérées séparément, sont des corps qui deviennent membres de la société politique. Mais si l'on considère qu'il y a beaucoup plus d'habitans dans chaque état qu'il n'y a d'états dans le monde, on trouvera certainement plus aisé de coordonner un bien plus petit nombre de peuples dans la société politique, que de coordonner un bien plus grand nombre d'hommes dans la société civile; et si l'on considère enfin que les souverains, qui représentent collectivement les nations, et qui sont les organes de la volonté publique, peuvent stipuler individuellement pour elles, on trouvera alors encore plus aisé de les conduire à cette association universelle.

On m'objectera peut-être que les états né sont pas égaux entr'eux comme les hommes, par la raison que chaque citoyen en vaut

toujours un autre sous le rapport numérique
de la personne, autrement *individuel*, tandis
que chaque état n'en vaut jamais précisément
un autre sous le rapport numérique des habitans, autrement *collectif*. Je conviens qu'un
empire peut rénfermer plus ou moins d'habitans qu'un autre empire ; mais aussi un citoyen peut avoir plus ou moins de passions
qu'un autre citoyen. Il est vrai que les passions
distributives de chaque citoyen d'un état sont
moins en proportion avec les passions distributives des citoyens d'un autre état que ne le
sont entr'elles les passions particulières de
deux hommes, parce qu'il n'y a pas nombre
égal d'individus entre deux peuples comme
entre deux citoyens, et que la ressemblance,
qui a rarement lieu parmi les hommes, se
trouvera plutôt entre deux seulement qu'entre
plusieurs millions, parce qu'il est physiquement certain qu'un cas rare arrivera plutôt
une fois que plusieurs millions de fois. (1)

_____

(1) Il faut pourtant convenir que dans un grand
nombre d'individus il peut s'en trouver de ressemblans : mais cela ne prouve point qu'il puisse y avoir
plutôt ressemblance entre eux tous qu'entre deux personnes seulement ; cela signifie plutôt le contraire,

Mais il faut observer que pour former la société civile, ou d'homme à homme, il ne faut pas seulement réunir deux individus, mais plusieurs millions d'individus, et que par conséquent elle est plus difficile à établir que la société politique, où il n'y a que quelques peuples à réunir par l'intermédiaire des souverains qui les représentent.

Au reste, les passions générales des individus qui composent un peuple seraient plus en proportion avec les passions générales des individus qui composent un autre peuple, que ne le seraient les passions particulières d'un homme avec les passions particulières d'un autre homme, en gardant la proportion qu'il y a du peuple au citoyen, parce que, comme il y a dans la masse du peuple une opposition collective d'homme à homme, les bons citoyens se mêlent et se balancent avec les mauvais, et qu'ainsi tel serait méchant dans la séparation qui devient honnête dans la réunion; (1) au lieu que, dans l'opposition par-

---

parce qu'il y en a de bien plus et de bien moins méchans dans un grand nombre que dans un petit.

(1) On ne peut pas supposer que le nombre des méchans soit le plus considérable, par la raison que les

ticulière ou distributive d'homme à homme, chaque individu étant bon ou mauvais, personne ne peut le modifier.

Comme nous venons de voir qu'il y a moins d'états dans le monde qu'il n'y a de citoyens dans chaque état, il faut moins de lois dans la société politique que dans la société civile. Chaque empire n'a qu'un territoire, qui se trouve ordinairement limité par des montagnes, ou par des rivières, ou par la mer; et chaque citoyen peut avoir plusieurs domaines, qui sont séparés par des bornes mobiles. Or, c'est pour fonder le droit de propriété que se sont multipliées les lois civiles, dont le nombre est toujours relatif à la multiplication du partage des terres.

Tous les habitans d'un état, soit qu'on les considère en particulier, soit qu'on les considère en général, sont gouvernés par les mêmes lois : tous les peuples de l'univers, si on les considère séparément, ne peuvent pas être gouvernés par les mêmes lois; mais si on les considère conjointement, ils peuvent

---

lois, les principes, les mœurs et la religion concourent à rendre les hommes bons, sans quoi la société ne subsisterait point.

recevoir les mêmes lois, et vivre en paix sous leur commune protection.

Mais tant qu'il n'y aura pas en Europe une société politique bien réglée, le droit des gens sera violé par les plus forts contre les plus faibles : il faut que chaque peuple concoure à la formation des lois nationales pour qu'elles s'observent ponctuellement. Une loi quelconque est toujours faible quand elle n'est pas l'expression de la volonté générale. S'il y a un parti pour elle et un parti contre elle, les magistrats chargés de la faire exécuter n'ont qu'une force insuffisante, et la loi demeure sans exécution. La France en a fait la triste expérience dans le tems de son gouvernement républicain.

CHAPITRE VI.

Du principe distinct des trois Sociétés.

Pour découvrir le principe général de la société, la plupart des publicistes, avons-nous dit, ont créé des causes illusoires, tandis qu'elle est née du besoin que les hommes ont eu de se réunir pour se conserver, se secourir et se reproduire : c'est le desir d'une assistance mutuelle qui en a formé le premier lien; et la religion, qui fait à chacun de nous un précepte d'aimer ses semblables, est venue le resserrer. En effet, que deviendraient les hommes réunis en société sans aucune idée de religion ? En proie aux passions brutales, ils se détruiraient les uns les autres comme des bêtes féroces, tandis que la religion, en les éclairant de son flambeau céleste, les conduit au bonheur par la voie de la justice. En vain la politique humaine s'efforcerait de suppléer à l'ascendant des inspirations religieuses : la politique humaine est chancelante et incer-

ine; il lui faut l'appui de la religion pour la
iriger constamment vers la vertu. (1)

---

(1) Tous les législateurs se sont servi de la religion
)ur former des établissemens durables, en donnant
leurs lois plus de sublimité. *Mahomet*, pour mieux
emparer de l'esprit des Mecquois et des Arabes,
ignit de converser avec le Tout-Puissant, en faisant
iraître sur le sommet de la Kaaba des éclairs qui
nitaient la foudre céleste. Lycurgue, qui gouverna
acédémone pendant la minorité de son neveu Cha-
laüs, pour imprimer au peuple plus de respect pour
s lois, fit croire qu'elles avaient été approuvées par
)racle d'Apollon. Numa, ce second roi des Romains,
)ur donner plus de force à ses institutions, les fit pas-
r par la bouche de la nymphe Égérie, avec laquelle il
semblant d'avoir des conférences nocturnes. Le ro.
:Perse, pour imprimer plus de soumission à ses sujets.
t en même tems le *chef* de la religion mahométane.
empereur de la Chine est aussi le souverain pontife
à la religion, pour rendre son autorité plus respec-
ble. Le souverain du Tibet, qu'on appelle le *Da-
ïlama*, se dit successeur et vicaire du dieu Fô, pour
re l'idole vivante de son peuple; aussi les princes
artares ne lui parlent-ils qu'à genoux. Celui du Japon,
)mmé le Daïri, était anciennement le roi et le pon-
fe de la nation, afin de réunir dans ses mains tous
s ressorts du pouvoir suprême.
Nous trouvons encore ce principe démontré dans
otre histoire sainte : ce n'est plus ici une imitation

En remontant à l'origine des trois sociétés, on trouve que la société de l'homme avec la femme est née de la différence de leurs sexes, et de l'établissement des maisons ; que la so-

---

humaine, mais c'est une vérité divine qui parle en faveur de l'ascendant que la religion a sur les esprits pour les soumettre à l'autorité politique. Moïse, ce législateur des Juifs, pour rendre son peuple profondément respectueux, lui parle tantôt de sa propre bouche au nom du dieu d'Israël, et tantôt il lui fait parler par la bouche de ce même dieu. A la voix du Tout-Puissant ce législateur monte sur la montagne de Sinaï, et reçoit, au milieu des éclairs et au bruit de la foudre, les tables de la loi, qu'il proclame à son peuple. Dès lors chaque Israélite, saisi d'admiration et de crainte, ayant toujours devant les yeux l'image de la divinité par la présence de son souverain pontife, obéit sans murmure à la rigueur de ses lois; et tout crime attentatoire aux ordres célestes est à l'instant puni de mort.

J'ai cité ces exemples pour mieux faire sentir combien la religion donne de force à toutes les institutions humaines. Ce principe est si clair, que tous les législateurs ont été frappés de sa lumière; aussi ont-ils inspiré aux peuples des idées morales et religieuses, pour gagner le plus puissant ascendant sur l'esprit des citoyens, parce que ces sentimens sont les plus chers à l'homme.

iété d'homme à homme est découlée de la
ressemblance de leurs caractères et de la formation des états, et que la société de peuple
à peuple est dérivée des rapports de leur civilisation et de la contiguité des mêmes états.
Cette dernière société est un acte par lequel
tous les hommes se sont associés politiquement, parce qu'ils n'ont pu le faire civilement. Ils ont formé divers peuples, en se distribuant dans diverses sociétés particulières,
qui se sont réunies enfin par le droit des
gens.

La société domestique est si conforme à la
nature, qu'elle a existé chez les hommes de
tous les tems et dans tous les pays. La société
civile est si utile au genre humain, qu'elle
s'agrandit de jour en jour, et pénètre peu à
peu chez les hommes encore sauvages. Et la
société politique est si nécessaire à la paix,
qu'elle doit unir tous les peuples civilisés sous
de sages lois générales; mais cette société est
encore si imparfaite, qu'on dirait qu'elle
n'existe point.

Au reste, la plus importante de ces trois sociétés est la société conjugale, parce qu'elle
sert de principe aux deux autres sociétés.
Cette société, qui est la première dans le vé-

ritable ordre des sociétés, ne doit unir qu'un époux à une épouse; elle doit bannir également la polygamie et la communauté des femmes; sans quoi il s'introduirait un libertinage funeste à la population, subversif de l'ordre domestique, et destructeur de la société civile. La loi de la monogamie est la plus naturelle, par la raison qu'un homme ne peut communiquer en même tems qu'avec une seule femme; par la raison aussi que l'amour paternel, en se répandant sur les enfans d'une seule épouse, (1) est moins sujet à la préférence du côté du père, et moins sujet à la jalousie du côté de la mère, et qu'ainsi la maison en est plus tranquille, et la famille plus heureuse.

La société conjugale est gouvernée par les lois les plus sages de la nature : suivons-la dans ses ouvrages; elle persiste dans l'égale production des mâles et des femelles, afin de se

_____

(1) Il ne manque pas d'exemples de la cruauté des marâtres à l'égard des enfans que leurs maris ont eus de leurs premiers mariages : j'en ai vu moi-même de terribles; et ce doit être bien autre chose quand la loi permet plusieurs femmes à un seul homme; pour lors la guerre est dans la maison.

perpétuer. Dans l'action générale du monde chaque sexe fournit à son tour des garçons et des filles : chez les uns c'est le genre masculin qui domine; chez les autres c'est le genre féminin; et il arrive souvent que dans le même mariage c'est tantôt l'homme et tantôt la femme; ce qui établit un admirable équilibre entre les deux sexes. Il serait beau d'approfondir;.... mais il faut tirer un voile sur cette merveille de la nature, parce qu'il n'est pas permis de pénétrer un si grand mystère : il faut s'humilier ici devant la sagesse de l'Etre tout-puissant qui règle nos générations et préside à nos destinées.

Rien n'est mieux combiné sur la terre que l'opération de la vie dans l'union conjugale: l'auteur de la nature pouvait bien faire que d'un seul trait l'homme engendrât; mais pour lui ménager le plaisir de l'embrassement, et donner un tems convenable à la génération, il lui a assigné un intervalle pendant lequel les parties quotidiennes forment le fétus, et un terme passé lequel la femme allaite l'enfant, afin de prévenir une propagation trop prompte et trop abondante, et d'obvier au désordre et à la corruption qui en seraient résultés; car, à raison de cette facile reproduction, il aurait

fallu que l'homme eût tous les jours une nouvelle femme, ou que la femme pût enfanter
et nourrir tous les jours un nouveau-né : or,
cette importante société serait encore la première par sa sublimité, quand même elle ne
le serait pas dans l'ordre naturel.

Oui, en suivant les progrès de la nature
on reconnaît que la société domestique a dû
être antérieure aux deux autres sociétés : c'est
elle qui donne à l'homme l'existence et la vie,
qui, dans l'enfance, le soigne, le nourrit,
et écarte de lui les dangers qui l'environnent;
c'est elle encore qui, dans la jeunesse, lui
procure une compagne pour goûter avec elle
le plaisir de se reproduire, et jouir ensemble
du bonheur réservé aux époux; c'est elle
enfin qui, dans la vieillesse ainsi que dans la
maladie, lui prête les secours dont il a besoin,
et qui après la mort lui fait faire d'honorables
funérailles, et arrose son tombeau des larmes
de toute la famille.

A mesure que l'union conjugale fut semée
d'appas, d'agrémens et de plaisirs, les hommes, voyant que la société domestique renfermait tant d'avantages, cherchèrent à la rendre
plus nombreuse et plus durable, afin d'accroître encore leur bonheur, et ils formèrent

une société de plusieurs familles, qui, sous le nom de société civile, multiplia les jouissances humaines, proscrivit la communauté des biens, et en fit faire le partage pour exciter l'émulation générale. Or, cette société civile s'étant accrue et perfectionnée de plus en plus, il s'en forma sur le même modèle plusieurs autres qui se réunirent ensuite politiquement entr'elles.

Sous le rapport analogique on considère les hommes déjà comme associables, quoiqu'ils ne soient pas encore policés; (ils ne sont jamais si ressemblans) sous le rapport naturel on associe l'homme avec la femme; sous le rapport civil on réunit les hommes de chaque société en particulier; sous le rapport politique on réunit les hommes de toutes les sociétés en général. Il a fallu avoir de la ressemblance pour s'unir par le droit naturel; il a fallu s'unir par le droit naturel avant de s'unir par le droit civil; et il a fallu s'unir par le droit civil avant de s'unir par le droit des gens.

Nous avons dit que le perfectionnement général des trois sociétés humaines dépend du perfectionnement particulier de chacune: or, pour avoir la perfection de la société domestique il faut que la famille vive harmo-

nieusement dans la maison ; pour avoir celle
de la société civile il faut que le peuple vive
tranquillement dans l'état ; et pour avoir
celle de la société politique il faut que les
nations vivent paisiblement dans le monde.
Mais quoique la perfection des trois sociétés
soit réciproquement dépendante, il faut pourtant observer que la société civile est celle qui
peut le plus coopérer à leur perfectionnement
commun : en effet, s'il y avait dans chaque
état un souverain qui, par la bonté de son
gouvernement, par la sagesse de ses lois, et
par l'excellence de ses mœurs, maintînt
l'ordre domestique, la tranquillité civile et la
paix nationale, les trois sociétés humaines, qui
doivent avoir des chefs particuliers pour les
gouverner, seraient alors dans leur plus haut
point de perfection.

Avant toute société les hommes ne connaissaient d'autre chef que le père commun,
c'est à dire le Tout-Puissant ; chacun vivait
alors isolé, adorant à sa manière le Créateur
par un sentiment naturel qui l'élevait par instinct, ou plutôt par reconnaissance, vers le
principe de son être : mais après la formation
des sociétés il s'établit des chefs pour les
maintenir dans l'ordre. La société domes-

tique, qui fut la première, se constitua sous la puissance du père, qui devint le chef de la maison, comme étant l'image de Dieu sur la terre. La société civile, qui fut la seconde, se constitua sous la puissance d'un chef ou de plusieurs, qui prirent différens noms, suivant la forme de gouvernement qu'ils adoptèrent. Mais la société politique, qui a été postérieure aux deux autres sociétés, tant parce qu'elle en dérive que parce qu'elle les embrasse l'une et l'autre, ne s'est pas encore organisée sous une puissance constitutive : cette dernière société se trouve encore informe et sans gouvernement, parce que chaque peuple qui en fait partie a voulu vivre dans l'indépendance, ou, pour mieux dire, dans l'isolement, comme s'il eût été seul dans le monde, et, pour mieux dire encore, dans l'anarchie, comme si les états devaient se détruire mutuellement.

Le but principal de la société est de mettre les hommes à couvert des maux qu'ils pourraient se faire mutuellement, en les défendant, autant que possible, contre tout injuste agresseur. Il est vrai qu'il n'est pas de notre nature que nous soyons inaccessibles à toute atteinte étrangère dans la société ; mais on peut faire en sorte que chacun de nous ait bien peu à craindre de la part des autres, tant qu'il restera paisible; et c'est pour se placer sous une telle garantie que les hommes ont établi un gouvernement quelconque, armé de la force publique; car si, en se soumettant à un souverain, ils n'avaient pas dû être plus en sûreté qu'ils ne l'étaient avec leurs forces individuelles, ils n'auraient pas renoncé à leur indépendance naturelle, dans laquelle ils eussent été moins exposés, soit parce qu'ils se seraient défendus librement, soit parce qu'ils auraient été plus éloignés et plus défians les uns des autres.

Chaque société civile s'est donc mise sous la protection d'une force générale déposée entre les mains d'un ou de plusieurs magistrats, selon la forme constitutionnelle qu'elle a adoptée. C'est de là que sont nées toutes les distinctions qu'on a faites des gouvernemens. Par exemple, on a donné le nom de monarchie aux états où le pouvoir souverain, concentré dans les mains d'un seul magistrat, s'exerce suivant les lois; celui de despotisme aux états où le souverain, trop absolu, ne consulte que ses caprices et sa volonté; et celui de république aux états où la souveraineté est exercée par tout le peuple en corps, ce qui s'appelle une démocratie; ou seulement par une partie du peuple, ce qui s'appelle une aristocratie; et une oligarchie, si la puissance réside encore dans les mains d'un plus petit nombre de magistrats. Le gouvernement ré-publicain est susceptible d'une infinité de formes différentes, comme le gouvernement monarchique; et quoiqu'il soit le plus libre par sa nature, il n'est pas le meilleur, parce qu'il est sujet à trop de secousses et de révolu-tions.

Les noms distinctifs de *théocratie* et de *ti-mocratie* ne sont que des noms qui dérivent de la qualité des personnes qui gouvernent. Par exemple, c'est un état théocratique quand la puissance souveraine réside dans le sacer-doce, comme dans Rome moderne; c'est un état timocratique quand elle réside dans les troupes, comme autrefois dans la même ville.

Le meilleur des gouvernemens est dans le fait celui de la monarchie; c'est aussi celui qui s'est le plus répandu sur la terre : mais on distingue plusieurs sortes de monarchies; il y a la monarchie absolue, la monarchie limi-tée, la monarchie tempérée par un sénat, la monarchie modifiée par des états-généraux, la monarchie héréditaire et la monarchie élective. La république se subdivise pour le moins en autant de formes différentes que la monarchie; mais ce gouvernement suppose les hommes trop vertueux pour qu'on veuille l'établir. Or, par le meilleur des gouvernemens il faut entendre une monarchie modérée, dont les actes de l'autorité souveraine se conforment toujours à la volonté nationale, c'est à dire au bien public. Celui qui juge ainsi des gouvernemens par leurs effets n'est point la dupe de ces notions qu'on exprime par des mots souvent insignifians.

Mais quel a été le premier gouvernement qui s'est formé? Si l'on considère un peuple déjà rassemblé, il est vraisemblable que c'est la démocratie, parce qu'il n'est pas naturel que des hommes réunis aient voulu d'abord se soumettre à l'autorité d'un seul chef, sans avoir essayé auparavant le gouvernement populaire, et se donner, contre les principes du droit commun, d'autres souverains qu'eux-mêmes; mais si l'on considère un peuple encore épars, tel qu'il se trouvait avant l'établissement de toute société, les hommes ont dû alors se réunir sous la conduite de quelque homme éclairé.

En supposant donc les hommes déjà réunis, il paraît que le premier état qu'on ait dû voir dans le monde est l'état démocratique ; mais comme cet état n'a pu vraisemblablement s'organiser que sous la main directrice de quelque magistrat éclairé, il paraît alors, civilement parlant, que la monarchie a dû précéder la démocratie. Or, pour donner à ceci une plus ample explication j'observe que, comme le pouvoir souverain a dû émaner essentiellement du peuple au monarque, il semble que le gouvernement démocratique a précédé le gouvernement monarchique ; mais si l'on considère que le peuple, quoique déjà réuni, ne constitue pas un état tant qu'il n'y a pas des lois établies, il est alors évident que la monarchie a précédé la démocratie.

Quoi qu'il en soit, diverses formes de gouvernement s'établirent tour à tour chez les différens peuples : les uns, las de la démocratie, passèrent à l'aristocratie ; les autres, fatigués de l'aristocratie, se livrèrent à l'autorité d'un seul, soit qu'il l'obtînt par le mérite, soit qu'il la reçût par l'adresse, soit qu'il s'en emparât par la force, soit qu'il l'acquît par des libéralités : il n'est point d'état qui n'ait éprouvé ces changemens, ou en descen-

dant ou en remontant vers une de ces formes.
Nous voyons dans l'ancien Testament que le
peuple juif, dégoûté du gouvernement théocratique, demanda à *Samuël* un roi purement humain. (1) Il fit en cela tout le contraire du peuple romain, qui divinisa ses empereurs, soit pour ne pas paraître obéir à des
hommes, soit pour leur mieux faire sentir la
sainteté de leurs devoirs.

C'est une question importante à décider
s'il vaut mieux qu'un royaume soit héréditaire qu'électif; mais on ne peut porter là-
dessus aucun jugement affirmatif, parce que
la question est circonstancielle; car tantôt
l'élection est préférable, et tantôt l'hérédité,
selon les tems, les lieux, les princes et les
peuples.

L'état électif, considéré en lui-même, est
le meilleur, parce qu'il conserve le droit du
peuple; mais quand on le considère dans ses
effets, c'est à dire quand on voit qu'à chaque
vacance du trône il peut s'élever des cabales,

---

(1) *Constitue nobis regem sicut habent nationes....*
dit Samuël au Seigneur; et le Seigneur répondit à Samuël : *Prædic eis jus regis qui regnaturus est super
eos....* Ancien Testament, liv. 1, des Rois, chap. 8, v. 4.

des brigues et des guerres épouvantables, on
trouve alors que l'état héréditaire est préférable.

Si dans les royaumes héréditaires on a plus
à craindre l'abus du souverain pouvoir, dans
les états électifs on est exposé à de plus grands
orages; et la liberté même, ce droit naturel,
tant exalté avec tous ses attraits, a souvent
produit de grands désastres. Il est vrai de
dire que les monarchies héréditaires ne sont
pas exemptes de secousses, de séditions et
de guerres : quand, par exemple, le dernier
monarque ne laisse que des enfans mineurs,
et que le royaume tombe en régence, comme
il est arrivé à *Charles IX*, roi de France; (1)
quand le monarque décédé ne laisse pas de
successeur direct, et que le trône passe dans
des mains collatérales, comme il est arrivé à
Charles II, roi d'Espagne; (2) quand la fa-

---

(1) Ce fut pendant la minorité de Charles IX que la
France fut déchirée par les querelles de religion et les
guerres civiles. Jamais ce royaume n'a été en proie à de
plus grands malheurs : les villes étaient prises et re-
prises tour à tour par les parties opposées, qui s'en
disputaient les débris et les ruines.

(2) Voyez l'*Essai* de Voltaire *sur l'Histoire générale*, tome 8, chap. 190.

mille régnante s'éteint entièrement, et que le sceptre passe dans des mains étrangères, comme il est arrivé à *Alexandre*, roi de Macédoine, (1) alors une foule de compétiteurs paraissent sur les rangs ; chacun tâche de parvenir à l'empire ou par l'intrigue, ou par la ruse, ou par la force, soit que la nation dispose de la couronne, comme il arrive souvent en Russie, soit que le prince nomme son successeur, comme il est établi en Espagne. Mais tous ces inconvéniens sont encore bien au-dessous de ceux qui résultent des royaumes électifs ; car il y a cette différence entre ces deux états que les malheurs qui arrivent quelquefois dans les monarchies héréditaires, quand un roi meurt sans postérité, arrivent toujours dans les monarchies électives après la mort du prince.

On croirait d'abord que l'élection a des avantages supérieurs, parce qu'elle semble écarter, ou du moins abréger les maux qui résultent de l'abus de la puissance, vu qu'après la mort du prince la nation a le droit d'abroger ou de réformer les mauvaises lois ; vu aussi que, dans l'intervalle de ces élections,

_____

(1) *Voyez* Quinte-Curce, liv. 10.

elle peut s'éclairer par l'expérience du passé, pour parvenir à perfectionner son gouvernement : mais on n'a plus la même opinion si l'on considère que l'interrègne est un vice inséparable de l'élection ; que ce tems est celui des troubles, des violences et des crimes ; que c'est alors que l'esprit des hommes ambitieux s'agite de tous côtés pour se faire des partisans ; que les personnes riches répandent de l'argent pour acheter des suffrages ; que les gens vils et crapuleux usent des moyens les plus iniques pour parvenir au trône, parce qu'ils ont aussi le droit d'y aspirer ; et dans cette lutte de toutes les passions humaines le peuple, soit qu'il élise par lui-même, soit qu'il élise par des représentans, toujours en proie aux intrigues, aux cabales, aux factions qui le tiraillent en sens contraire, n'est plus capable de rien faire de bon ; il se divise dans ses assemblées, il forme des scissions, il nomme plusieurs souverains qui ensuite l'arment chacun pour faire prévaloir son élection. C'est ce qu'on a vu en Pologne et en Allemagne ; chose également funeste aux monarques et aux peuples.

Dans les états héréditaires on craindra, il est vrai, l'inexpérience des princes et l'inertie des régences; mais on pourrait parer à ces in-convéniens en réglant que, dans le cas où un monarque ne laisserait pas un successeur digne de régner, ou ne laisserait que des enfans en bas âge, on appellerait à la succession le parent le plus proche et le plus digne pour gouverner sa vie durant, si le prince était incapable de porter la couronne; et pendant la minorité si le prince était encore jeune; et enfin, dans le cas où il ne se trouverait point parmi les parens un homme capable de régner, la nation déférerait alors la couronne à des étrangers. Cette trans-mission préviendrait les brigues des régences, et exciterait les jeunes princes à s'instruire dans l'art de gouverner; elle conserverait aussi, au-tant que possible, les droits du peuple, et fe-rait disparaître l'inconvénient du change-ment des dynasties. Ce serait un moyen terme qui concilierait ce qu'on doit au droit de la naissance, et ce qu'on doit au droit de l'élec-tion, au droit de la royauté et au droit du peuple, en corrigeant le vice qu'il y a dans les états purement héréditaires et purement électifs. C'est ainsi qu'en Pologne le peuple conserva long-tems le droit d'élection, en laissant toujours la même famille sur le trône; c'est ainsi qu'en Suède le roi *Eric,* fils de

Gustave Wasa, ayant été jugé incapable de régner, les états déférèrent la couronne à *Jean* son frère. Par ce moyen, sans que le royaume cessât d'être électif, le sceptre restait dans la même famille, et excitait les enfans des rois à se rendre dignes de succéder à leurs pères.

La transmission du sceptre en ligne latérale ne doit avoir lieu qu'autant que les successeurs directs seraient incapables de bien gouverner. Dans quelques dynasties de la Chine les frères de l'empereur succédaient à la couronne, et non pas les enfans. Chez les peuples de la Barbarie l'oncle, ou quelque autre parent, montait sur le trône, à l'exclusion du fils du dernier empereur. Le royaume de Congo était héréditaire par les enfans des sœurs du roi. La règle dans ces trois pays était trop générale; cela n'aurait dû avoir lieu que dans les cas de nécessité. Or, en faisant de cette règle générale une règle particulière, on adoucirait l'inconvénient qu'il y a de chaque côté par un état mixte, c'est à dire par un tempérament de l'état héréditaire et de l'état électif.

Mais que le trône soit héréditaire ou électif, il faut toujours que l'autorité souveraine

soit reconnue sans partage dans celui qui
en est revêtu. L'unité de pouvoir est tellement nécessaire, que le prince qui a abdiqué
en faveur de son fils n'est plus qu'un sujet
rebelle s'il veut reprendre la couronne : le
droit politique l'emporte ici sur le droit naturel ; le père est soumis au légitime monarque, parce qu'il ne faut qu'un souverain dans
un état. C'est pour cela que le sultan *Amurat II,* rappelé par les Turcs à l'empire dont
il s'était démis en faveur de son fils *Mahomet,* le lui résigna de nouveau, après avoir
vaincu les chrétiens hongrois et polonais, qui
avaient rompu le traité de paix conclu avec
lui, à cause de l'inexpérience de ce jeune
prince.

CHAPITRE VII.

De l'objet moral des trois Sociétés.

La société domestique a eu pour objet moral
la conservation du genre humain, le bonheur
mutuel des époux, le plaisir conjointif des
sexes, la nourriture et l'éducation des enfans
qui en sont le fruit, l'appui consolateur de la
vieillesse, l'amitié paternelle, l'amour filial,
la paix de la maison et l'agrément de la vie.

La société civile, qui est une suite immédiate de la société domestique, a eu pour fin
morale le bonheur des habitans de chaque
état, la réciprocité de leurs secours, l'am-
plification de leurs moyens, l'accroissement
de leurs forces, la sûreté de leur personne,
et le respect de leurs propriétés.

La société politique, qui est dérivée des
deux précédentes, a eu pour but moral l'union
et la félicité des peuples, la communication de
leurs ressources, l'échange de leurs denrées,
la vivification du commerce et l'établissement

de la paix ; car, quoique plusieurs nations
ne forment pas une seule et même nation ,
elles peuvent pourtant être unies et vivre en
bonne intelligence. Tous les citoyens du
même état ne vivent point les uns pour les
autres, mais ils peuvent s'unir et vivre en
paix.

Mais les hommes perdirent bientôt de vue
l'objet principal de la société ; ils ne tardèrent
pas d'oublier qu'ils s'étaient réunis pour vivre
en paix et coopérer à leur bonheur ; ils s'aban-
donnèrent à leurs passions, qui devinrent terribles à l'aspect de tant d'objets séduisans :
alors le désordre, le trouble, la guerre et
toutes les calamités humaines éclatèrent parmi
eux ; et ils instituèrent des lois protectrices et
des peines rigoureuses, qu'il n'aurait pas fallu
établir s'ils ne se fussent pas écartés du dessein de la société.

Société et *unité* sont deux mots qui deviennent synonymes quand une parfaite harmonie règne entre les individus de la même famille , entre les citoyens du même état, et
entre les peuples du même univers. Le Tout-
Puissant veut que les hommes s'assistent mutuellement dans leurs besoins ; et s'il les fait
naître dans ce monde pour les faire passer

dans un autre, c'est afin qu'ils ne demeurent pas long-tems séparés : mais dans sa justice il fait bien mieux encore ; il met une barrière éternelle entre les bons et les méchans qui sont confondus sur cette terre d'exil, afin que ceux qui ont été vertueux jouissent, sans mélange et sans trouble, de la félicité dans le sein de lui-même.

Il n'y a qu'un Dieu, père commun des hommes, et il faut que tous ses enfans s'aiment d'un amour réciproque s'ils veulent en être aimés. O que les préceptes qu'il a donnés dans l'Evangile sont beaux ! *Aimer Dieu pardessus toutes choses, et le prochain comme soi-même pour l'amour de Dieu.* Tous les devoirs de l'homme sont renfermés dans ce sublime commandement. Tous les humains doivent donc se regarder comme n'ayant qu'un même principe et qu'une même fin, et, pour tout dire encore, qu'une même voie pour arriver à la félicité : il faut qu'ils s'unissent et qu'ils s'aiment tous pour l'amour de Dieu s'ils veulent posséder le bonheur.

Oui, il n'y a qu'un seul Dieu, quoiqu'il y ait plusieurs religions dans le monde. Le culte qu'on lui rend se différencie ; mais la croyance est partout la même. Tous les hommes

ont été créés par lui, et ils doivent tous reconnaître son existence, ainsi que son immen-
sité. Dieu est unique comme l'ouvrage qu'il
a fait : il faudrait qu'il y eût deux terres,
deux mers, deux firmamens, deux lunes,
deux soleils pour croire à l'existence de deux
divinités; et encore si cette double création
avait été nécessaire, Dieu l'aurait formée
sans cesser d'être unique. Il n'y a rien de
plus absurde que l'opinion des Manichéens,
qui admettaient un principe bon et un principe mauvais : de peur d'attribuer à l'Être
suprême le mal qui se commet ici-bas, ils ont
créé, contre la raison, un principe supérieur
pour le mal; ils n'ont pas vu que Dieu, pour
le mérite des hommes, leur a donné la puissance et la liberté de pratiquer le bien ou le
mal selon leur volonté, et qu'il leur a donné
aussi la conscience pour en faire la distinction. Certes, s'il y avait un principe du mal,
(chose impie à supposer) cet auteur du mal
serait l'être le plus méchant du monde, parce
qu'il aurait la puissance et même l'obligation
de commettre le crime sans crainte et sans
remords.

Il est bien étrange que, par un effet de la
dépravation humaine, le vice ait germé dans

le sein de la vertu. Cela est pourtant si vrai, qu'en remontant au principe des choses nous trouvons que le bien a existé avant le mal; et si nous pouvions penser autrement, nous nierions l'existence de l'Être suprême, et nous détruirions toute idée de religion et de morale parmi les hommes. Il faut distinguer dans nous-mêmes l'œuvre divine d'avec l'œuvre humaine. Dieu fait les hommes essentiellement bons, et ils conservent leur bonté originelle tant qu'ils vivent selon leur nature; ils ne deviennent méchans que parce qu'ils se dépravent. Or, s'ils se plaignaient de ce que Dieu ne les a pas empêché de faire le mal, ils se plaindraient de ce qu'il les a fait libres, pour donner plus de poids à leurs bonnes actions; car pourraient-ils avoir le mérite de faire le bien s'ils n'avaient pas le pouvoir de faire le mal?

Comme nous ne jugeons du bien et du mal que par leur opposition, et plus encore par le sentiment de notre conscience, nous trouvons que le vice raffiné est la vertu dégradée; c'est la perfection de la nature humaine en sens inverse, ou, pour mieux dire, sa dépravation; car combien de fois n'a-t-on pas vu s'organiser des troupes de brigands avec une dis-

cipline sévère et un ordre merveilleux ! Or,
ce qui fait que les méchans vivent de concert
parmi eux, parce qu'ils se dirigent par les
mêmes principes et ont les mêmes sentimens,
fait aussi qu'ils ne peuvent pas vivre d'intelligence avec les bons, qui ont d'autres sentimens et d'autres principes.

L'homme, cet être très-faible dans l'isolement, et très-fort dans la réunion ; qui est
petit par ses œuvres, et grand par ses pensées ;
généreux dans ses sentimens affectueux, et
féroce dans ses passions haineuses ; qui est
physiquement abject en tant que corps, et
moralement sublime en tant qu'esprit, cherche, dans le contraste de sa double nature, à
s'accroître aux dépens de ses semblables ; et
les efforts qu'il fait pour s'agrandir sont la
source de tous les maux qui l'affligent ; car,
comme dans son ambition démesurée il ne
découvre au fond de lui-même que des signes de faiblesse et de décroissement, il at-
tente à la propriété de son semblable pour
augmenter ses jouissances : et de là naissent
toutes les guerres que nous voyons parmi des
hommes qui attaquent et des hommes qui se
défendent.

L'animal, guidé par le seul instinct, est

plus heureux que l'homme doué de la raison : dégagé d'inquiétude, et exempt de remords, il vit en paix avec tous les animaux de son espèce. Mais l'homme, dévoré de soucis, d'envie et d'ambition, est continuellement en guerre ouverte avec son semblable; il se bat contre lui avec toutes sortes d'armes; on le voit s'élancer dans le duel, dans la guerre civile et dans la guerre étrangère. Quoi! ce n'était pas assez que les hommes se battissent en détail pour s'arracher la vie, il faut encore qu'ils se battent en masse pour rendre la guerre plus sanglante et le massacre plus horrible et plus prompt! Dans l'état de nature l'homme n'attaque individuellement son semblable que dans le transport de la fureur; et dans l'état social les hommes concertent de sang froid les moyens de se détruire avec plus d'acharnement : c'est donc ainsi qu'ils font servir à leur perte ce qui pourrait les rendre plus heureux.

Il ne faut pas croire que je veuille rabaisser la raison au-dessous de l'instinct lorsque je montre l'abus que nous en faisons. La raison est une faculté spirituelle qui agrandit l'homme en le rapprochant de la Divinité; elle l'élève jusqu'à la source de son être par la contem-

plation du ciel : si quelquefois elle s'égare
dans des recherches trop profondes, c'est par
le desir de pénétrer des mystères qui sont in-
compréhensibles. On pourrait en faire un
plus digne usage en lui donnant moins d'es-
sor vers l'infini : il faut lui assigner pour règle
la foi, et pour bornes la conception. N'est-il
pas vrai que la croyance du prosélyte est cent
fois plus heureuse que le scepticisme de l'a-
thée? L'homme de la nature, qui s'humilie
devant les merveilles du monde en adorant le
Créateur, est bien au-dessus du philosophe
qui fait de vains efforts pour découvrir les dé-
crets de la Providence : le premier, dans la
simplicité de son esprit et dans la quiétude de
sa conscience, pense que Dieu existe, et cela
lui suffit pour être heureux; le second, par
un grand étalage de raisonnemens complexes,
veut expliquer la manière dont il existe, et
défigure ses divins attributs.

Mais qu'est-ce que l'instinct? C'est une
impression subite qui pousse naturellement la
bête à faire, sans réflexion et sans abus, un
acte de nécessité absolue. Si l'homme est plus
raisonné dans ses notions et ses principes, la
bête est plus constante dans ses opérations et
sa conduite; elle est moins sensible que nous

aux mouvemens du caprice et de la haine; elle n'a point nos espérances ni nos craintes. Quoi! l'animal, guidé par l'instinct, remplit exactement tous ses devoirs sur la terre, et l'homme, éclairé par la raison, ne peut y remplir sa tâche! Philosophes mélancoliques, voilà le fruit de vos funestes maximes! Rois orgueilleux, voilà l'ouvrage de votre ambition! Au lieu de vous tourmenter les uns pour des systêmes imaginaires, les autres pour une gloire chimérique, appliquez-vous à rendre les hommes heureux dans la société par l'établissement et l'exécution des meilleures lois.

Quoi qu'il en soit, l'homme ne peut pas être parfaitement heureux sur la terre; il se livre toujours, selon les circonstances, ou à une tristesse qui le consume, ou à une joie qui l'obsède, parce qu'il ne peut supporter tranquillement les coups de la fortune. L'un périt de chagrin au sein de la pauvreté; l'autre meurt d'alégresse au milieu de l'opulence. L'homme ne peut être satisfait de la joie qu'il éprouve ici-bas, laquelle est incomplette tant qu'il ne possède pas Dieu, qui est le principe et la fin de toutes ses volontés. Oui, il ne peut trouver sa félicité qu'en Dieu seul; tout le reste, loin de remplir son cœur, ne sert

qu'à irriter son ambition : de là ses inquié-
tudes dans les jouissances même les plus chè-
res; de là sa fatigue dans les épreuves les plus
douces; et, flottant sans cesse entre la crainte et
l'espérance, il n'a que des desirs qu'il ne peut
contenter. Pour comble de misère, il veut se
servir de son impuissance même pour atteindre le bonheur qui le fuit; mais s'il veut
jouir politiquement du plus grand bonheur
possible sur la terre, il faut qu'il sacrifie
l'amour de soi à l'amour de la patrie, et
l'amour de la patrie à l'amour de l'humanité.

Qu'est-ce donc que l'homme? N'est-il pas
un être très-faible et très-dangereux s'il
n'est pas bien civilisé? et s'il vient nu au
monde, ce qui est l'emblême du désintéressement et du besoin, et avec un penchant
d'ambition déréglée, comment pouvoir con-
cilier ce contraste? Le premier cri qu'il fait
entendre n'est-il pas celui de ne pouvoir
jouir encore de la lumière; cri qui devient de
jour en jour plus fort et plus impérieux; et si,
dans tous les instans de la vie, il a besoin des
secours de son semblable, comment ose-t-il l'at-
taquer! L'homme de la nature est bon dans
l'isolement; mais l'homme de la société devient

méchant lorsqu'il n'est qu'à demi civilisé : il faudrait qu'il conservât toute sa bonté originelle dans l'état social, afin qu'il y vécût heureux et paisible.

Il n'y a dans le monde aucun être qui soit moins ressemblant que l'homme : on trouve en lui des vertus et des vices ; il fournit dans son espèce des *Bias* et des *Pygmalion*, des *Caton* et des *Phalaris*, des *Bossuet* et des *Spinosa*, des *Titus* et des *Domitien*. Quelquefois on trouve ce contraste dans le même sujet à chaque instant de sa vie, et quelquefois on le trouve par intervalles dans ses divers âges. *Charles XII* exerça en même tems des actes de générosité et de barbarie, de clémence et de dureté. *Néron*, avec d'excellentes qualités dans les premières années de son règne, devint sur le trône un tyran monstrueux. *Louis XII*, roi cruel dans le commencement, devint bientôt par ses vertus le père de son peuple. *Adrien* fut un mélange de bien et de mal : le commencement et la fin de son règne furent tyranniques, et le milieu peut être cité pour modèle d'un bon gouvernement.

Après un pareil contraste faut-il s'étonner que la nature de l'homme soit si difficile à comprendre, et que le monde qu'il habite

devienne le théâtre de tant d'évènemens malheureux! Ah'! si nos actions étaient constamment bonnes comme elles devraient l'être, on
pourrait toujours juger favorablement de l'a-
venir par le passé; et alors les hommes, se li-
vrant entièrement à la confiance et à l'amour
réciproques, goûteraient dans l'état social ce
repos et ce charme qui en sont le principal objet.

CHAPITRE VIII.

Du Résultat général des trois Sociétés.

LES trois sociétés humaines, que nous avons distinguées sous les noms de *domestique*, *civile* et *politique*, se sont formées pour l'union, la paix et le bonheur des familles, des citoyens et des peuples : mais les passions des hommes sont venues déranger le plan de cette triple institution ; il s'est aussitôt élevé une lutte terrible entre les différens intérêts, qui se seraient confondus dans la masse du bien commun, si l'avarice et l'ambition ne les avaient rendus opposés les uns aux autres.

Dans la société tantôt les hommes se respectent, et tantôt ils s'outragent : ils se témoignent aujourd'hui la plus grande amitié ; ils se voueront demain la haine la plus forte. L'inconstance est l'apanage de cet être ambitieux et jaloux qui veut tout avoir sous sa main : il se presse avec son semblable au gré des diverses passions qui l'agitent, et souffre encore plus de ses propres maux que de ceux de la nature.

Tout se balance dans la société humaine; les inconvéniens y contre-pèsent les avantages: la pauvreté y contre-pèse l'opulence; le vice y contre-pèse la vertu par la différence des principes et par l'opposition des caractères des membres qui la composent : que si l'on y trouve plus de forces, on y a aussi plus d'obstacles à vaincre; que si l'on y trouve plus de moyens, plus de ressources, plus de freins, plus d'industrie et plus de richesses, on y a aussi plus de besoins à remplir, plus de desirs à satisfaire, plus de passions à soumettre, plus d'orgueil à contenter et plus d'ambition à assouvir. Heureusement encore la prévoyante nature a rendu communes les choses les plus nécessaires à la vie; ce qui diminue un peu les sujets d'avarice et de haine ; car combien se vendrait une cruche d'eau si cet élément n'était pas multiplié à proportion de son utilité! Que de querelles ferait allumer une bluette de feu si cet élément n'était pas répandu à raison de sa nécessité! Les hommes se détruisent souvent pour des chimères, pour des frivolités, et ils se détruiraient bien davantage pour des besoins absolus, pour des nécessités indispensables.

Si nous examinons les biens et les maux qui résultent de la société, nous voyons que les hommes se sont rendus ennemis dans un état qui aurait dû les unir étroitement ; et tandis qu'ils pourraient se communiquer en paix leurs secours, ils entreprennent des guerres désastreuses qui les privent de la nourriture et de la vie ; de sorte qu'ils pervertissent dans la société le dessein qu'ils avaient formé d'y assurer leur existence.

Il semble qu'à chaque pas que nous faisons dans la vie sociale nous nous écartons du but de la société ; les passions les plus violentes ne cessent de nous tourmenter au milieu de tous les biens qu'elle nous prodigue vainement pour nous rendre heureux.

Les peuples qui vivent dans toute la simplicité de la vie champêtre sont plus heureux que ceux qui vivent dans le sein des richesses et du luxe : exempts d'ambition et d'avarice, de troubles et d'alarmes, ils sont plus contens, parce qu'ils observent mieux les lois de la nature. « Les Fenniens, a dit Tacite, (1) portaient à l'extrême la férocité et la pauvreté : sans armes, sans chevaux, sans mai-

---

(1) *De morib. Germ.*

sons, ils avaient l'herbe pour nourriture, des peaux pour vêtemens, la terre pour lit; des flèches, qu'ils armaient d'os faute de fer, étaient toutes leurs forces. La chasse suffisait à la nourriture des hommes et des femmes : ces dernières y accompagnaient leurs maris, et la partageaient. Les enfans n'avaient d'autre refuge contre la pluie et les bêtes féroces que quelques cabanes faites de branches d'arbres: c'était aussi la retraite des jeunes gens et l'asile des vieillards. Ce genre de vie leur paraissait plus heureux que de gémir, dans un champ ou dans une maison, sous le poids du travail ; de tourmenter sans cesse, par la crainte et par l'espérance, sa fortune et celle d'autrui : en sûreté contre les hommes, en sûreté contre les dieux, ils étaient parvenus à ce rare avantage de n'avoir pas besoin même de desirs. »

Mais combien les hommes civilisés seraient plus heureux s'ils vivaient en paix parmi eux ! Dans le sein de l'abondance, ils se communiqueraient leurs jouissances ; au milieu des besoins, ils se prêteraient leurs secours. Combien les hommes policés seraient plus contens et plus forts s'ils avaient moins d'ambition, d'avarice et d'orgueil ! Ah ! si nous ne nous écartions point dans l'état social du

but de la nature, nous posséderions l'abondance, la paix et le bonheur; et alors nous
ne courrions pas après un bien imaginaire
pour nous donner mille maux réels.

L'homme a donc voulu se faire un rempart
de ses passions pour se séparer du bonheur.
Si en s'associant il avait conservé cette simplicité native qu'il avait dans l'état sauvage; si
même il n'avait pas porté ses besoins chimé-
riques au-delà des moyens réels qui se sont
multipliés pour le rendre heureux; si ses
desirs ne s'étaient accrus qu'en raison des
ressources nombreuses qui sont dérivées de
la civilisation, il aurait joui en paix de tous
les dons de la nature perfectionnée : la société
l'aurait alors comblé de tous ses biens, sans
lui faire éprouver d'autres maux que ceux qui
sont inséparables de son être, et elle les eût
encore adoucis. Être infortuné! c'est donc
ainsi qu'en méconnaissant les principes de la
civilisation, tu t'es écarté de la route qui
t'aurait conduit à la félicité! pour n'être pas
content de ton sort, tu l'as rendu plus déplo-
rable.

Il vaudrait bien mieux vivre dans l'isolement les uns des autres que de vivre dans
un état à demi policé : la demi-civilisation

conduit les hommes à la licence , à la révolte, à l'assassinat; comme le demi-savoir les mène à l'incrédulité, à l'irreligion, à l'athéisme.

En effet , tous ces hommes qui ne sont qu'à demi policés sont farouches et turbulens ; leur moyenne civilisation les tourne toujours du mauvais côté; de peur de sacrifier leurs propres intérêts , ils tiennent continuellement d'une main le bout de la corde qui doit leur attirer des avantages devers autrui ; mais ils laissent tomber de l'autre main le bout qui doit en rapporter aux autres devers eux : ils vivent ainsi dans le plus cruel égoïsme, en disposant sans cesse le tout par rapport à eux seuls , comme si dans l'état social les bienfaits ne devaient pas être réciproques. Les passions dominantes de ces êtres inconséquens sont l'ambition , l'avarice, l'orgueil , la cupidité , la jalousie et la haine : ce sont des esclaves dans l'obéissance; ce sont des despotes dans la domination ; ils ne savent garder un juste milieu , et se rendent malheureux en portant tout à l'extrême.

Les hommes ne furent pas plutôt réunis en société qu'un intérêt particulier mal entendu les divisa : les uns voulurent le bien , tandis que les autres voulurent le mal; les plus forts cherchèrent à opprimer les plus faibles; les plus rusés tâchèrent de s'enrichir aux dépens des plus simples ; et il fallut instituer des lois sévères pour réprimer les méchans ; lois dont l'exécution fut confiée à des magistrats qu'on investit de la force armée ; car à mesure que dans la société les préceptes de la loi naturelle n'eurent plus assez de force pour retenir les méchans, il fallut avoir recours à des peines suffisantes pour empêcher les injustices.

Il est dans la nature de l'homme de tendre toujours vers son intérêt particulier ; et , comme il croit l'opérer plutôt en faisant du mal à son semblable qu'en lui faisant du bien , par la raison qu'il ne sent pas assez que dans l'état social les moyens et les secours sont réciproques, il faut combattre ses fausses inclinations, et le ramener, par la persuasion ou par la force, à ce qu'il aurait dû faire volontairement , soit en lui démontrant, par les préceptes de la religion et de la morale, que son bonheur dépend essentiellement de celui des autres , soit en lui faisant craindre, par les lois de la justice, un châtiment rigoureux s'il manque de respecter les droits de l'humanité. Or, puisque toutes les institutions civiles tendent à rendre l'homme équitable et bon , et que, nonobstant cela , un seul mé-

chant suffit souvent pour inquiéter plusieurs
bons citoyens, il faut que l'empire du vice
soit étrangement plus fort que celui de la
vertu; car la force de la société entière ne
peut pas toujours empêcher un homme de
commettre le crime qu'il a médité; de sorte
qu'alors la puissance d'un seul individu sur-
monte la puissance de tous, puisqu'il devient
méchant malgré la défense des lois.

Mais si, maintenant que la société est établie, les lois les plus sévères ne peuvent pas
empêcher certains scélérats de commettre le
crime, comment, à l'époque de son organisation, les hommes ont-ils pu parvenir à instituer des peines contre tous ceux qui se ren-
draient coupables de délits?

Quand, dans l'origine de la société, les
hommes consentirent à établir des récompenses pour la vertu et des châtimens pour
le vice, c'est que chacun, par la bonne opinion qu'il avait de lui-même, se flattait d'être
de la classe de ceux qui devaient être grati-
fiés, et non du nombre de ceux qui devaient
être punis; car comme les biens étaient alors
également distribués, ils avaient tous le même
intérêt de les mettre sous la garantie des lois.
Il faut encore observer que dans ce tems-là les

hommes étaient moins nombreux ; que leurs passions étaient moins vives ; qu'ils avaient chacun un moyen facile de subsister, par la simplicité de leurs besoins, et qu'il n'y avait pas tant de misère au milieu de tant d'opulence, c'est à dire tant d'inégalité dans les fortunes, effet de la paresse et de la vigilance, de l'économie et de la prodigalité ; peut-être même de la franchise et de la fraude, ou de l'audace et de la lâcheté.

Il est certain qu'à l'époque de la formation de la société tous les hommes, ou du moins la plupart, ont été honnêtes, et dans le sentiment de persévérer dans l'honnêteté ; autrement ils n'auraient pas consenti à porter des lois sévères pour punir les forfaits : d'ailleurs ils n'eussent pu ni voulu se réunir dans un état où le crime aurait dû être sans cesse aux prises avec la vertu ; où l'homme paisible aurait été continuellement en butte aux coups de l'homme turbulent ; où il n'y aurait eu ni tranquillité ni sûreté pour aucun citoyen.

En général, tout malhonnête homme dans la misère maudit la défense du vol ; mais qu'on le délivre de ce malheureux état, à coup sûr le méchant voudrait alors une justice qui le protégeât. Il est bien des crimes que l'indigence fait commettre; tel est celui du brigandage : il n'est pas sûrement un misérable qui, après s'en être par besoin rendu coupable, ne desirât, pour sa tranquillité présente, qu'on fît, à son exception, sévèrement respecter la loi qu'il a enfreinte, et que le terme exclusif de son crime fût le commencement d'une nouvelle loi, qui, pour le laisser jouir de son extorsion, ne pût punir que les forfaits à venir, sans retour sur le passé ; mais ce sentiment, qui lui ferait desirer l'exécution rigoureuse de la justice pour lui après avoir commis le crime, devrait la lui faire desirer pour les autres avant de le commettre.

L'homme malheureux, étourdi par sa souffrance, ne songe plus à la mort au moment qu'il va commettre le crime : l'espoir de voler impunément, et le désespoir où la misère le jette, lui en dérobent également l'idée : comme le spectacle d'une vie plus heureuse fait sur son esprit une impression plus forte que l'appareil du supplice auquel il croit échapper, il s'abandonne au crime avec assurance. L'excellence des lois consisterait à ne le pas laisser désespérer ni souffrir, à l'encourager et à le secourir pour le distraire de tous les desseins funestes qu'il pourrait concevoir, et de toutes les résolutions extrêmes qu'il pourrait former : alors on ne verrait plus dans la société tant de vols, tant de larcins, tant d'assassinats.

Le bien et le mal, physiquement parlant, ne sont quelque chose d'effectif que par rapport à ceux qui doivent en être les victimes; ce sont deux modes distincts qui, pour avoir l'existence demandent un sujet : si nous annihilons le récipient, ce ne sera plus, moralement parlant, du côté de la chose qu'une opposition de qualités abstraites, provenant de l'horreur de l'un et de l'attrait de l'autre. (1) Mais l'homme, qui donne et reçoit le bien ou le mal, selon qu'il est sage ou vicieux, est un être mortel qui doit exister tant que le veut la nature; et la conservation de sa vie rend nécessaire une distinction qui, en lui montrant la règle de ses devoirs, établit dans la société l'ordre, la justice, et par conséquent la sûreté. Otez cette idée d'ordre et de justice

---

(1) Comme notre ame est indestructible, le bien et le mal sont des choses toujours réelles par rapport à elle, puisqu'ils lui attirent dans l'autre monde des récompenses ou des châtimens, selon que nous avons pratiqué la vertu ou le vice dans celui-ci. Je fais cette remarque de peur qu'on ne m'accusât de matérialisme.

qui nous vient de la Divinité, et qui parle si
fortement à nos cœurs, et vous verrez commettre partout les crimes les plus horribles.
Mais par quelle fatalité le bien se rejette-t-il plus
souvent que le mal? Chacun de ces opposés ne
devrait-il pas avoir une force équivalente? La
question se résout ici négativement: parce que
tout est permis à l'égard du bien, et que tout
est défendu à l'égard du mal, l'homme, pour
briser la chaîne qui le retient, se détermine
à mal faire, dans la vue d'être plus libre,
malgré la honte et le déshonneur; mais le malheureux s'abuse étrangement; car il serait bien
plus libre en pratiquant la vertu, puisque
toutes les lois l'y incitent pour la tranquillité
et le bonheur de son espèce.

Au reste, le méchant met plus d'énergie
à commettre le crime, que le sage n'en met
à faire le bien, ou du moins à empêcher le
mal; ce qui donne encore au vice la prépon-
dérance.

Il semble que, comme la pratique de la vertu
suppose un plus grand effort de courage, le
sage ne peut plus avoir la force ni l'énergie
du méchant lorsqu'ils sont aux prises l'un
avec l'autre, à cause de la plus grande facilité qu'on trouve à faire le mal. Pourquoi

cela ? C'est que le vice emploie la ruse et l'ar-
tifice, tandis que la vertu ne se sert que de la
franchise et de la loyauté ; c'est que le juste, se
faisant un scrupule de devenir agresseur, est
toujours molesté par le scélérat.

Certes, il a bien fallu porter des peines
contre les crimes qui se commettent, afin de
refréner les scélérats ; encore ces peines ne
suffisent pas toujours pour mettre en sûreté
les bons citoyens, soit parce que les lois n'ont
pas assez de rigueur, soit parce que les magistrats manquent de vigilance. Et que serait-ce si dans l'état social l'homme était réduit à sa force particulière ? C'est alors que
le sage serait en butte aux coups des méchans,
dont le nombre s'augmenterait encore à raison
de l'impunité.

Le chemin du vice est plus facile à suivre
que le chemin de la vertu, parce qu'il est
celui de la bassesse, et non celui de la grandeur d'ame. En effet, il est plus aisé de descendre que de monter. Or, comme il y a des
hommes qui se rendent coupables d'attentats
malgré la défense rigoureuse des lois, ils deviendraient bien plus méchans si ces attentats
étaient tolérés par elles ; car alors, les crimes
des hommes devenant les crimes des lois, on

deviendrait, pour ainsi dire, méchant à la faveur de leur silence.

C'est le vice qui a fait prémunir la vertu contre lui; à mesure que le mal a pu se commettre avec tant d'audace et de dextérité, il a fallu lui opposer le bien, armé de la force publique. Si tous les membres de la société avaient observé volontairement les règles de la justice, on n'aurait pas établi des lois pour les y obliger; s'il n'y avait pas eu des méchans, on n'aurait pas institué des peines pour les punir : mais il faut toujours que les peines qu'on inflige soient égales aux délits qu'on commet.

Chez toutes les nations de la terre il faut proportionner le châtiment au crime : on doit appliquer des peines différentes à des forfaits différens; et ceux même qui paraissent semblables sont encore très-différens par les circonstances, par le motif, par la fin, ou par les degrés de malice qui les accompagnent. Au Japon on punit de mort à peu près tous les crimes grands et petits sans distinction; en Russie on fait à peu près la même chose : à la Chine, au contraire, on différencie les peines à mesure que les crimes se différencient. Or, nous avons lieu de croire que la première coutume porte plus aux grands attentats, en faisant gagner au coupable l'impunité d'une partie du crime qu'il commet; au lieu que la dernière invite davantage aux petits, en lui faisant espérer la punition graduée et complète de son crime. Voici à ce sujet le sentiment d'*Horace* : (1) « Comme on ne prouvera jamais que fouler les légumes d'autrui soit un aussi grand crime que de piller de nuit un temple, il faut donc s'en tenir à ces lois qui mesurent la peine à la faute, et ne point envoyer au supplice celui qui ne mérite qu'une légère peine. »

A Rome, après l'expulsion des décemvirs, toutes les lois, tant civiles que militaires, qui avaient fixé des peines rigoureuses, furent abrogées, ou plutôt elles dormirent un certain tems, pendant lequel on respira un air de tranquillité : mais quand *Sylla* et *Tibère*

---

(1) *Nec vincet ratio hoc, tantumdem ut peccet idemque,*
Qui teneros caules alieni fregerit horti,
Et qui nocturnus divûm sacra legerit : adsit
Regula, peccatis quæ pœnas irroget æquas
Ne scutita dignum, horribili sectere flagello.

Satire III, lib. I.

voulurent établir leur tyrannie en créant des lois sanguinaires, ou, pour mieux dire, en réveillant celles qui avaient auparavant existé, on ne vit plus dans l'Etat que troubles, que révoltes et que massacres. Pourquoi cela? C'est que la rigueur des châtimens rend bientôt toutes les lois inutiles.

Les lois doivent être douces ou sévères, selon le caractère des hommes pour qui elles sont faites. Un peuple qui quitte à peine la rouille de la barbarie sera d'abord frappé par des peines rigoureuses; alors les supplices, les tortures, les grilles, les fourches, les potences, les gibets le détourneront du crime par leur appareil redoutable : mais quand ce peuple sera civilisé, ou, pour mieux dire, moralisé, il ne faudra que des peines douces pour le corriger; alors la honte, le blâme, l'ignominie et l'opprobre, faisant sur lui l'impression la plus forte, suffiront pour le contenir dans ses devoirs. Or, la sagesse du magistrat, l'habileté du législateur, consistent à observer cette différence pour mettre plus ou moins de sévérité dans les peines, suivant la disposition des esprits, c'est à dire selon qu'ils sont plus ou moins policés. Les lois de *Dracon* à Athènes, de *Sylla* et de *Ma-*

ximin à Rome, écrites avec du sang, purent être utiles tant qu'il fallut réprimer des esprits séditieux, et punir des crimes atroces; mais elles devinrent tyranniques lorsqu'il ne fallut plus soumettre que des hommes dociles et corriger des fautes légères.

Si l'homme ne s'était pas dépravé dans l'état social, et qu'il eût toujours conservé sa bonté originelle, il n'aurait pas fallu d'autres freins ni d'autres châtimens pour l'éloigner du crime que ceux qu'il éprouve moralement en lui-même par les remords de sa conscience; freins plus efficaces, châtimens plus terribles que tous les supplices, que la mort même, parce qu'ils ne le quittent jamais : c'est pour cela que dans l'institution des lois civiles et des peines criminelles on doit se rapprocher, autant qu'il est possible, de la nature, et distribuer la honte et l'ignominie à proportion de la gravité des délits.

Quand la peine est immodérée elle ne sert plus de correction, mais de vengeance : ce n'est plus la loi qui la sollicite, mais le despotisme du législateur; car la peine n'est pas conforme à la loi si elle est extrême; et alors on ne trouve point de juges honnêtes, parce qu'il faut avoir un cœur corrompu pour appliquer une peine qui dérive de la passion d'un homme. *Tite-Live* dit que jamais peuple n'a plus aimé la modération des peines que le peuple romain ; et cependant les crimes étaient plus rares dans l'état, et la discipline était meilleure dans les troupes. Ce n'est pas, selon *Montesquieu*, la modération des peines, mais l'impunité des crimes, qui est la cause du relâchement : aussi à Rome ne se commettait-il aucune faute qu'on ne la punît, mais légèrement. (1) Les Germains, dit l'auteur célèbre que nous venons de citer, (2) n'admettaient guère que des peines pécuniaires : ces hommes guerriers et libres estimaient que leur sang ne devait être versé que les armes à la main. Il faut donc laisser, tant qu'il est possible, la peine de mort derrière les tribunaux, et la garder pour les crimes inouis : c'est un remède violent dont

---

(1) Les censeurs romains épiaient jusqu'aux plus petits défauts, et par l'austère exercice de leurs fonctions ils contenaient tous les citoyens dans leurs devoirs : si quelqu'un s'en écartait, ils le punissaient par des reproches amers, ou par des notes infamantes ; et cela fut ainsi tant que les mœurs ne se furent pas dépravées.

(2) *Esprit des Lois*, liv. 6, ch. 18.

il faut user rarement, sans quoi il devient nuisible au corps politique et militaire. Mais, au lieu d'appliquer des peines pécuniaires et de verser notre sang les armes à la main, appliquons des peines morales qui auront plus de prise sur le coupable, parce qu'elles ne tariront jamais, et conservons nos vies sous le triomphe des lois.

Il faut que ce soit toujours la loi qui punisse, et jamais le magistrat, parce que la loi, qui est impartiale, et qui n'a de déférence pour personne, ne punit que ce qu'elle doit punir; parce qu'elle frappe indistinctement tous les coupables, et qu'elle n'a rien d'arbitraire ni de tyrannique, alors que le méchant connaît la peine qu'elle inflige au délit avant qu'il le commette. Si, au contraire, c'était le magistrat, la punition serait une vengeance particulière, une injustice manifeste, parce qu'elle n'aurait été auparavant prononcée par aucune loi; et alors le prévenu a fait ce qu'il a cru permis, parce que la loi ne l'a pas défendu, puisque la peine dérive de la volonté actuelle et momentanée du magistrat, sans qu'aucune loi antérieure ait été portée. Il y a plus; il faut que le juge agisse dans la punition comme instrument passif de la loi, c'est à dire qu'il ait seulement l'intention de punir dans le coupable le crime et non la personne, afin qu'il n'y ait que la peine de la loi appliquée au délit; autrement il montrerait un oubli de l'humanité, et semblerait se plaire au châtiment. Il faut enfin que dans l'application des peines le juge soit sans passion, comme les lois qui absolvent et condamnent sans aimer ni haïr : il faut que le coupable sente intérieurement qu'il mérite la punition, et qu'il prononce lui-même son jugement.

Pour l'observation rigoureuse des lois il faudrait que les juges fussent si éclairés, qu'ils discernassent toujours le crime de l'innocence; alors il n'échapperait pas un coupable, il ne périrait pas non plus un innocent : mais, dans tout état de cause, il vaudrait mieux pourtant absoudre un coupable que de condamner un innocent.

S'il était donné au magistrat de sonder le cœur de l'homme, et de juger sa physionomie, miroir fidèle de l'ame, il reconnaîtrait s'il est innocent ou coupable, à la différence de son état physique. Le coupable meurt plus satisfait que l'innocent, si l'on envisage sa mort du côté de la *culpabilité*, parce qu'il sait qu'il la mérite;

mais il meurt moins content que lui si l'on envisage sa mort du côté de l'*innocence*, parce qu'ayant l'idée de la justice divine gravée dans son cœur, les remords et la crainte des supplices éternels l'assiègent et le tourmentent. L'innocent, au contraire, fort de sa conscience, attend en mourant la récompense céleste; ce qui adoucit à ses yeux la perte de la vie, qui n'a rien d'effrayant pour lui.

Comme les juges les plus éclairés sont incapables de pénétrer dans les plis du cœur humain pour reconnaître la vérité ou la fausseté d'une accusation quelconque, Dieu, par un effet de sa puissance, ou plutôt de sa justice, fait naître le remords pour suppléer à leur insuffisance : c'est pour cela que la conscience décèle souvent, en dépit de nous-mêmes, les crimes dont nous nous sommes rendus coupables, ou par les aveux qu'elle nous arrache, ou par les contradictions qu'elle met dans notre bouche, ou par cette rougeur que la honte fait paraître sur nos joues pour nous reprocher nos forfaits. Or, si le sage rougit de ses propres vertus devant des magistrats qui reconnaissent qu'il n'a été vertueux que pour mériter des éloges, à plus forte raison le méchant rougira-t-il devant

des juges éclairés qui, en découvrant ses
crimes, devront prononcer contre lui les
peines des lois.

Les peines doivent être égales pour tous
les crimes de la même espèce, dans l'état civil
comme dans l'état militaire : alors il est indifférent qu'elles soient grandes ou petites ; elles
sont prononcées contre chacun par tous, et
personne ne refuse de s'y soumettre. Les Spartiates et les Romains, soit que les lois pénales
fussent plus ou moins rigoureuses, punissaient de la même manière les mêmes fautes :
mais on voit pourtant que, quand les peines
furent modérées, on obéit d'autant mieux aux
lois, qu'on crut le faire plus librement. L'habileté du gouvernement consisterait donc à si
bien régler le degré et la nature des peines,
qu'on eût toujours plus d'intérêt à les observer qu'à les enfreindre, en faisant que la
crainte de subir la punition surpassât l'espérance de l'éluder.

Pour ôter tout l'arbitraire qu'il peut y avoir
dans la distribution des récompenses et des
châtimens, il serait bon de les désigner à
l'avance ; c'est à dire qu'il importerait que
tout serviteur de la patrie connût la récompense de quelque mérite que ce fût avant que

le magistrat la décernât, et que tout malfai-
teur vît le châtiment destiné à chaque crime
avant qu'il s'en rendît coupable; et ces deux
tableaux différens feraient sur l'esprit des
citoyens une impression doublement salutaire.

Quand on récompense la vertu, et qu'on
punit le vice, on ne fait que suivre l'exemple
de la nature. Qu'une femme sans mœurs se
prostitue à plusieurs hommes, elle reçoit pour
sa punition des tourmens sans fruit : qu'une
épouse chaste demeure fidèle à son mari,
elle reçoit pour sa récompense des enfans,
dignes fruits de leurs caresses. Telles sont
les deux puissantes preuves que la nature
nous fournit dans l'acte de la génération pour
nous inciter au bien et nous détourner du
mal. Certes, si nous faisions le bien sans qu'il
fût nécessaire d'empêcher le mal, pour lors
il n'y aurait pas de punition à décerner; il ne
faudrait plus que des récompenses pour exciter à la vertu, et on serait même vertueux
sans avoir besoin de récompense : mais pour
donner plus de mérite aux hommes l'auteur
de la nature, après nous avoir donné la liberté d'agir suivant notre volonté et selon
notre choix, a permis qu'il pût y avoir de
bonnes et de mauvaises actions; et il a fallu

des récompenses pour exhorter au bien, et
des châtimens pour détourner du mal.

Si dans l'état social le magistrat n'avait
à parler que de récompenses, sans avoir à
parler de punitions, pour obtenir des actions
vertueuses, le mérite des citoyens serait alors
pur et libre, et ils auraient l'esprit vraiment
sublime : si, au contraire, il y parlait toujours de châtimens sans y parler de récompense, leur mérite serait alors ignoble et
servile, et ils auraient l'ame souverainement
basse. Mais comme dans tous les pays de la
terre il y a des gens qui sont portés au bien
par l'effet de la crainte, et d'autres qui y
sont incités par l'amour de la gloire, selon
qu'ils ont le cœur bon ou mauvais, et d'après
les principes d'éducation qu'ils ont reçus, on
doit leur parler en même tems de peines et de
récompenses, et chaque citoyen est alors ex-
cité par l'un ou l'autre motif à la vertu. Toutefois on doit avoir plus de confiance à ceux
qui font le bien par l'amour du bien même,
qu'à ceux qui font le bien par la crainte du
châtiment : le premier est plus l'effet de la
volonté, et le second est plus celui de la contrainte. On ne fait rien mieux que ce qu'on
fait volontairement. Or, il faut plus surveiller

l'homme qui remplit son devoir pour éviter
une punition, que celui qui le remplit pour
obtenir une récompense. Le méchant, qui agit
par crainte contre sa volonté, peut promettre
de faire le bien ; mais il ne donnera qu'un
consentement de bouche, qui sera toujours
démenti par son cœur. Pourquoi cela ? C'est
que la crainte n'a jamais pu faire la vertu.

Mais n'y a-t-il pas de fautes graciables ?
Il faut avouer qu'elles doivent l'être toutes
les fois qu'il serait plus dangereux de punir
que de pardonner. La rigueur rejette ce principe ; mais la modération l'admet : il sera toujours beau d'être indulgent lorsqu'on pourra
le devenir avec utilité, c'est à dire en ramenant les coupables à la vertu ; et, quand même
on ne pourrait obtenir leur conversion, il est
encore des cas où le bien public fait une loi
sévère de pardonner, lorsque, par exemple, un
vice est devenu si commun qu'on ne saurait
punir tous les coupables sans faire du pays
un affreux désert.

Toutes choses égales, avec le même degré
d'ignominie on réprimandera plus vivement un
homme de bien qui aura failli pour la première
fois, qu'un homme méchant qui aura déjà com.
mis beaucoup d'iniquités, parce que celui-là,

n'ayant pas encore le cœur dépravé, est plus
capable de rougir de honte. Or, l'infamie est une
peine plus forte que la mort pour les gens de
bonnes mœurs, et il leur faut bien peu de cette
flétrissure pour les punir sévèrement; au lieu
que les hommes réellement pervertis ne peuvent
être retenus que par l'appareil des supplices.
Mais quoi! serons-nous toujours des barbares
au sein de la société! jusques à quand l'homme
sera-t-il insensible aux rayons de la gloire et
aux traits de l'ignominie!

En réprimant le crime par des peines infamantes il faut pourtant prendre garde que les
flétrissures ne rendent incorrigible le coupable
au lieu de le corriger : cela pourrait arriver si on
le réduisait au désespoir par une trop grande
infamie. Rappelons-nous sans cesse que toutes
les peines doivent être modérées, et que celle
de l'opprobre serait toujours la plus salutaire
si, par un insensé préjugé, on ne la faisait
rejaillir sur les parens du coupable. Quelle
que soit la punition, elle doit être personnelle
comme la faute, soit qu'il s'agisse d'un voleur,
d'un assassin, d'un sicaire, ou d'un empoi-
sonneur : s'il a la tête tranchée, sa mort ne
doit pas déshonorer une honnête famille.

Si dans un état tous les citoyens avaient une

grande pureté de mœurs, on pourrait abolir
la peine des supplices, peut-être même celle
du blâme et de l'infamie, car alors chacun y
serait vertueux par le seul amour de la vertu.

Non-seulement dans cet état il ne faudrait
point de peines afflictives et infamantes, mais
on n'y aurait même plus besoin de récompenses pour y inspirer des actions vertueuses;
car, en devenant nécessaires, les peines et les
récompenses annoncent la corruption des
principes : ce n'a été qu'à mesure que l'homme
s'est dépravé dans l'état social qu'il a fallu en
établir. La pratique de la vertu, pour être
véritablement belle, devrait être un acte purement volontaire. Sitôt que le bien s'opère
par le motif de l'intérêt, ou par la voie de
la contrainte, il n'y a plus alors que la moitié
du mérite; c'est une preuve que celui qui le
fait a l'ame servile ou mercenaire : la règle de
sa conduite n'est pas sûre, parce que ses
bonnes actions ne sont que l'effet de l'espérance ou de la crainte; et dès qu'il n'est plus
dirigé par un de ces sentimens, il cesse d'être
vertueux. Pour que l'homme soit constamment
attaché à la vertu il faut que l'amour du bien
public, qui n'est autre chose que l'amour de
la justice, le porte à remplir librement tous

ses devoirs ; car la loi de la contrainte s'élude,
et devient impuissante pour quiconque a le
cœur dépravé.

Quand on n'est bon citoyen que par force
ou par intérêt, c'est un signe certain que les
mœurs sont corrompues, et jamais l'état
n'est plus près de sa ruine : aussi rien ne
prouva-t-il mieux la décadence de l'empire romain que les lois que firent *César* et *Auguste*
pour encourager la population, soit en portant des peines contre le célibat, soit en ac-
cordant des récompenses pour le mariage.

Il importerait de faire disparaître l'idée
même du mal sur la terre : cette coutume de
transmettre à la postérité les grands crimes
qu'on a commis dans l'état est fatale au
genre humain ; on fait vivre dans la mémoire
des choses si horribles, que l'esprit ose à
peine les concevoir. On accumule ainsi tout
ce que chaque siècle fournit de monstrueux
pour le faire passer devant les yeux des siècles
futurs : c'est peut-être ce qui nous a tant dé-
pravés. Il vaudrait beaucoup mieux ne graver
que les vertus pour en donner au public un
modèle toujours vivant, et laisser dans l'oubli
les vices après les avoir punis, afin qu'on
n'eût pas lieu de es connaître. Ensevelissons

les crimes ; oui , ensevelissons les avec ceux
qui s'en sont rendus coupables ; le tombeau
doit les absoudre , parce qu'ils sont dans l'impuissance de nuire. N'imitons point dans le
moral ce que le parlement d'Angleterre a
fait dans le physique , lorsqu'il a exhumé,
pour le traîner sur la claie, le corps de
Bradshaw, président de la chambre, qui
avait jugé *Charles Ier*. O spectacle horrible !
ô cruauté aussi insensée que barbare ! l'homme,
ne pouvant ressusciter son semblable pour le
faire périr une seconde fois, tire du tombeau
son cadavre pour lui faire endurer vainement de nouveaux supplices ! il veut donc
faire mourir la mort même !

En punissant le coupable il ne faudrait
donc pas consigner le crime par écrit ; alors les
hommes y deviendraient *inatteingibles*, parce
qu'ils en perdraient le souvenir. En vain
dira-t-on que l'idée de ces attentats peut faire
une impression salutaire sur l'esprit de ceux
qui ne sont qu'à demi corrompus ; elle serait
bien plus capable de les pervertir tout à fait.
Loin de nous ces tableaux effroyables , qu'on
nous peint avec art, des attentats commis avec
une souplesse étonnante ! la ruse et l'adresse
que le coupable a eu de colorer le mal, et de

le couvrir d'un voile pour le commettre impunément, sont des exemples qu'on tâche
d'imiter : ainsi, on augmente l'énormité des
crimes au lieu de l'affaiblir, et par ce moyen
on en diminue l'horreur, parce qu'on étourdit
l'imagination.

En vain la corruption du siècle voudrait-
elle se persuader que les méchans sont retenus
par la *perpétualisation* de leurs crimes ; les
scélérats n'ont aucun sentiment d'honneur, et
par conséquent ils ne craignent pas d'être
flétris ; le mépris et la honte sont pour eux
des peines impuissantes : on veut détourner
des forfaits abominables en formant des images où ils sont peints avec horreur, et qui
mettent devant les yeux des choses qu'on aurait cru impossibles. Or, vouloir effacer le
crime de dessus la terre en le retraçant sans
cesse à la mémoire des hommes, c'est vouloir
une chose impossible, parce qu'elle est con-
tradictoire ; l'ame prend la teinte des impressions vicieuses, et s'en pénètre. Ces sentimens,
exprimés avec horreur, et qu'on conserve à la
faveur des passions, révoltent tout à coup ;
mais, s'affaiblissant peu à peu, il arrive qu'on
ne s'en souvient plus que pour commettre de
semblables forfaits; les peines qui les ont suivis

s'effacent de la mémoire, et la semence des crimes reste au fond du cœur.

Certes, ces peintures effroyables disposent ordinairement au crime : les atrocités écrites dans l'histoire sont dangereuses en ce qu'elles font naître des pensées sinistres. *Claude*, entraîné par les exemples de *Caligula* et de *Tibère*, baigna ses mains dans le sang des Romains. Les récits épouvantables que l'on fait frappent l'esprit, comme les spectacles hideux que l'on donne frappent la vue, et ils sont également funestes. Le siècle est trop corrompu pour espérer que le vice puisse se corriger par cette crainte : de telles images attristent l'homme de bien, et n'intimident point le méchant ; elles ne sont pas nécessaires pour le premier, et elles sont inutiles pour le second ; et s'il arrive qu'elles détournent quelquefois du crime, il advient plus souvent qu'elles portent à le commettre.

Il n'en est pas ainsi des actions vertueuses : on ne saurait trop les publier et même célébrer, parce que les exemples de sagesse qu'on cite dans l'histoire sont capables de faire naître des imitateurs. Mais il ne faut pas se méprendre sur le vrai caractère de la vertu : ce serait un grand malheur si l'on prenait ici

l'apparence pour la réalité ; on déguiserait
alors l'iniquité sous le dehors de la justice.
Il est des qualités brillantes qui passent pour
des vertus dans l'opinion publique, et qui ne
sont que des vices, en ce qu'elles opèrent le
malheur de l'humanité : la vertu se signale
par des actions utiles ; la somme du bien
qu'elle fait est la mesure de sa grandeur ; ses
attributs sont la droiture et l'honnêteté.

Ce serait un problème curieux à résoudre
si les modernes valent mieux que les anciens.
Il est certain que si nous considérons les hommes d'aujourd'hui collectivement dans la réunion civile, nous aurons lieu de les croire
meilleurs que ceux qui vivaient autrefois,
parce que toutes les institutions sociales tendent à les rendre équitables et heureux ; mais
si nous les considérons individuellement dans
la même réunion, les hommes sont pires aujourd'hui qu'autrefois, parce que la nature
humaine s'est dépravée au sein même de la
société, malgré le frein des lois, de la religion et des mœurs : de sorte que la volonté
du corps entier est bonne, parce qu'elle se
dirige vers l'intérêt général ; et la volonté de
chaque membre est mauvaise, parce qu'elle
n'a en vue que l'intérêt particulier. Ainsi,

dans l'état social les progrès de l'homme et
du citoyen se sont faits en sens inverse; chaque
individu a voulu s'approprier exclusivement
des avantages qui doivent être communs,
oubliant que l'état de société est un état d'assistance mutuelle: chose bien étrange! il semble
que la société en se perfectionnant a dégradé
la nature humaine. D'où vient cela? De ce
que chacun ne voit dans le corps politique
que sa partie considérée indépendamment du
tout; et le mal général résulte du bien particulier trop concentré.

Ce serait encore une question digne d'exercer l'esprit humain que d'expliquer d'une
manière certaine si les générations futures vau-
dront mieux que la génération présente, et de
déterminer jusqu'à quel point l'espèce humaine
peut encore se dépraver. Par l'induction analogique du passé il est à présumer que les
descendans seront plus méchans que nous;
car si nous nous comparons à nos ancêtres,
nous les surpassons de beaucoup en méchanceté. S'ils avaient plus de préjugés et moins
de lumières, nous avons plus de ruse et moins
de franchise : or, il y a entr'eux et nous
cette différence qu'ils faisaient quelquefois le

mal sans en avoir l'intention, au lieu que nous le faisons presque toujours volontairement.

Il est pourtant vrai de dire que si d'un côté les mœurs se dépravent, de l'autre côté les lois se fortifient ; si le vice se rafine, la vertu se perfectionne ; si le méchant redouble d'ardeur pour exécuter ses noirs desseins, le magistrat redouble de vigilance pour les découvrir. Mais comme les hommes n'ont à mourir qu'une seule fois, les lois auront beau devenir plus sévères, les tribunaux plus attentifs, les supplices les plus terribles ne suffiront plus pour empêcher le crime : en effet, quand les mœurs sont corrompues les lois perdent leur force, et dans cet état d'affaiblissement on n'a bientôt plus de frein pour retenir les scélérats ; d'où l'on doit conjecturer que malgré nos lois pénales, les progrès du vice seront plus grands que ceux de la vertu, et que par conséquent la race future vaudra moins encore que la race actuelle. (1)

La raison que j'ai de cette malheureuse opinion est fondée sur ce que nos lois, armées

(1) *AEtas parentum pejor avis, tulit*
Nos nequiores, mox daturos
Progeniem nequiosiorem.

Hor. ode 6, liv. 3.

de toute leur rigueur, n'ont de prise que
contre les crimes publics; les attentats secrets
leur échappent. Depuis même l'établissement
des sociétés les violations ouvertes de la justice étant prohibées, l'homme méchant et
immoral s'est rendu plus habile à dérober le
crime aux yeux des magistrats pour se soustraire au châtiment. La société, à l'appui de
ses lois pénales, semble avoir fovorisé ces manœuvres adroites et criminelles, en ce que
les soins qu'elle prend pour la sûreté commune endorment les gens de bien dans une
fausse sécurité, tandis qu'ils réveillent l'industrie des scélérats; de manière que ses précautions, tournant contre elle-même, rendent
le vice plus subtil, et il résulte que les hommes
deviennent de jour en jour plus méchans, et
les forfaits plus nombreux.

LIVRE SECOND.

Des troupes dans le rapport qu'elles ont avec la sûreté de chaque état.

CHAPITRE PREMIER.

De l'Armée.

Il y a dans chaque état des troupes formées et entretenues par les citoyens pour les protéger au-dedans et pour les garantir au-dehors : ces troupes doivent toujours être soumises à l'autorité souveraine, qui ordonne pour et au nom de la société; (1) il faut qu'elles sentent

---

(1) Comme la puissance civile est infiniment plus tranquille que la puissance militaire, et qu'elle se trouve d'ailleurs chargée de maintenir l'ordre intérieur, il est très-important qu'elle contienne les troupes par les lois constitutionnelles. Si le contraire arriva quelquefois à Rome, c'est que cette ville voulait s'agrandir par des conquêtes, et que des ambitieux furent souvent à la tête de ses armées; mais on voit par l'histoire les troubles qui en résultèrent : *Auguste* fut obligé de tem-

leur dépendance; qu'elles soient strictement subordonnées; qu'elles reçoivent des ordres clairs; qu'elles soient exemptes de tout esprit de parti; qu'elles ne soient jamais soupçonneuses; que leur conduite n'ait rien d'équivoque, et qu'elles soient enfin gouvernées par de sages lois militaires.

Pour pouvoir dire que les citoyens forment l'armée, il n'est pas nécessaire que tout le monde soit soldat; il suffit que chaque individu en état de porter les armes puisse le devenir. Il importerait de n'y admettre que des personnes intéressées à défendre la patrie : tous les hommes sans fortune, tous ceux qui n'ont pas un sentiment vraiment patriotique, devraient en être exclus; des gens de cette espèce ne sont que trop à craindre par eux-mêmes, sans les réunir dans un corps militaire. (1) En effet, celui qui n'a rien à perdre

---

pérer cette puissance redoutable, et il le fit avec succès. Sans doute que les corps militaires ne sont pas faits pour dominer dans un état bien réglé; et si chez les Grecs les troupes prenaient quelque part à l'administration des affaires politiques, c'est que c'était un peuple de soldats.

(1) Il semble ici que je veuille former une classe d'hommes suspects : point du tout; mon dessein est seulement

ne peut fournir aucun garant de bonne conduite : il a bien à redouter la mort ; mais souvent pour l'espoir d'une vie aisée il sacrifie la vie même : d'ailleurs, un mauvais citoyen est ordinairement un soldat pusillanime qui laisse tomber les armes à l'aspect de l'ennemi, parce qu'il est froid pour le salut de la patrie ; et si l'on recevait de pareils soldats, l'armée s'en trouverait embarrassée, la discipline s'en affaiblirait, et l'état compterait souvent sur d'inutiles défenseurs.

Chez les peuples modernes une pauvreté honteuse fournit la plupart des soldats, et chez les Romains c'était l'aisance, ou du moins une honnête pauvreté, car il n'y avait point de fortunes exorbitantes ; les richesses étaient

---

d'admettre au service de l'état des hommes qui aient un intérêt réel à le défendre. On pourra me dire que l'enrôlement de tous les vagabonds importe au maintien de la tranquillité publique, parce que la discipline militaire peut les réprimer : j'en conviens, si le nombre n'en est pas trop considérable, parce qu'alors l'armée peut devenir pour eux une école avantageuse ; mais si l'on n'enrôlait que des gens de cette espèce, cet expédient serait infiniment dangereux pour la société. Au reste, puisque c'est la force militaire qui doit assurer l'exécution des lois, personne ne peut mieux le faire que les gens aisés et honnêtes.

mieux distribuées (je ne fais point cette réflexion dans la vue de porter atteinte au droit sacré de la propriété, mais pour faire voir qu'il y avait alors moins d'inégalité de biens entre les citoyens.) Il fallait payer un certain cens pour entrer dans une cohorte romaine : il n'y avait aussi rien de plus noble que le métier de la guerre; chaque famille se faisait un honneur, même un devoir de servir la république, dans quelque grade que ce fût. (1) Chez les Scythes,

---

(1) La coutume qu'avaient les Romains de passer volontairement des rangs supérieurs aux derniers grades fit chez eux des prodiges; mais la fierté des hommes modernes s'accommoderait très-mal d'une pareille révolution dans les grades militaires; ce changement, devenant comme une dégradation, donnerait à la patrie de mauvais officiers et de mauvais saldats, parce que chacun se croirait hors de sa place; les uns seraient honteux et mécontens, les autres insolens et superbes. En prenant les armes les Romains avaient plus pour objet la gloire de la patrie; il leur importait peu de la servir en qualité d'officiers ou de soldats, pourvu qu'ils la servissent : mais aujourd'hui on a plus en vue sa propre gloire; il n'est pas indifférent pour un militaire d'avoir dans l'armée un poste plus ou moins élevé; et telle est la différence de l'esprit des Romains et du nôtre, que chez eux l'amour de la patrie était le principal, tandis que chez nous il n'est que l'accessoire.

chez les Thraces, chez les Celtes il n'y avait pas de profession plus honorable que celle du militaire. Dans le Malabar les soldats sont nobles; dès l'âge de sept ans on les exerce au maniement des armes, et ils sont expérimentés et braves. Mais chez la plupart des Européens on regarde l'état militaire comme une chose basse; et ceux qui s'y dévouent passent pour des vagabonds, pour des gens sans moralité et sans honneur : point de doute que si l'on attachait plus de prix à cette profession on aurait de meilleures troupes.

Prenez garde qu'aucun mauvais citoyen ne vienne s'échapper dans l'armée et y répandre le poison d'un exemple pernicieux; n'ayez, comme à Rome, que des gens de bien ; pensez que le vice l'emporte s'il est mis en opposition avec la vertu; songez que pour être honnête soldat il faut avoir été honnête citoyen; ne croyez pas qu'un homme méchant puisse devenir bon en passant de l'état civil à l'état militaire : pourrait-il se convertir si gratuitement ? Ne croyez pas qu'un cœur corrompu vienne se purifier dans un corps où les cœurs les plus honnêtes ont besoin de se prémunir contre les débordemens de la débauche. Il serait horrible qu'un homme qui aurait tué ou volé, pût éluder la punition des lois en se réfugiant dans l'armée : mais ces assassins, ces voleurs serviraient-ils bien la patrie? Le motif qui les déterminerait à embrasser le métier des armes serait trop vil et trop barbare pour pouvoir l'imaginer : ce ne serait pas pour défendre la patrie qu'ils s'enrôleraient; ce serait pour mettre à l'abri du glaive leur tête coupable. Et outre qu'un homme dépravé ne peut pas être bon soldat, (1) il serait encore dangereux d'armer un brigand, un assassin; il en résulterait deux grands maux pour le genre humain; ce serait multiplier les forfaits dans l'état et dans l'armée. Des hommes pervers se permettraient des attentats, parce qu'en passant sous les drapeaux ils jouiraient de l'impunité, et quand ils y seraient ils ne tiendraient pas une meilleure conduite. Du reste, il n'est pas plus permis de vivre voleur, brigand, assassin dans l'armée que dans l'état : et ne savez-vous pas que les troupes sont éta-

---

(1) En général les hommes corrompus, les hommes cruels, les tyrans, les assassins sont lâches et timides, parce qu'étant déchirés par les remords, et incertains de leur future destinée, ils redoutent la justice divine.

blies pour assurer l'exécution des lois? et que penserait-on si elles montraient un asile de sûreté aux méchans qui oseraient y contrevenir? Jadis on entendait des libertins se prévaloir du privilège de devenir assassins, et de trouver grâce dans un enrôlement. Ah! le beau privilège que de pouvoir égorger impunément son semblable! ah! la belle morale que de s'en vanter en public! Etait-ce là le langage de quelques hommes civilisés ou de quelques barbares?

Il faut que la probité règne dans l'armée aussi bien que dans l'état : pourquoi ne serait-elle pas nécessaire dans un corps établi pour la faire naître dans toutes les conditions, pour la faire respecter chez tous les hommes, pour la faire triompher en tous tems et en tous lieux? Pourquoi ne serait-elle pas nécessaire dans un corps qui, s'il n'était probe, serait le plus redoutable de tous les corps, parce qu'il est armé? Pourquoi ne serait-elle pas nécessaire à des soldats, qui ne devraient pas être soldats s'ils n'étaient pas honnêtes? car on pourvoirait autrement à la sûreté publique, sans compter sur une institution militaire qui serait favorable au désordre, et contraire à toutes les lois, parce qu'à l'exemple de ces mauvais soldats les mauvais citoyens lâcheraient sans crainte la bride à leurs penchans désordonnés. Il faut donc que ce soit une règle de discipline de ne recevoir dans la troupe que d'honnêtes gens, de chasser et de punir l'improbité à mesure qu'elle s'y montre.

Il faut que l'état civil s'associe avec l'état militaire ; c'est à dire que les soldats aient des parens dans l'empire, et les citoyens des parens dans l'armée : c'est ce qui a toujours lieu quand on ne se sert pas de troupes étrangères ; alors les citoyens et les soldats sont intéressés les uns pour les autres au maintien de la tranquillité publique ; et sans cet attachement réciproque on risquerait d'avoir dans l'état deux corps ennemis, ou plutôt deux factions, dont l'une serait intéressée à vouloir le mal, quand l'autre serait intéressée à vouloir le bien ; et dans cette lutte, la société serait bientôt dissoute. (1) A Carthage il se forma continuellement deux partis parmi

---

(1) Une société ne peut subsister long-tems au milieu d'une division intestine : quand les bons et les mauvais citoyens sont aux prises, l'état est alors à la veille de sa ruine.

les citoyens : les uns voulaient la paix quand les autres voulaient la guerre; et l'on n'y put jouir de l'une, ni y bien faire l'autre : cela vint sans doute de ce que les premiers avaient dans les troupes des parens qu'ils voulaient conserver, tandis que les seconds n'y en avaient point, et se trouvaient par conséquent plus portés à la discorde. A Rome tout soldat était citoyen, comme tout citoyen était soldat; et, sous ce rapport, il n'y avait qu'un seul parti: à Rome il fallait avoir des foyers à défendre pour entrer dans une légion; et ce ne fut que dans les besoins pressans qu'on y enrôla les affranchis : il fallait pouvoir sacrifier à l'intérêt, à ce grand moteur du genre humain, pour marcher vers l'ennemi. Quand Athènes, Lacédémone et Rome distribuaient des terres à tous les citoyens, c'était pour donner à la patrie des soldats qui eussent une raison légitime pour la défendre; mais c'étaient les terres qu'on avait conquises.

Pour que l'armée puisse procurer aux citoyens la sûreté intérieure il faut que les soldats soient gens du peuple et attachés au peuple, comme cela fut à Rome jusqu'au tems où *Marius* marcha contre *Jugurtha*; et les généraux gens de qualité et attachés

au souverain, comme les patriciens l'étaient
au sénat dans le tems de la république. (1)
Les soldats ont alors les yeux ouverts sur le
gouvernement, et les généraux ont les yeux
ouverts sur le peuple : alors s'élève entre les
citoyens et le gouvernement une barrière
formidable, qui procure au peuple la protection, et au prince le respect; et plus on rend
cette séparation sensible, plus on a de sûreté.
Le peuple romain connut l'importance de
cette distinction quand, pour former de
bonnes troupes au-dedans et au-dehors, il

---

(1) Il ne faut pas entendre ici par le nom de *république* une démocratie toute pure, où le peuple
exerce lui-même la souveraineté : Rome ne fut jamais
sous un gouvernement si monstrueux, si despotique;
il y eut toujours diverses magistratures qui se tem-
pérèrent les unes les autres, tant sous ses empereurs
et sous les rois que sous ses consuls, ses chevaliers,
ses sénateurs, ses patriciens, ses tribuns, ses questeurs,
ses décemvirs, ses préteurs, ses édiles. La seule charge
de dictateur fut une exception à cette règle, parce
qu'on donna au magistrat qui en fut revêtu un pouvoir illimité pour sauver la patrie dans les tems
les plus critiques; et ce qu'il y a de bien remarquable, c'est que les dictateurs n'abusèrent jamais de leur
énorme puissance, s'en étant toujours volontairement
démis après avoir mis le peuple romain hors de danger.

mit à leur tête les trois tribuns militaires
qu'il prit de son chef dans le corps des patriciens : mais il fut loin d'avoir de si bonnes
troupes quand il choisit pour consul le plébéien *Genucius,* qui lui montra bientôt par
une défaite qu'un homme de son rang ne pouvait manquer d'être battu ; et la conduite
que tint le consul *Terentius Varron* dans
la bataille de Cannes , où il prit la fuite après
avoir perdu quarante mille soldats et son
collègue *Emilius* lui fit voir de nouveau
qu'il avait mal fait d'élire un plebéien. Tels
furent les préjugés du sang à Rome , dans
cette ville qui usurpa long-tems le nom de
république ; le peuple ne s'y croyait pas fait
pour le commandement: quelquefois il s'éleva
aux charges , mais il n'y fut pas plutôt parvenu , qu'il fut étonné de son élévation , et il
en descendit , dans l'idée de ne pouvoir les
exercer. (1) A Athènes, du tems d'*Aristide*,
tous les citoyens pouvaient être élus aux magistratures; cependant ceux du dernier ordre
n'aspirèrent jamais aux premières places.

---

(1) Le plébéien se jugeait incapable de gouverner.
Rome n'était donc pas une véritable république , mais
un gouvernement mixte, dont les pouvoirs étaient distribués dans les mains de différens magistrats.

Mais dans un état où les vertus et les talens sont les seules qualités distinctives ; dans un état où tous les hommes sont grands, où chaque citoyen a le sentiment de sa liberté, où l'absurde préjugé de la naissance n'existe point, il n'est pas nécessaire de faire ces distinctions odieuses ; le mérite se fait remarquer partout ; chacun peut également parvenir aux emplois honorables ; et l'émulation publique est excitée quand un citoyen ou un soldat fait des actions éclatantes : comme il n'y a qu'une patrie, de quelque manière qu'on la serve, on s'en trouve honoré, et l'on admire toujours ceux qui par de plus rares talens savent lui être plus utiles. Au bruit des exploits brillans des héros de sa patrie, le cœur de chaque citoyen s'ouvre et tressaille ; la langue se plaît à leur donner les éloges qu'ils méritent, et l'ame leur accorde l'amitié qu'elle leur doit.

« Dès le commencement du règne de *Louis XIV*, dit *Voltaire*, (1) le grade militaire fut un droit beaucoup au-dessus de celui de la naissance ; les services, et non les

_____

(1) Essai sur l'Hist. générale, tom. 7, chap. 172.

aïeux, furent comptés ; ce qui ne s'était guère
vu encore : par-là l'officier de la plus médiocre
naissance fut encouragé, sans que ceux de la
plus haute eussent à se plaindre. »

CHAPITRE II.

De la formation de l'Armée.

SELON l'ordre des choses l'armée devrait s'organiser graduellement d'elle-même ; c'est à dire qu'elle devrait d'abord choisir le chef qui doit la commander, car au premier poste il faut les plus grands talens, et on les trouve toujours dans un nombre intégral ; elle devrait ensuite choisir ses hauts-officiers, et enfin ses bas-officiers. Si elle voulait faire en même tems toutes ces élections elle pourrait nommer le même individu à plusieurs places différentes, tandis qu'ayant une fois nommé un officier elle s'occupe d'en nommer un autre : d'ailleurs tant de voix tumultueuses ne pourraient s'entendre ; et, supposé qu'elles s'entendissent, la troupe ne pourrait jamais donner une attention particulière à chaque élection, et ne ferait que de mauvais choix. (1)

Dans le corps militaire la réunion des sol-

---

(1) Tous les ouvrages humains sont assujettis à une marche progressive. Le passage d'une partie à une

dats forme l'armée, comme dans le corps social la réunion des citoyens forme la nation :
c'est une conséquence qui découle du même
principe que dans chaque état il y a un souverain qui gouverne, et des magistrats qui reçoivent ses ordres pour les communiquer aux
sujets, afin qu'ils les observent; et que dans
chaque armée il y a un chef qui commande, et
des officiers qui reçoivent ses ordres pour les
communiquer aux soldats, afin qu'ils les exécutent.

Pour bien organiser l'armée il a fallu établir des postes intermédiaires. S'il n'y avait
dans les troupes qu'un chef et des soldats,
elles seraient très-mal réglées et très-mal unies,
parce que ces deux grades seraient trop éloignés l'un de l'autre pour pouvoir se communiquer et agir de concert; il est donc nécessaire
qu'il y ait des officiers intermédiaires pour
transmettre aux soldats les ordres du général.

---

autre partie procure un repos, et facilite l'opération.
Quand tous les membres d'un même corps sont réunis ils
forment un ensemble tel, qu'on voit un tout sans voir les
parties qui agissent simultanément; parties qu'on reconnaît néanmoins en leur donnant à chacune une attention particulière; ce qui prouve qu'il faut remplir les
grades militaires l'un après l'autre.

Pour tendre plus facilement une longue corde il faut placer des étaies de distance en distance, sans quoi il faut forcer les ressorts, qu'on risque de rompre; encore se fait-il une courbure.

Si l'on a placé un capitaine, un lieutenant et un sous-lieutenant dans chaque compagnie, c'est moins pour diviser le commandement que pour le tempérer, pour en abattre l'orgueil, pour en adoucir la rigueur, pour le mettre plus à la portée des soldats, (1) et pour exciter davantage l'émulation, en faisant voir plus de postes pour récompenser le mérite, et en faisant concevoir plus d'espérance d'y parvenir. Les rangs de capitaines, de lieutenans et de sous-lieutenans sont les intermédiaires de chaque régiment; ce sont des grades interposés entre le commandant et les soldats.

---

(1) Comme il y a des choses que le détail complique, il y en a aussi qu'il simplifie : or, la distribution des différens grades militaires est du genre simplificateur. L'esprit humain étant resserré dans des bornes étroites, plusieurs officiers peuvent mieux surveiller les soldats, et par conséquent tenir l'armée dans un meilleur ordre; c'est pourquoi il a été nécessaire de donner aux généraux des adjudans.

Sans la distinction des grades militaires l'armée serait un groupe sans ordre, sans proportion, sans rapport, sans unité, supposé qu'il pût exister un corps de cette espèce; ce serait la même chose comme si l'on confondait en mathématique le rond avec le carré, le pentagone avec l'hexagone : l'art doit marquer le rang des personnes dans l'armée, comme la nature règle le rang des choses dans l'univers. De la liaison intime des divers grades résulte un corps savamment organisé, qui va par des ressorts inégaux comme un corps mécanique. Toutes ces évolutions militaires qui se font séparément s'unissent dans l'action du combat; depuis le général jusqu'au dernier soldat chacun agit simultanément et avec attention dans son poste pour la fin commune de la victoire : mais sans la distinction des grades il n'y aurait plus de subordination militaire; on agirait confusément dans tous les postes, sans accord et sans liaison.

L'armée, qui représente le peuple en tant qu'elle en dérive, aurait le droit d'élire son général et ses officiers, comme la nation aurait celui d'élire son souverain et ses magistrats : mais pour écarter les cabales et les intrigues de l'ambition, le gouvernement exerce ce droit par manière de représentation, au nom de l'armée, dans les élections militaires, comme il l'exerce au nom du peuple dans les élections civiles. D'ailleurs on a encore plus ou moins conservé dans chaque état, suivant la forme de son gouvernement, aux troupes et au peuple, la faculté d'élire une partie de leurs magistrats et de leurs officiers subalternes : cela est si vrai, que dans le tems de la république française le gouvernement nommait à la première place vacante ; le général nommait à la seconde, et le corps des troupes à la troisième ; mais ces nominations se faisaient toujours au gré du général, qui désignait les sujets.

A l'époque de la première organisation militaire le général a dû former l'armée qui a marché sous son commandement ; mais à la mort de ce général l'armée a dû nommer son successeur. Nous avons vu, par exemple, que *Romulus*, s'étant mis à la tête d'une troupe d'aventuriers, devint le fondateur de la ville à laquelle il donna son nom, et qu'il gouverna sous le titre d'empereur, et que *Numa* devint son successeur à l'empire par le choix des mêmes peuples ou plutôt des mêmes troupes que *Romulus* avait rassemblées.

La nomination des empereurs romains par les troupes se continua pendant long-tems : *Claude, Galba, Othon, Vitellius, Vespasien* et plusieurs autres furent salués par les soldats empereurs ou généraux ; ce qui était alors la même chose, parce qu'ils avaient le commandement des troupes : mais ces élections se faisaient avec tant de précipitation et d'une manière si arbitraire, que souvent l'empire était ôté par les mains qui l'avaient donné, sans autre raison que celle du caprice soldatesque. J'avoue que la tyrannie des empereurs fut quelquefois la cause de leur perte ; mais ce qu'il y a de bien étonnant, c'est que les empereurs qui périrent de mort violente ne furent pas toujours ceux qui avaient été cruels : *Tibère* et *Sévère* moururent tranquillement dans leur lit, tandis que *Galba* et *Pertinax* furent massacrés. Le règne des méchans princes coûta souvent la vie à ceux qui auraient sagement gouverné. *Caligula, Néron, Commode* et *Caracalla* épuisèrent tellement l'empire par les distributions d'argent qu'ils firent aux soldats, que leurs successeurs, voulant abolir ces largesses, soit que ce fût par l'im-

)uissance qu'il y avait de les continuer, soit
ʃue ce fût, ce qui est plus louable, dans la vue
le rétablir le trésor public, succombèrent
pour la plupart sous la violence des troupes.
Alexandre, qui succéda au voluptueux *Hé-*
liogabale, fut massacré par ses soldats pour
avoir voulu supprimer l'usage des distributions, et parler de châtimens. Que de mur-
mures, que de menaces les soldats ne firent
pas éclater contre *Galba* quand il voulut
abolir ces mêmes largesses!

Pour sentir combien aujourd'hui il est nécessaire que le gouvernement nomme aux emplois militaires, il faut considérer l'impossibi-
lité qu'il y aurait que l'armée élût son général, ses commandans et même ses officiers;
car dans ces tems modernes, lorsqu'une armée se forme, on ne voit guère que des jeunes
gens sans expérience, rassemblés pour s'organiser en corps de troupes; et s'ils n'avaient
pas déjà un centre de réunion, c'est à dire un
chef sous les yeux duquel ils pussent s'organiser, comment pourraient-ils parvenir à former un régiment? Pour lors l'incapacité
bruyante l'emporterait sur le talent silencieux;
la fougue et la violence écarteraient la modération et la retenue; le crime audacieux met-

trait en fuite la timide vertu. La France en a
fait la triste expérience dans le tems que se
formaient ses bataillons républicains ; ce n'é-
tait que confusion, que tumulte dans ces assemblées soldatesques ; encore n'était-il question que d'élire jusqu'au grade de capitaine
inclusivement. Comme le sort, et quelquefois, ce qui était encore plus horrible, le
scrutin désignait ceux qui devaient marcher
pour défendre la patrie, il y avait dans la
même lice des personnes de tous les âges et de
toutes les qualités, des hommes de génie et de
probité mêlés avec des hommes ignorans et
crapuleux ; et dans ces élections militaires
l'intrigue prévalait au point que les hommes
de mérite devaient toujours marcher en qualité de soldats, tandis que des jeunes gens
sans expérience étaient élevés aux grades d'officier.

De la manière que se forment aujourd-
d'hui les troupes en Europe on ne peut connaître les talens militaires, parce qu'ils n'ont
pu encore s'exercer : en effet, dans la plupart
des états des jeunes gens sont réunis pour
être organisés en corps de régiment, ou
pour être amalgamés avec d'autres troupes
qui ne sont pas complettes. Il n'en était

as ainsi dans la république romaine, parce que tous les citoyens s'y exerçaient au maniement des armes, pour devenir soldats dans les besoins de la patrie : voilà pourquoi le gouvernement doit nommer aux grades de l'armée à l'époque de son organisation.

Si l'empire ne trouvait pas dans son sein assez de personnes qui en tems de guerre se fussent signalées dans les emplois militaires, il devrait choisir des hommes qui eussent occupé des places civiles, et s'y fussent distingués par un zèle, par une fidélité et par un désintéressement remarquables. En faisant passer ainsi par les emplois civils avant d'élever aux emplois militaires, qui sont plus difficiles à remplir, on aurait des officiers toujours dignes de la confiance des soldats, qui leur obéiraient dans l'armée comme ils leur obéissaient dans l'état, quand ils étaient citoyens, pendant leur magistrature. Cette coutume des Romains de n'élever aux charges de la milice aucun individu qu'il n'eût rempli auparavant les fonctions civiles avec un zèle signalé, était admirable ; elle mettait à l'épreuve ses sentimens républicains sous les yeux du peuple, et dans un poste où une trahison de sa part eût été moins fatale à la république. Mais bien plus, en plaçant dans le grade d'officier militaire celui qui naguère avait été magistrat civil, elle le rendait plus capable de connaître l'esprit des soldats qui auparavant avaient été citoyens, et, dans le passage des fonctions civiles à celles de l'armée, elle lui faisait juger du changement de leur qualité par le changement de la sienne propre, de manière que leurs caractères sympathisaient toujours.

Le plus sûr moyen de parvenir à bien connaître l'art militaire et les règles du commandement consisterait à être d'abord soldat, à devenir ensuite officier, et à redevenir soldat: en passant ainsi du dernier poste à un grade élevé, et d'un grade élevé au dernier poste, on connaîtrait l'art militaire à travers ce changement de qualité, par l'esprit et la disposition qu'on apporterait dans l'un et l'autre, et surtout par l'avantage qu'on aurait d'être bien obéi quand on serait officier, et bien commandé quand on serait soldat. Le devoir de chacun découlerait alors de son propre intérêt, parce qu'il saurait que la bonne obéissance fait le bon commandement, comme le bon commandement fait la bonne obéissance. C'est ce qui se pratiquait à Rome dans les beaux jours de la république: le capitaine s'y faisait

souvent gloire de servir l'année suivante en
qualité de soldat, tant on y regardait comme
honorables tous les postes où l'on pouvait défendre la patrie.

De cette manière, l'officier et le soldat
étaient versés réciproquement dans leurs
fonctions, et le commandement ne faisait
pour ainsi dire qu'une même science avec
l'obéissance ; les deux actes étaient mutuels,
quoique l'un précédât l'autre, et ils s'exerçaient de concert pour l'intérêt commun. *Marius*, reconnaissant l'excellence de ce principe, se fit soldat après avoir été plusieurs fois
consul, autrement général ; et, passant par
tous les grades de la milice, il en remplit les
fonctions avec un talent supérieur. Cela se
pratique encore aujourd'hui chez les Hurons,
peuple sauvage d'Amérique : ils ont un chef
héréditaire par branche féminine, et il ne
peut être général d'armée qu'il n'ait été simple soldat et fait quelque action brillante ; ce
qui prouve que c'est là le premier principe de
l'art militaire. Mais il y a bien des choses que
la civilisation a dégradées pour les tourner
au profit de peu de gens : de nos jours aucun
officier ne voudrait descendre de son grade ; il
se croirait avili, tant les idées ont changé,

tant les opinions sont différentes d'autre
fois.

Comme dans les états modernes on a plus
l'esprit monarchique que républicain , on
croirait se ravaler si l'on descendait d'un
grade supérieur à un grade inférieur :
l'honneur n'y peut souffrir que le capitaine devienne volontairement soldat ; ce serait une
dégradation aux yeux même du gouvernement; mais il doit au moins exiger que le mérite s'élève de grade en grade aux emplois
éminens.

Pour établir militairement un bon principe il importerait sans doute que l'on fût
soldat avant d'être officier, et qu'on s'accou-
tumât à obéir librement, parce qu'ordinairement le caractère que l'on montré dans un
poste inférieur on le montre de même dans
un poste supérieur. Tout soldat, par exemple, qui se soumettra à une obéissance servile sera un tyran à la tête de la troupe : il
n'est fait que pour les extrêmes ; ce sera un esclave dans l'obéissance, et un despote dans le
commandement. Mais puisqu'il est de l'essence
du gouvernement monarchique d'établir
des privilèges et des préférences pour les
personnes de qualité, il faut du moins qu'il

ouvre la porte des emplois au génie et à la vertu.

Malgré le préjugé de la naissance on trouve pourtant dans l'*Histoire de France* quelques exemples où des hommes d'un rang distingué se sont fait gloire de passer par les premiers grades militaires avant de parvenir aux fonctions les plus élevées. Le maréchal de *Catinat* fut d'abord enseigne aux Gardes-Françaises et sans aucune brigue il s'éleva de grade en grade au commandement des armées. Le duc de *Vendôme* parvint au généralat après avoir passé par tous les grades depuis celui de garde du roi, comme un soldat de fortune. Mais il n'y a pas dans le monde de plus bel exemple que celui de l'immortel *Bonaparte,* grand homme de guerre et grand homme d'état tout à la fois : il s'est élevé graduellement par son héroïsme, par sa bravoure, par son génie et par ses vertus, au plus haut point de grandeur qu'il soit possible de parvenir, pour le bonheur des Français.

Lorsque dans l'état comme dans l'armée les places sont le prix du mérite, la subordination, qui anime le corps politique et le corps militaire, règne dans sa plénitude, parce que ceux qui les occupent ont le talent de s'attirer le respect de leurs inférieurs, qui sont jaloux d'obéir à des officiers dignes de leur confiance : mais la subordination, qui donne tant de force aux lois civiles et militaires, s'affaiblit quand les places deviennent l'apanage de la fortune ou de la faveur, et surtout lorsqu'on les a rendues vénales, parce qu'alors elles sont occupées par des gens inhabiles, qui ne méritent pas la considération de leurs inférieurs, qui auraient honte de la leur prostituer. (1) Certes, il n'y a rien de plus indigne dans le monde que l'incapacité assise sur un poste élevé après avoir usurpé les droits du talent. La subordination, qui dérive de la distinction nécessaire des grades, doit être l'effet du génie. Les charges ont été données primitivement au mérite, et non à la richesse ; à mesure qu'il parut un homme de génie il fut élevé à un poste éminent, afin qu'il pût se rendre plus utile par ses talens :

---

(1) Jadis le peuple Français n'accordait aux personnes constituées en dignité qu'un feint respect, parce qu'il savait que leur promotion n'était que le prix de la faveur ; mais aujourd'hui c'en est autrement, parce que le talent et la vertu seuls élèvent aux charges.

cela a dû être ainsi; car où aurait-on trouvé un homme assez riche pour acheter l'empire sur ses compatriotes, qui d'ailleurs eussent vendu une chose qu'ils ne pouvaient connaître qu'en admettant la supériorité du talent? Il est si naturel d'accorder les places au mérite, que les Algonquins, peuple sauvage du Canada, donnent au plus habile d'entr'eux le commandement.

Lorsque le peuple romain, selon que le rapporte *Montesquieu,* rassemblé au Champ de Mars, disposait des emplois civils et militaires, ceux qui les briguaient faisaient toutes sortes de bassesses; ils donnaient des jeux ou des repas publics; ils distribuaient de l'argent ou du blé pour obtenir par des libéralités la faveur du peuple ou de l'armée : mais dans les beaux jours de la république, quand le peuple n'eut plus rien à donner, et que le prince disposa de tous les emplois, ils ne furent plus accordés qu'au mérite et à la vertu : c'est ce qui a tant illustré le règne des *Antonin,* des *Trajan,* des *Titus* et des *Marc-Aurèle.*

Loin donc la vénalité des emplois militaires! on n'achète pas la science des campemens ni

l'art de la guerre comme une marchandise;
il faut l'acquérir par une étude réfléchie et
par des recherches profondes : c'est le seul
moyen de parvenir à ces connaissances;
et quand on obtiendrait à prix d'argent
le généralat, il ne serait pas moins nul
sans la capacité. Il faut se persuader qu'un
riche avec ses trésors ne serait qu'un im-
bécille à la tête d'une armée sans les qualités essentielles au commandement; déjà af-
faibli par l'argent qu'il aurait donné, il atti-
rerait sur lui la guerre, et ceux qui lui auraient vendu le généralat le reprendraient
aussitôt pour le remettre à un homme qui
fût capable de les conduire à la victoire,
si d'ailleurs un homme plus habile ne le lui
ôtait de son chef. Dans l'armée, où l'ignorance
exerce le commandement, où les richesses amol-
lissent le courage, l'argent s'épuise, il excite
la cupidité et provoque les usurpations. Voyez
chez les Perses *Darius* transportant après
lui des vases d'or, des richesses immenses, un
luxe scandaleux; il est vaincu par *Alexandre.*
Voyez chez les Romains *César,* ne traînant à
sa suite que la simplicité la plus admirable,
sans trésor, sans argent, manquant souvent

le tout ; il est vainqueur de *Pompée*. Voyez
dans l'Epire *Pyrrhus*, prince très-pauvre,
faisant les plus belles entreprises ; il a illustré
un état qui est tombé dans l'oubli après sa mort,
et dont on n'aurait point parlé s'il n'eût vécu.
Voyez dans le Mogol l'empereur *Mahamad*
à la tête de douze cent mille hommes, et avec
d'immenses trésors ; il s'humilie devant *Thamas Kouli-Kan*, qui n'a pas soixante mille
soldats, et devient son sujet et son esclave.

Il importe donc que dans la formation des
troupes le Gouvernement nomme les généraux, les commandans et même les officiers ;
mais il n'y aurait nul inconvénient que les
troupes, une fois organisées, nommassent aux
places vacantes, parce qu'alors elles peuvent
connaître le mérite et le talent de ceux qui se
sont distingués à la guerre. Si à Rome les soldats élisaient leurs officiers dans le Champ
de Mars, c'est que la république étant continuellement en guerre avec les autres peuples,
chaque citoyen était dressé dès la plus tendre
jeunesse au maniement des armes et à tous les
exercices militaires ; on y pouvait élever indifféremment aux grades telle personne qui se
présentait, parce que tout le monde était ex-
périmenté dans l'art de la guerre : mais pour-

tant ces élections militaires n'eurent pas toujours l'effet qu'on en devait attendre, parce que l'esprit de cabale vint les troubler.

Si l'intrigue n'avait aucune part dans les élections militaires, le choix des troupes tomberait toujours sur les hommes les plus habiles: le soldat sait discerner le mérite lorsqu'on ne l'égare pas, c'est à dire lorsqu'il agit paisiblement; il ne se décide jamais que pour le talent et pour la vertu quand on ne le trompe point; il connaît les degrés de préférence que mérite le militaire par les services qu'il a rendus à la patrie: mais les cabales, les concurrences, les brigues s'en mêlent ordinairement, et troublent les élections.

Dans les élections militaires il faut considérer l'homme en lui-même et par rapport à ses semblables : sous le premier point de vue il faut qu'il ait les vertus essentielles à la place qu'on lui accorde, et le sentiment de sa propre estime; sous le second point de vue il faut qu'il y puisse opérer le bien public, et se rendre digne de la confiance et de l'estime des troupes; que le gouvernement examine tout cela avant de l'élever; qu'il voie s'il a l'esprit belliqueux et l'ame grande; qu'il observe s'il est homme de bien : mais il ne suffit pas qu'il soit homme de bien; il faut encore que sa vertu soit à toute épreuve.

Gardons-nous de parler aujourd'hui comme cette noblesse altière qui, pour fermer la porte des grades au mérite, disait autrefois que les parvenus devenaient insolens! J'avoue qu'il est des hommes vains et légers qui deviennent arrogans lorsqu'on les élève, parce qu'ils ne sont pas dignes d'occuper les charges qu'on leur donne; mais il en est beaucoup qui s'y distinguent par la plus noble simpli- cité. L'élévation rend les uns insolens et superbes, parce qu'ils veulent tirer de la place la hauteur qui manque à leur caractère; elle rend les autres humbles et modestes, parce qu'ils veulent retrancher de leur per- sonne la hauteur qui tient à la charge.

Le gouvernement ne doit élever aux grades que des personnes ayant les qualités néces- saires pour les remplir dignement; il faut qu'il sacrifie tous les égards particuliers au bien de l'état, en ne voyant que la chose publique; que la faveur n'entre pour rien dans ses choix; qu'il se dépouille de tout préjugé funeste; qu'il ait une attention particulière d'écarter des emplois les intrigans et les ambitieux; qu'il donne la préférence à ceux qui ont mon-

tré le plus de bravoure dans la guerre; qu'il
ait devant les yeux l'intérêt de la patrie, et
place ceux qui peuvent la mieux servir. Ce
sont les talens et les vertus qui doivent donner
les grades : pour les honorer il faut avoir des
qualités supérieures ; pour les apprécier il
faut être en état de les remplir. Si chacun,
plein d'amour-propre, emploie une foule de
moyens peu honnêtes, tels que l'intrigue, la
bassesse et la ruse, pour surprendre le gouvernement, et parvenir à un rang dont il n'est
pas digne, les places seront mal occupées,
et la composition de l'armée sera défec-
tueuse.

Ce n'est pas que l'homme, séduit par l'appât de la gloire ou des richesses, et aveuglé
par son amour-propre sur le mérite de ses
qualités personnelles, ne se juge toujours
digne d'un emploi au-dessus de celui qu'on
lui donne; tous les humains sont pétris d'orgueil; ils croient être ravalés lorsqu'on leur
assigne leur place naturelle, parce qu'ils s'es-
timent plus qu'ils ne valent, d'après l'idée
qu'ils se forment de leurs talens : dans leur
présomption ils se croient supérieurs, et au
mérite qu'on leur reconnaît à raison de leurs
vertus, et à l'incapacité qu'on leur trouve à

aison de leurs vices. En effet, ils sont si
avides des louanges, et si dédaigneux du blâme,
qu'ils reçoivent pour des éloges ce qui n'est
qu'une basse flatterie, et pour des calomnies
ce qui n'est qu'un juste mépris : ignorant la
capacité d'autrui et la leur même, ils croient
posséder tous les talens et toutes les vertus ; ils
croient surpasser jusqu'à leurs supérieurs,
comme si le plus sage des mortels n'était pas
celui qui s'apprécie moins qu'il ne vaut,
celui qui sait se ranger à sa véritable place.

Il importerait qu'au moment de la formation du corps militaire on ne promût aux
charges de la milice que des gens qui se fussent, comme dans la Grèce, signalés dans les
combats. Un homme qui s'est distingué par
les actions magnanimes a fait la preuve de sa
capacité. L'expérience nous démontre qu'on
se perfectionne dans un art à mesure qu'on
l'exerce davantage. Si *Alexandre,* roi de
Macédoine, n'avait pas toujours commandé
les phalanges, il ne serait pas devenu un si
fameux conquérant : si *Charles XII,* roi
de Suède, n'avait pas été continuellement à
la tête de ses troupes, il ne serait pas devenu
un si grand guerrier : si *Napoléon,* empereur des Français, n'avait pas fait une étude

profonde de l'art militaire, il n'aurait pas remporté tant de victoires. (1).

Mais après la composition de l'armée on devrait remplir les grades vacans en y plaçant des soldats qu'on prendrait dans son sein parmi les plus intrépides; (2) alors on aurait de bons officiers. Rome aurait pu indifféremment former ses légions des premiers volontaires qui se présentaient; mais elle voulut que l'honneur d'être choisi pour l'armée fût une récompense des talens et du courage qu'on avait montrés dans le Champ de

---

(1) La guerre est un art qui a, comme tous les autres, ses règles et ses principes; cet art, qui sert à conserver les peuples dans leur territoire, et à maintenir les souverains sur leur trône, est le premier de tous les arts par son importance; c'est celui qui décide de toutes les affaires du monde; c'est aussi celui que les Spartiates et les Romains perfectionnèrent autrefois avec tant de gloire.

(2) Les soldats obéiraient sans retenue à ceux d'entr'eux qui auraient été élevés en grade; et ce qui augmenterait surtout pour eux leur respect, leur amour et leur confiance, ce serait l'espérance flatteuse qu'ils auraient d'y parvenir : en prenant ainsi les officiers dans l'armée ils seraient plus assurés de la bonté du choix, parce qu'ils connaîtraient déjà les sujets.

Mers : il fallait que le soldat romain eût
une réputation à conserver, et que l'estime publique fût un gage de sa fidélité pour
la république. Il faudrait donc établir pour la
jeunesse des exercices militaires qui fourni-
raient des officiers et des soldats quand une
nouvelle armée se formerait. (1)

Je ne pourrais faire sentir tous les avantages de ces exercices : ils donneraient à l'état

---

(1) Une institution de cette nature perfectionnerait
le civil par le militaire et le militaire par le civil. Par
ce double perfectionnement les citoyens sauraient la
manœuvre, et les soldats demeureraient plus tranquilles
pendant la paix; et dans la guerre les citoyens feraient respecter les lois au-dedans, tandis que les soldats
seraient aux frontières. Ce que nous disons ici fait entendre que les troupes étrangères qu'un état peut avoir
à sa solde ne valent rien, parce qu'elles ne sont pas
composées de citoyens qui aient un intérêt réel à le
défendre.

Il faut que l'esprit militaire soit conforme à l'esprit
national, et qu'ils se confondent, pour ainsi dire, l'un
dans l'autre : alors les soldats respectent les citoyens, et
les citoyens peuvent devenir soldats au besoin; et plus
on rapprochera ces deux esprits, plus la discipline militaire sera exacte. A Rome il n'y avait qu'un même
esprit dans l'état et dans l'armée, parce qu'on était en
même tems citoyen et soldat.

d'excellens généraux et de bons soldats ; ils formeraient aussi de bons citoyens ; alors les choix militaires tomberaient toujours sur des gens expérimentés , et la patrie en serait bien servie , parce qu'elle pourrait compter sur de braves défenseurs.

A Sparte l'éducation venait à l'appui de l'art militaire ; à Rome pour avoir de bons guerriers on s'appliquait à les former dès l'enfance, et on leur continuait les leçons militaires jusqu'à ce qu'ils fussent en état de porter les armes, jusqu'à la vieillesse même.

En comparant l'éducation des peuples anciens avec celle des peuples modernes touchant la profession des armes, on voit qu'on a détruit tous les établissemens militaires pour y substituer des amusemens frivoles. Il y avait autrefois à Rome l'Arène, le Cirque et le Champ de Mars ; dans la Grèce les parcs , les gymnases , les courses et les jeux olympiques ; en France le tournoi : c'était là que se formait le véritable esprit militaire. Mais aujourd'hui on a dans l'Europe des bals , des opéra, des promenades , des lieux de débauche où la jeunesse va s'amollir et se corrompre : c'est pour cela sans doute qu'on se distingue beaucoup

plus en galanterie dans l'état civil qu'en bravoure dans l'état militaire. (1)

Il est tems de changer nos établissemens militaires : aux spectacles modernes substituons
les anciens combats de gladiateurs ; reportons-
nous à ces tems célèbres de Lacédémone, où la
beauté était le prix du courage et de la vertu ;
faisons renaître ces beaux jours de Rome, où
l'amour de la patrie échauffait tous les cœurs,
où les soldats étaient infatigables dans la
guerre, où leurs travaux n'étaient jamais in-
terrompus. « Un exercice continuel, dit *Ma-*
bly, fait les bons soldats, parce qu'il les remplit d'idées relatives à leur métier, et leur
apprend à mépriser les dangers en les fami-
liarisant avec la peine. Le passage de la fatigue
au repos les énerve ; il offre des objets de
comparaison qu'il est difficile de rapprocher
sans que la paresse ne s'accroisse, n'apprenne
à murmurer et n'amollisse l'ame et le corps. »
En effet, si l'homme n'avait jamais goûté les
charmes du repos, il aimerait plus le travail,

---

(1) Néanmoins il faut observer que depuis quelques
années l'esprit militaire se perfectionne dans les différens états de l'Europe ; mais il est encore très-éloigné
du degré de perfection où l'ont porté les Romains.

et le supporterait avec plus de facilité ; mais
il aurait fallu pour cela que la nature lui eût
donné une force capable de résister à un travail continuel.

Par le moyen de ces exercices on aurait toujours des gens expérimentés : on
pourrait alors prendre les militaires parmi les
citoyens qui s'y seraient le mieux distingués ;
ensuite les soldats qui auraient été choisis,
n'ayant devant les yeux que le salut de la
patrie, deviendraient d'excellens guerriers.

CHAPITRE III.

De la Dépendance de l'Armée.

DANS chaque état, quelle que soit sa consti-
ition, il faut que les troupes soient confiées
u corps le moins nombreux, c'est à dire à
: puissance exécutrice simple ou composée ;
:ur utilité est la chose du moment, et la
romptitude de l'action leur est si nécessaire,
ue dans les gouvernemens outrés elles doi-
ent être soumises aux ordres du despote
iême. (1) Les trèves, les négociations, les
lliances, les traités de paix, les déclarations
e guerre, les batailles, toutes ces choses de-
iandent une telle célérité, qu'il serait très-
are, s'il n'était pas impossible, de la trouver
ans le corps du peuple. On agit avec d'autant
lus de lenteur, qu'on doit réunir plus d'opi-

(1) Je considère ici la chose par rapport à chaque
;ouvernement : qu'on ne croie pas que je veuille
ntroduire le despotisme dans aucun état ; c'est seu-
ement pour faire sentir combien il importe de rendre
a marche des troupes prompte et hardie.

nions divergentes; c'est ce qui fait, en matière de guerre, l'avantage de la monarchie sur la république : la première fait dépendre ses troupes d'un seul souverain; la seconde les fait dépendre de plusieurs magistrats : celui-là n'a qu'à parler; il faut que ceux-ci délibèrent. (1) Sagonte fut détruite par *Annibal* pendant que le sénat romain délibérait pour la secourir.

La puissance exécutive du gouvernement, quelque forme qu'il ait, doit être confiée à un seul magistrat, afin qu'il puisse l'exercer avec la promptitude qu'exigent ordinairement les circonstances périlleuses. C'est pour cela que le roi d'Espagne exerce seul le pouvoir exécutif du droit des gens, ainsi que l'empereur de Turquie; c'est pour cela qu'on a tâché de corriger dans quelques états républicains le vice inhérent à la lenteur des corps délibérans, en remettant à un seul officier la direction des troupes. Venise avait à la tête de son gouvernement un doge qui

---

(1) On a vu en France Dumouriez se plaindre avec raison des longues discussions du conseil exécutif, qui retardaient les entreprises militaires, et laissaient manquer l'armée de munitions de bouche et de guerre.

avait une inspection particulière sur les troupes pour la défense extérieure. Tripoli est une république qui a titre de royaume, à la tête duquel est le dey, qui a sous ses ordres et sous sa surveillance les armées de terre et de mer. L'Allemagne avait établi son indépendance au-dedans et sa défense au-dehors par une espèce de république fédérative, dont l'empereur était le chef, qui devait diriger la force militaire pour la commune protection. (1)

Il est tellement dans l'ordre que les troupes dépendent d'une autorité concentrée, c'est à dire d'un seul chef, qu'on trouve chez des peuples encore agrestes une forme de gouvernement mixte qui concilie leur liberté intérieure avec leur sûreté extérieure. Les anciens

_____

(1) Cette constitution germanique se trouve actuellement modifiée. Par le dernier traité de paix conclu entre la France et l'Autriche l'empereur d'Allemagne n'a plus les mêmes possessions ni la même suprématie à l'égard des autres princes allemands; ce qui servira à mettre un frein salutaire à l'ambition de la maison d'Autriche, en établissant l'indépendance des divers membres du corps germanique : par ce moyen l'institution fédérative des états d'Allemagne sera ramenée à son but primitif, qui était la paix et non la guerre.

Saxons, peuple qui habitait la partie septen-
trionale de la Germanie, vivaient sous un
régime civilement démocratique et politiquement monarchique; ils formaient une espèce
de république; mais ils élisaient un chef qui
exerçait dans la guerre la puissance politique
et militaire, comme fait le prince d'un état
monarchique. Le gouvernement anglais, où
il y a le roi, le parlement, la chambre des pairs
et la chambre des communes, n'est qu'une
imitation perfectionnée de l'ancien gouvernement germanique : ce gouvernement, qui est
un mélange de la royauté, de l'aristocratie
et de la démocratie, ne se maintient que par
l'équilibre des pouvoirs.

Après l'exil de *Coriolan* les décemvirs eurent à Rome la puissance consulaire; ils déci-
daient de la guerre ou de la paix : mais pour
rendre l'exécution plus hardie, sous le même
tems un seul de ces dix magistrats exerçait
le pouvoir exécutif. En Angleterre le roi a une
influence singulière dans ce qui regarde le droit
des gens; il fait la paix ou la guerre; il envoie
et reçoit des ambassadeurs, parce que dans
tous les gouvernemens du monde ce droit
ne peut mieux convenir qu'à une puissance
active et libre. Le tribunat romain, composé

d'abord de cinq plébéiens, ensuite de dix dans une circonstance difficile, fut vicieux, en ce que l'opposition d'un seul de ses membres pouvait arrêter ou suspendre l'exécution des volontés des consuls ou du sénat. L'existence de ce corps garantit toujours le peuple de l'oppression, et bien souvent la seule possibilité de sa création lui servit encore de rempart; car les pouvoirs restèrent dans les bornes de la modération, de crainte que le peuple romain ne reprît son autorité pour abattre la tyrannie: mais si Rome n'avait jamais eu que des tribuns, elle serait restée dans l'oubli.

Faire la paix ou la guerre, envoyer ou recevoir des ambassadeurs, établir la sûreté de l'empire sont donc des actes qui dérivent absolument de la puissance exécutrice du gouvernement, quel qu'il soit. La puissance législative appartient originairement au peuple; mais comme dans un vaste état il ne peut pas être toujours assemblé, il agit par des représentans. (1) La puissance exécutrice appartient

(1) « Comme dans un état libre, dit *Montesquieu*, tout homme qui est censé avoir une ame libre doit être gouverné par lui-même, il faudrait que le peuple en corps eût la puissance législative; mais comme cela est impossible dans les grands états, et est sujet à beaucoup

aussi originairement au peuple, puisqu'il est
lui-même cette puissance, en tant qu'il compose la force qui doit servir pour faire exécuter
les lois; mais comme il est toujours trop embarrassé et trop lent dans ses résolutions pour
qu'il puisse rien décider dans le droit des gens,
il doit remettre cette puissance entre les mains
d'un ou de plusieurs magistrats, et régler la
marche de l'exécution qu'il leur confie par son
pouvoir législatif; après quoi il n'a plus
qu'à devenir l'instrument de cette exécution. Le peuple anglais, libre autant qu'on
peut l'être sous un roi, n'est pourtant jamais
l'arbitre de la guerre, puisque le gouvernement la fait souvent malgré sa volonté.

J'ai parlé de tribuns, de rois, de consuls,
de décemvirs; à dieu ne plaise qu'en citant
ces magistrats de l'ancienne Rome je veuille
menacer la liberté publique, ni former aucune institution qui pût être contraire aux
princes ni aux peuples! Il serait bien à sou-
haiter que la nation en corps pût faire usage
de sa puissance; mais comme par la nature

---

d'inconvéniens dans les petits, il faut que le peuple fasse
par ses représentans tout ce qu'il ne peut pas faire par
lui-même. » *Esprit des Lois*, liv. 11, ch. 7.

les choses elle ne peut pas l'exercer par
elle-même, il faut qu'elle l'exerce par des
délégués.

La puissance exécutrice de chaque gouvernement aura donc à sa disposition la force
armée pour garantir au-dedans les citoyens
contre les violateurs du droit civil, et au-
dehors contre les infracteurs du droit des
gens. Mais cette force militaire a besoin
d'être retenue par de fortes digues, de peur
qu'en débordant elle ne devînt fatale au
gouvernement et au peuple : les soldats, ac-
coutumés à la guerre, sont par état les ennemis de la tranquillité publique; ces troupes,
qui doivent servir à défendre la société, la
détruisent si elles ne sont pas soumises à
l'autorité civile; pour lors elles ne demandent
à leur tête qu'un ambitieux pour commettre
toutes sortes d'horreurs; témoin *Sylla* qui,
après avoir capté la faveur des soldats par
les largesses, entra dans Rome à main armée
pour y renverser l'empire des lois, et y violer
l'asile des citoyens.

Rien pourtant ne serait plus impolitique
que de vouloir régler la marche des généraux
pour se mettre à couvert de leurs entreprises;
il faut qu'ils puissent agir librement suivant

les circonstances ; ce sont les tems et les lieux
qui doivent décider de leurs projets. Si le sénat
de Carthage eût réglé les opérations d'*Annibal* dans sa première guerre, les Romains
n'auraient pas été vaincus ; mais ce général célèbre, ayant le pouvoir d'agir selon sa volonté,
les entoura de pièges et les mit en déroute. Du
tems de *Louis XIV*, sous le ministère de
Chamillard, les généraux étaient souvent
gênés par des ordres précis, tels qu'on les
donne aux ambassadeurs ; le roi dirigeait avec
son ministre les opérations de campagne, et
avant que la permission d'exécuter une grande
entreprise fût venue de la cour, l'occasion
était manquée, ou le général était battu.

Il faut donner assez de pouvoir aux généraux sans compromettre la sûreté du gouvernement ; ils ne peuvent avoir de grands succès quand on les soumet à un réglement trop
absolu. Rome leur confia cette puissance sans
laquelle ils n'auraient pu rien faire de remarquable ; mais il y a deux écueils que la capitale du monde ne prévit pas, et qui l'englou-
tirent tour à tour : il faut prendre garde que
ces généraux n'usurpent l'autorité souveraine,
ainsi que *Sylla*, par l'intrigue, et ainsi que *Tarquin,* par une politique adroite. Il pourrait arri-

ver qu'ils devinssent, à la tête de leurs troupes,
des chefs despotes, comme dans le tems de
la décadence de l'empire romain, ou de lâches
esclaves, comme sous le règne des mauvais
empereurs ; deux maux qui furent également
funestes, l'un pour avoir soumis les troupes
aux généraux contre la république, et l'autre
pour avoir soumis les généraux aux empereurs contre le peuple ; car en voulant faire
voir, qu'ils n'avaient aucune autorité sur les
soldats, dans la vue de ménager la jalouse
timidité des tyrans, les généraux affaiblis-
saient la discipline militaire, et compromet-
taient au-dehors le salut de la patrie.

Une chose qui mérite surtout l'attention
des gouvernemens, c'est de ne pas laisser
aller les troupes trop avant dans les pays
étrangers ; outre qu'elles coûtent plus d'entre-
tien, il y a encore le danger qu'elles peuvent
être surprises par les ennemis, ou être tra-
hies par leurs généraux même. Ce fut une
des causes principales de la chûte de la république romaine : tant que le sénat vit de près
la conduite de ses généraux, il leur ôta l'idée
de rien faire contre leurs devoirs ; mais lorsque les légions eurent passé les Alpes, les
soldats perdirent insensiblement l'esprit de

patriotisme; et les généraux qui disposèrent
des armées sentirent leurs forces, et n'obéirent
plus : Rome alors fut en doute si ceux qui
étaient à la tête des armées étaient ses généraux ou ses ennemis. C'est ce que la France
a presque éprouvé sous le généralat de
Dumouriez.

On voit dans l'histoire bien des généraux
qui, ayant marché dans des pays éloignés
pour les conquérir ou pour les pacifier, ont
changé le but de leur expédition, ou trompé
le dessein de leur gouvernement. Pendant
que l'Espagne était partagée entre plusieurs rois chrétiens et musulmans qui se faisaient la guerre pour cause de religion, *Al-
phonse VI,* roi de la vieille Castille, et *Be-
nadat*, son beau-père, roi maure d'Andalousie, demandèrent des troupes à l'empereur
de Maroc pour rétablir la paix. Le général *Abénada*, étant venu avec une armée
au secours du roi d'Andalousie par ordre
de son empereur, trahit non-seulement ce
roi vers lequel il était envoyé, mais encore le
miramolin, au nom duquel il était venu.
Enfin le miramolin irrité vint lui-même
combattre son général perfide qui faisait la
guerre aux autres mahométans; ce qui aug-

menta la confusion où tout était alors. (1)
Après la conquête du Mexique par *Fernand
Cortez* il arriva que les capitaines qui avaient
soumis le Pérou pour l'empereur *Charles-
Quint,* voulaient le prendre pour eux-mêmes.
Un fils d'*Almagre,* un frère de *François
Pizarro ,* se font successivement reconnaître
rois; mais heureusement pour la cour de
Madrid d'autres officiers espagnols , aimant
mieux obéir à leurs maîtres qu'à leurs com-
pagnons , firent périr ces rebelles. (2)

Le vrai moyen pour un prince de parer
à ces inconvéniens, c'est d'avoir des généraux
qui soient d'une fidélité à toute épreuve , ou
de marcher lui-même à la tête de ses troupes ;
mais malgré ces précautions il ne sera pas à
l'abri des dangers qu'entraînent ordinairement toutes les expéditions lointaines. Jamais
peuple n'a si bien pris ses mesures que les
Romains pour étendre au loin leurs conquêtes
et pour les conserver , et pourtant ils ne laissèrent pas que d'essuyer bien des pertes, bien
des révoltes et bien des perfidies. Le plus
grand exemple qu'on puisse citer pour dé-

---

(1) Voyez l'Essai sur l'Hist. gén., tom. 1 , chap. 34.
(2) Voyez *ibid.,* tom. 4 , chap. 124.

montrer le danger des guerres éloignées est dans l'histoire de *Charles XII* : je crois n'avoir pas besoin d'en parler, parce qu'elle est connue de tout le monde.

Toutes les expéditions, tant grandes que petites, qui se font au loin, échouent ordinairement ; et s'il arrive quelquefois qu'elles réussissent, elles causent toujours bien des désastres. En effet, quel fut le sort des quatre mille hommes que *François Ier* envoya à *Christiern II* pour l'aider dans son avènement au trône de Suède et de Danemarck qu'on lui contestait? Ces quatre mille Français combattirent en Suède sous Christiern, et ils en furent si bien récompensés, qu'il les congédia sans paie, et périrent presque tous dans leur retour sous les coups des paysans.(1) Quel fut encore le sort des huit cents soldats que *Louis XIV* envoya avec leurs officiers au roi de Siam, à la suite de deux ambassadeurs, sur la demande de *Constance*, son grand visir? La plupart furent massacrés, et les autres prirent la fuite. (2)

Si, malgré ce que l'histoire rapporte, il

---

(1) Essai sur l'Hist. gén., tom. 4, chap. 98.

(2) Voyez *ibid.*, tom. 7, chap. 178.

a des personnes qui ignorent le ré-
ultat de toutes les guerres que les croisés
nt portées dans la Turquie, dans la Pales-
ine, dans l'Egypte et dans presque toutes
es parties de l'Asie, je leur dirai qu'il
'en est ensuivi la dépopulation et l'appau-
rissement de presque tous les états chrétiens,
a perte d'une foule de princes moins religieux
[ue fanatiques, plus avides de butin que de
;loire; je leur dirai que l'Orient a été le
ombeau de plus de deux millions d'Euro-
)éens et autant d'Asiatiques; je leur dirai
:ncore que la dernière croisade coûta la
ie à *Louis IX,* prince qui, par ses hautes
[ualités, aurait pu rendre son peuple heu-
eux s'il n'avait déployé l'étendard de la
:roix contre les Musulmans.

Quoi qu'il en soit de la dépendance de
l'armée, dans tous les gouvernemens du
nonde, les troupes ne doivent pas être si
)rès du pouvoir souverain qu'elles puis-
ent le renverser, ni si éloignées qu'elles ne
)uissent le défendre : il faut donc qu'elles
oient à portée de le conserver sans qu'elles
;oient à portée de le détruire.

Il importe surtout aux gouvernemens de
·efréner les troupes en les tenant dans une

entière soumission. A Rome, quand la puissance civile se trouva hors d'état de contrebalancer la puissance militaire, chaque armée voulut faire un empereur; comme il n'y a rien de plus inconstant, de plus bizarre et de plus fougueux que le peuple, il n'y a rien aussi de plus aveugle, de plus violent et de plus impétueux que la troupe.

On ne peut qu'admirer la politique d'*Auguste*, qui sut enchaîner la puissance militaire en distribuant pendant la paix les troupes le long des frontières, de manière qu'elles ne pouvaient plus être terribles au prince ni au peuple; tandis qu'à Londres, à Stockholm, à Pétersbourg, elles ont souvent disposé des empereurs et de l'empire. Il faut que par sa dépendance l'armée ne puisse former aucune entreprise contre le souverain. Dans tous les états où l'on n'a pas su mettre un frein à la puissance des troupes, on y a vu de grandes et de fréquentes révolutions. De deux choses l'une, il faut que le gouvernement refrène l'armée, ou que l'armée renverse le gouvernement. A Alger et à Tunis la milice, qui exerce la puissance souveraine, parce qu'elle n'est pas enchaînée par l'autorité civile, fait et défait arbitrairement le dey; à

Constantinople on retrouve le même gouvernement; en 1703 *Mustapha II* est juridi-
quement déposé par la milice; on ne choisit
point un de ses enfans pour lui succéder,
mais son frère *Achmet III*. Ce même *Achmet*
est condamné en 1730, par les janissaires et
par le peuple, à résigner le trône à son neveu
Mahmoud, et il obéit sans résistance. (1) A
Rome les troupes disposaient de la fortune publique et de la vie des empereurs. « Et qu'était-
« ce qu'un empereur romain, dit *Montes-*
« *quieu*, (2) que le ministre d'un gouverne-
« ment violent, élu pour l'utilité particulière
« des soldats? » Cela est si vrai que les meilleurs princes furent massacrés par les troupes
corrompues par les libéralités des tyrans.
On aurait dit que l'empire romain était dans
l'armée, tant la puissance militaire était
grande.

Il faut punir les troupes par des peines
rigoureuses si elles troublent le corps social,
comme il faut les encourager par des récom-

(1 Essai sur l'Hist. gén. tom. 6, chap. 160.
(2) Considérations sur les causes de la grandeur et
de la décadence des Romains, chap. 26.

penses si elles servent bien la patrie; ce sont-là deux moyens efficaces pour contenir l'armée dans les bornes qui lui sont pres- crites, et pour empêcher qu'il ne se forme un état militaire d'autant plus terrible, que l'épée tiendrait lieu de lois fondamentales. Mais pour avoir des soldats bien subordonnés à leur chef, bien soumis au gouvernement, il faut leur donner une liberté telle qu'ils ne la sen- tent pas trop, une liberté modérée; car ils abuseraient d'une liberté excessive, et ils troubleraient l'armée et l'état : on n'obéit pas mieux dans la licence que dans l'escla- vage, qui sont les deux extrêmes. Or, si on ne présente aux soldats, comme aux peuples, la liberté à travers une gaze claire qui en affaiblisse, qui en tempère l'éclat, elle offusque leurs yeux, les éblouit, et les rend in- dépendans et séditieux. Il faut donc que cette liberté soit modérée; sans quoi ils s'en abreu- veraient jusqu'à s'en enivrer, et dans leur ivresse ils renverseraient tout ce qui se pré- senterait sur leurs pas.

Les gouvernemens ont à craindre deux es- pèces de séditions de la part des soldats : la première est celle qui a son principe dans l'armée, laquelle peut être excitée par l'ambition du général, dans le dessein de s'emparer de la puissance souveraine, comme fit *Cromwel* lorsqu'il marcha à la tête des troupes révoltées contre *Charles* Ier. La seconde est celle qui a sa cause hors de l'armée, laquelle est introduite par des malveillans, par des embaucheurs, par des conjurés, qui veulent opérer dans l'état des révolutions fatales au gouvernement, comme il est arrivé bien des fois dans le tems de la république française.

Si, après avoir placé les corps militaires sous la dépendance du gouvernement, il arrivait que, dans l'armée ou dans l'état, une partie des troupes se soulevât en tems critique, il faudrait alors se saisir des principaux auteurs de la sédition, et les punir d'une manière éclatante, sans attendre le jugement formel de la loi; c'en est une pour lors d'accident : les exemples qu'on fait à l'instant même arrêtent le cours de la sédition, ramènent le calme en intimidant le reste de l'armée, et servent à prévenir les intrigues et les suggestions des coupables qui voudraient échapper à la mort. Les anticipations sur les peines de la loi sont alors autorisées; si l'on ne punissait tout de suite on n'y serait plus à tems, parce que la contagion gagnerait bientôt toutes les parties du corps militaire : il serait pourtant horrible de prévenir le jugement de la loi lorsqu'on peut l'attendre sans danger; il ne faut user de ce moyen violent que dans les circonstances où le moindre retard pourrait mettre en péril la patrie : d'ailleurs il n'y a rien qui affaiblisse plus l'empire des lois, parce qu'en s'en dispensant dans les cas extraordinaires on veut bientôt s'en dispenser dans les cas ordinaires.

Si la sédition militaire a une erreur pour principe, il faut que le gouvernement se hâte de la découvrir aux soldats, et la sédition s'appaise d'elle-même; si un faux soupçon l'a occasionnée, il doit aussitôt désiller les yeux, et la sédition se dissipe avec le soupçon : des troupes mutinées mal à propos, c'est à dire sans raison légitime, reviennent de leur égarement quand on leur fait voir qu'elles s'égarent.

Dans les états monarchiques les séditions, tant civiles que militaires, sont bientôt appaisées, parce que le prince a dans ses mains une puissance coërcitive qui ramène les citoyens ou les soldats séditieux ; mais dans les états républicains elles sont plus terribles et plus durables, parce que le principe de la division est ordinairement dans la puissance qui devrait l'étouffer : c'est précisément ce que nous avons vu dans le gouvernement démocratique de la France.

CHAPITRE IV.

De la Destination de l'Armée dans chaque État.

Dans tous les empires du monde les troupes sont entretenues pour établir la tranquillité au-dedans et la sûreté au-dehors ; telle est leur destination particulière : en quelque pays que ce soit, s'il arrive qu'elles troublent la société, elles trompent alors l'intention du gouvernement, et s'écartent du but de leur institution.

Il faut considérer que la destination des troupes peut être différente, selon la forme du gouvernement. Par exemple, dans la monarchie elles sont plus nécessaires pour le dehors ; dans la république elles sont plus nécessaires pour le dedans ; dans l'état despotique elles sont également nécessaires pour le dedans et pour le dehors ; et dans les états mixtes elles sont plus ou moins nécessaires pour le dedans ou pour le dehors, selon que le gouvernement se rapproche plus ou moins d'une de ces trois formes. L'esprit monar-

chique est un esprit d'ambition qui porte à
la guerre étrangère dans la vue de s'étendre;
c'est pourquoi il faut plutôt tenir les troupes
sur les frontières que dans l'intérieur.(1) L'esprit républicain est un esprit d'indépendance
qui mène aux dissentions civiles, aux troubles
populaires, parce que chaque citoyen, aspirant
aux emplois, y peut parvenir pour exercer
une portion de la souveraineté; c'est pourquoi il faut plutôt tenir les troupes dans le
sein de l'état que sur les frontières. L'esprit despotique est un esprit à la fois de
tyrannie et d'esclavage qui excite des révolutions intérieures par les violences qu'il
exerce sur le peuple, et provoque des invasions extérieures par la faiblesse qu'il laisse
voir à ses voisins; c'est pourquoi il faut tenir
les troupes tant dans le sein de l'état que
sur les frontières. Ainsi, la monarchie a pour
objet l'agrandissement, la république la
conservation, et le despotisme la destruction.

Ce n'est pas pourtant qu'il ne faille
à chaque gouvernement des troupes, soit

_____

(1) Cela vient surtout de ce que les états, étant
presque tous monarchiques, s'inspirent des craintes
mutuelles.

pour l'intérieur, c'est à dire pour l'observation du droit civil, soit pour l'extérieur, c'est
à dire pour l'observation du droit des gens. Je
fais seulement ces distinctions pour faire voir
dans quel état elles sont plus particulièrement destinées au-dehors, et dans quel état
elles sont plus particulièrement destinées au-
dedans, sans exclure l'utilité qu'elles peuvent
avoir dans l'un et l'autre cas, selon les circonstances. Or, pour s'en convaincre il ne
faut que lire l'histoire ancienne et l'histoire
moderne. Rome, qui fut tantôt plus une
république, tantôt plus une monarchie,
tantôt plus un état despotique, et qui fut
tantôt tous les trois ensemble, Rome prouve
dans les divers gouvernemens qu'elle a
eus la vérité de ce principe; elle entretint
et régla différemment ses troupes sous ses
rois, sous ses consuls et sous ses tribuns.
Rome avec ses rois fut terrible au-dehors,
c'est à dire à ses ennemis. Comme il y avait
plus de distance du souverain au peuple, les
guerres étrangères étaient plus fréquentes,
parce qu'un seul chef convient mieux au gouvernement militaire : d'ailleurs les soldats
étaient moins jaloux de l'autorité d'un empereur ou d'un général, qui cherchait à les en-

richir par des libéralités. Rome avec son sénat fut terrible au-dedans, c'est à dire à elle-même. Comme il y avait moins de distance du peuple aux sénateurs, tout le monde s'y croyait plus égal, et la guerre civile était plus fréquente, parce qu'elle s'adapte mieux au gouvernement républicain : d'ailleurs, les citoyens étaient plus jaloux de la puissance de plusieurs magistrats qui cherchaient à les appauvrir par des subsides. Aussi le sénat reconnut-il que pour dissiper les séditions il fallait occuper le peuple à la guerre, en lui donnant un général; (1) mais il ne considéra pas que pour se sauver lui - même

---

(1) « Le sénat de Rome, qui avait l'injuste et punissable orgueil de ne vouloir rien partager avec les Plébéiens, ne connaissait d'autre secret, pour les éloigner du gouvernement, que de les occuper toujours dans les guerres étrangères : ils regardaient le peuple comme une bête féroce qu'il fallait lâcher sur leurs voisins, de peur qu'elle ne dévorât ses maîtres. Ainsi le plus grand défaut du gouvernement des Romains en fit des conquérans : c'est parce qu'ils étaient malheureux chez eux qu'ils devinrent les maîtres du monde jusqu'à ce qu'enfin leurs divisions les rendirent esclaves. » Voltaire, *Mélanges de Littérat., d'Hist. et de Philosop.*, t. 7, ch. 29.

il avait recours à un expédient qui devait causer un jour la perte de la république, parce que les Romains, devenant toujours plus remuans par l'usage de la guerre, tourneraient leurs armes contre la patrie, lorsqu'ils n'auraient plus de nations à combattre.

En tems de paix chaque gouvernement doit avoir l'attention de placer toujours les troupes à une certaine distance des lieux qui leur ont donné naissance : elles ne tiendraient pas assez en respect des gens qui leur seraient attachés par les liens du sang ou de l'amitié, ou du moins par des rapports individuels très-prochains, parce qu'ils seraient du même pays ; d'ailleurs elles pourraient encore s'amollir et se relâcher dans leurs devoirs par les fréquentations amicales et fraternelles ; elles quitteraient avec peine leurs foyers au moment qu'il faudrait partir pour une campagne. L'Empire français a si bien senti cet inconvénient, qu'il l'a prévenu en dépaysant les troupes d'un département dans l'autre ; mais en tems de guerre le gouvernement doit rapprocher autant qu'il est possible les troupes de leurs départemens, pour les rendre plus intrépides, en les faisant

mbattre , pour ainsi dire , sous les yeux de
urs pères, de leurs femmes , de leurs en-
ns. La vue du Capitole, qu'on avait élevé à
ıe hauteur prodigieuse pour l'apercevoir de
us loin, fit remporter plus d'une victoire
ıx Romains pendant qu'ils faisaient la guerre
ıx nations voisines : cette citadelle leur rap-
ılait la ville qui renfermait dans ses murs
urs temples et leurs dieux , leurs maisons et
urs lares, leurs femmes et leurs enfans. Com-
en de fois les généraux , pour exciter la va-
ur des soldats et prévenir une défaite , leur
ıt fait entrevoir l'incendie de leurs toits ,
perte de leurs familles , l'esclavage et la
ort ! Le courage croît ou diminue suivant
ımpression plus ou moins forte que l'on re-
ıt par les sens. *Paul*, à la tête de son armée
ıpourvue de tout , et voyant Rome prise
ır *Totila*, présente à ses soldats le choix de
ısclavage ou de la mort : ils le suivent , et à la
ıe de cette intrépidité l'ennemi leur offre le
lut et la liberté. *Camille*, haranguant avec
ıe voix de tonnerre ses troupes effrayées ,
s ranime en accusant leur tristesse ; et en fei-
ıant d'ignorer la cause de leur perplexité ,
leur fait sentir la supériorité de leurs

forces. (1) Certes, le soldat à l'aspect de son général teint de sang, à la promesse du butin, au cri du clairon, (2) s'anime par degrés, et dans sa fureur il vole au carnage : s'il voit son général consterné, comme le fut *Philippe* à la vue des Thébains qui périrent tous dans la bataille de Chéronée, frappé d'horreur il recule et laisse tomber les armes.

En tenant pendant la paix les troupes des départemens du Midi dans les départemens du Nord, et celles des départemens du Nord

---

(1) « *Quæ tristitia*, ait, *milites, hæc, quæ insolita cunctatio est? Hostem an me, an vos ignoratis? Hostis est quid aliud, quam perpetua materia virtutis, gloriæque vestræ? Vos contrà, me duce, ut Falerios, Veiosque raptos, et in captâ patriâ Gallorum legiones cæsas taceam, modo trigeminæ victoriæ triplicem triumphum ex his ipsis Volscis et Æquis et ex Etruriâ egistis.....* » Tit.-Liv., liv. vi, ch. vii.

(2) Les tambours, les trompettes et tous les instrumens à vent animent les soldats, s'emparent de leurs sens, et dans ce transport ils ne songent plus qu'au combat, et ne voient plus le danger. La musique fut, dit-on, inventée par les Grecs. Elle tient au merveilleux; son harmonie pénètre l'ame, la ravit et la transporte d'une ardeur divine.

ans les départemens du Midi, il y a cet
vantage qu'on les accoutume aux diffé-
ens climats, et qu'on les endurcit; et en les
aisant revenir pendant la guerre sur les
rontières les plus voisines de leurs départe-
nens, il y a encore cet avantage qu'on les fait
ombattre dans leur propre climat; ce qui les
end plus fortes, tant parce qu'elles ont ga-
né en allant rester en garnison dans un cli-
nat opposé, que parce qu'elles gagnent en
enant faire la guerre dans leur propre cli-
nat; mais il faut toujours avoir l'attention
le les placer dans des lieux salubres, sans
quoi on risquerait de perdre beaucoup de
;ens par les maladies.

Nous avons dit que les troupes sont desti-
ıées dans chaque état à procurer la tranquillité au-dedans et la sûreté au-dehors : le
;ouvernement doit les contenir, afin qu'elles
ıe puissent jamais porter atteinte à l'ordre
ıublic. La force militaire est, entre les mains
lu souverain, comme un glaive à deux tran-
:hans, qui blesse son maître quand il est
nanié d'une main faible ou inhabile.

Si les troupes ne sont pas contenues par de
ıonnes lois, elles pourront détruire impuné-
nent le souverain qui les établit et la nation

qui les entretient ; ce qui arrive fréquemment
dans les états despotiques : en Turquie,
par exemple, les janissaires furent absolument les maîtres du tems d'*Ibrahim;* ils
firent des conquêtes qui ne furent pas pour
lui, mais pour eux ; enfin ils le déposèrent,
et après l'avoir enfermé dans le sérail ils fi-
nirent par l'étrangler. *Mustapha,* élu d'a-
bord empereur par les janissaires, fut incar-
céré ; ensuite, ayant été retiré de la prison,
il fut encore reconnu empereur, et au bout
d'un an il fut déposé par les mêmes janissaires qui l'avaient deux fois élu, et après
avoir été conduit aux Sept-Tours au milieu
des outrages de la populace, il fut étranglé
dans sa prison. Mais il n'en fut pas de même
sous *Amurat IV,* son successeur, surnommé
Gari l'intrépide; il se fit respecter des janissaires en les occupant contre les Perses, et en
les conduisant lui-même à la victoire. (1)

Toutes les révolutions du monde se sont
opérées par le moyen des troupes en faveur
de l'ambition soutenue du génie, ou de la
vertu accompagnée du courage, ou de l'audace
secondée de la fortune : témoin César, témoin

---

(1) Voyez l'Essai sur l'Hist. gén. tom. 6, chap. 159.

espasien, témoin Cromwel. L'empire de la
omination n'a pas eu d'autre origine que la
rce, l'adresse ou le mérite.

Par quelque voie que l'on parvienne au
ône il faut avoir des talens et des vertus
our le soutenir. *Gustave Wasa*, ayant été
lu roi de Suède à la place du tyran *Chris-
ern* que le peuple suédois avait en horreur,
égna heureusement, parce qu'il eut de la
odération et du génie. Mais *Eric*, son fils
t son indigne successeur, fut déposé par une
ntence unanime des états assemblés, et con-
amné à une prison perpétuelle à cause de ses
ruautés. Ces deux exemples peuvent servir
e leçons aux princes, en leur apprenant qu'ils
e peuvent se conserver dans la puissance
uveraine que par un bon gouvernement.

L'empire de la domination est plus difficile
conserver qu'à conquérir : la conquête du
uvoir est l'effet de la force favorisée de la
rtune, tandis que sa conservation est l'œu-
e de la prudence aidée par le génie. Il ne
ut très-souvent, dans des circonstances pro-
ices, qu'un coup d'éclat, qu'un effort de
urage pour s'emparer du gouvernement; (1)

_____

(1) Souvent un concours heureux de circonstances le
onne, quelquefois c'est le pur hasard; mais dans tous

mais pour le conserver il faut une pré-
voyance soutenue, une politique profonde,
un génie supérieur. Combien de princes sont
montés sur le trône par la voie des armes, et
en sont descendus pour n'avoir pas su s'y
maintenir! La même troupe qui les a élevés
les a abattus, parce qu'ils n'ont pas eu le talent de la refréner : mais comment la refréner? Par une discipline sévère, par une subordination exacte. Il y a encore un moyen
très-efficace pour affermir la puissance du
gouvernement; c'est de disperser l'armée en
tems de paix; c'est de faire en sorte qu'elle
soit composée de plusieurs corps qui dépendent chacun de leur département particulier.
On voit dans tous les empires les troupes divisées en plusieurs petits corps assurer le
trône, et les troupes réunies en un grand
corps disposer du trône et le renverser.

Dans tous les gouvernemens du monde, et
surtout dans les états despotiques, il ne suffit
pas que l'armée soit répandue dans les provinces ou dans les départemens pour assurer

---

les cas, il faut que la prudence et la modération conservent la puissance dans les mains de celui qui la
possède.

le trône ; il faut qu'il y ait sans cesse
autour du prince un corps de troupes toujours prêt à le défendre : cette milice doit
servir à refréner les autres, et à contenir
toutes les autorités subalternes. « Il y a, dit
« *Montesquieu,* (1) autour de l'empereur de
« la Chine, un gros corps de Tartares tou-
« jours prêt pour le besoin ; dans le Mogol,
« en Turquie, au Japon, il y a un corps à la
« solde du prince. Indépendamment de ce
« qui est entretenu du revenu des terres,
« ces forces particulières tiennent en respect
« les générales. »

« Pour empêcher que le gouvernement ne
« devienne militaire, dit l'auteur que nous
« venons de citer, (2) et pour contenir les
« deux peuples dans le devoir, la famille tar-
« tare, qui règne présentement à la Chine, a
« établi que chaque corps de troupes dans les
« provinces serait composé de moitié Chinois
« et moitié Tartares, afin que la jalousie
« entre les deux nations les contienne dans le
« devoir.... » Cette pratique n'est bonne que
pour les états belliqueux ; elle serait inutile

----

(1) Esprit des Lois, liv. 10, chap. 16.
(2) *Ibid.,* liv. 10, chap. 15.

pour un peuple paisible qui serait content de son territoire.

Quelquefois on tempère la puissance civile et militaire en la divisant. *Dioclétien*, pour adoucir la violence des troupes qui disposaient si souvent de la vie des empereurs, distribua à Rome le gouvernement militaire dans plusieurs mains : par ce moyen les armées, qui auparavant ne formaient qu'un corps redoutable, furent divisées; et, en se contenant les unes les autres, perdirent insensiblement la coutume d'élire les empereurs. *Constantin*, pour tempérer la puissance prétorienne, si fatale encore à la vie des empereurs par les troupes qu'elle avait à sa disposition, créa quatre préteurs à la place de deux, et les dépouilla de la force militaire, pour ne leur laisser que les fonctions civiles.

Un homme de génie qui est revêtu de la souveraineté doit s'affermir sur le trône en enchaînant les troupes sous l'empire des lois, de manière qu'elles puissent remplir leur destination sans nuire au prince ni au peuple. Il y a des états où l'on a créé des corps de troupes particuliers pour affermir la puissance souveraine, et il y en a d'autres où on les a supprimés pour la conserver : cela a eu lieu

lon que le gouvernement a su plus ou moins
éprimer ces troupes. A Rome la garde pré-
rienne, qui était destinée à défendre les em-
ereurs, servait quelquefois à les détruire. Ja-
is en France il y avait autour du trône les
ardes-du-Corps et les Gardes-Françaises pour
onsolider la puissance royale; et aujourd'hui
y a la garde impériale pour faire respecter
e pouvoir souverain. Dans la Russie le czar
ierre a détruit la milice des Strélitz pour
onder sa puissance. Dans la Perse *Schaa-*
as s'affermit sur le trône en détruisant une
uilice telle à peu près que celle des janissaires
ircs : or, pour faire ces coups d'autorité il
iut agir avec autant de prudence que de fer-
ieté; sans quoi on ne réussirait pas.

L'histoire des empires est un tableau mou-
ant où les nations paraissent tantôt libres et
intôt esclaves, tantôt sous un gouvernement
iodéré et tantôt sous un gouvernement vio-
ent : ici la démocratie fait place au despo-
isme; là c'est la monarchie qui remplace l'a-
istocratie. D'abord l'abus du pouvoir mo-
iarchique fit naître l'état républicain; ensuite
'abus de la liberté ramena l'état monarchi-
[ue: hier le sceptre était dans une famille;
iujourd'hui il passe dans une autre. Telle est

l'instabilité des choses humaines, qu'un état
ne peut subsister long-tems sous la même
forme de gouvernement, ni la royauté demeurer toujours dans la même famille.

Politiquement parlant, on a divisé le monde
par des empires, et le tems par des empereurs. : le tems a ses époques marquées dans
la chronologie ; le monde a ses révolutions
écrites dans l'histoire; et dans l'espace des
tems et des lieux il s'opère de très-grandes
métamorphoses. Les empires changent de
forme, de dimension et de maîtres, sans jamais s'anéantir. Les empereurs disparaissent
bientôt pour faire place à de nouveaux empereurs, qui doivent encore disparaître.

Il y a des époques marquées pour le renouvellement des dynasties : il faut que les maisons des rois éprouvent les mêmes vicissitudes
que celles des particuliers; après une filiation
assez longue il faut que la famille régnante
s'éteigne d'elle-même, ou qu'elle disparaisse
par quelque cause étrangère, pour faire place
à une nouvelle race. L'histoire est remplie de
ces révolutions.

Le premier qui s'est emparé du sceptre a
tâché d'avoir un successeur de sa race, et le
droit héréditaire est devenu bientôt fonda-

mental. *Pépin*, petit-fils d'*Arnould*, précepteur de *Dagobert* et père de *Charlemagne*, dépouilla la race de *Clovis*, premier roi de France. *Hugues-Capet*, comte de Paris, détrôna la postérité de *Pépin* en enlevant la couronne au duc *Charles*, oncle de *Louis V*, dernier roi du sang carlovingien. *Guillaume*, bâtard de *Robert*, duc de Normandie, n'ayant pour lui ni le droit d'élection, ni celui d'héritage, ni même aucun parti en Angleterre, dépouilla *Edouard le Confesseur* de la couronne qui lui avait été déférée par les états du royaume à l'extinction de la race de *Canut*. *Ferdinand*, fils de *Sanche*, roi de Navarre et d'Arragon, réunit sous sa puissance la vieille Castille, au préjudice des descendans de dom *Garcia*, son légitime roi. *Guillaume fier-à-bras*, de nation franque, se fit lui-même souverain de la Pouille à la tête des troupes qu'il avait sous son commandement. (1)

Il est arrivé quelquefois que, par le moyen de l'abdication, le sceptre est sorti des mains d'une famille pour passer, par la voie de l'élection, dans les mains d'une autre famille.

---

(1) Voyez pour ? faits l'Essai sur l'Hist. gén.

En 1654 la reine *Christine* se démit de la couronne de Suède pour se retirer en Italie, par amour pour les arts qui y florissaient; et *Charles X,* duc des Deux-Ponts, fut choisi par les états pour son successeur. Il y a dans cet acte l'exercice du droit du prince, qui est la *liberté,* et l'exercice du droit du peuple, qui est la *souveraineté.*

Le sceptre peut encore passer dans des mains étrangères par la voie de l'adoption. *Nerva,* chez les Romains, adopta *Trajan* pour son successeur à l'empire; *Gontran,* chez les Francs, adopta *Childebert* pour régner à sa place.

Il faut distinguer deux sortes d'actes par lesquels on peut parvenir à la royauté sans être issu du sang royal : l'un est légitime, en tant qu'il se trouve fondé sur le droit de l'élection ; l'autre est illégitime, en tant qu'il n'est appuyé que sur le droit de la force. *Etienne,* voulant être roi de Hongrie, se servit de la force pour monter sur le trône ; *Harald,* aspirant au royaume d'Angleterre, eut recours aux suffrages de la nation pour parvenir à la couronne. Ainsi, il y a à l'égard de la puissance souveraine des actes de licite possession, ce qui fonde la propriété, et des actes d'illicite possession , ce qui constitue l'usurpation. C'est une usurpation, par exemple, quand un sujet rebelle chasse son roi pour se mettre à sa place : tel fut *Cromwel,* qui détrôna *Charles Ier* pour régner en Angleterre sous le nom de *Protecteur :* mais ce n'est pas une usurpation lorsqu'après avoir exercé sa puissance par ses délégués, le peuple a voté librement le choix de son souverain : telle a été l'élection de l'empereur *Napoléon.* C'est alors que comme officier de la nation le prince exerce en son nom l'autorité souveraine.

Dans les états électifs ce n'est pas un titre pour régner que d'être parent des rois. Tandis qu'en 1290 le trône de Hongrie était vacant, l'empereur *Rodolphe* de Hasbourg en investissait déjà son fils *Albert* d'Autriche; le pape *Nicolas IV* le conférait à *Charles Martel,* petit-fils de *Charles d'Anjou,* frère de *saint Louis,* roi de Naples et de Sicile : mais la Hongrie ne reconnut pour souverain ni celui que lui destinait l'empereur, ni celui que lui donnait le pape ; elle choisit *André,* surnommé le *Vénitien.* En 1600 *Sigismond,* petit-fils de *Gustave Wasa,* eût été roi de Suède si les droits du sang avaient été consultés ; mais les états de Suède disposaient du trône ; et l'archiduc *Maximilien*, frère de l'empereur *Rodolphe II*, fut élu roi de Suède. En 1618 l'empereur *Mathias* ayant fait élire son cousin *Ferdinand de Gratz* roi désigné de Hongrie et de Bohême, et archiduc d'Autriche, ces trois états se plaignirent également qu'on n'eût pas eu assez d'égards à leurs droits. En 1386 les seigneurs de Hongrie, mécontens d'*Elisabeth de Bosnie*, nommèrent à sa place *Charles de Durazzo*, qui fut couronné solennellement à Bude, et reconnu roi par *Elisabeth* elle-même. (1)

Il n'y a pas de pays où l'on conservât mieux qu'en Pologne le droit d'élection dans sa pureté originelle, bien que la nation y fût asservie ; mais c'étaient les nobles qui veillaient au nom du peuple sur ces élections pour conserver leurs prérogatives.

La force, la naissance, les suffrages et les testamens donnent les droits à l'égard des couronnes. La force les donna à *Louis XI*, qui s'empara de l'état de Bourgogne au préjudice du comté de Nevers, prince de cette

---

(1) Voyez l'Essai sur l'Hist. gén.

maison, qui n'osa pas seulement réclamer ses droits. La naissance les donna à *Philippe de Valois,* premier prince du sang royal, qui, en vertu de la loi salique, prit la couronne de France à l'exclusion de la fille de *Charles-le-Bel.* Le vœu électif du peuple suédois les donna à *Charles Canutson,* qui fut promu à la royauté, quoique la couronne ne lui obvînt point par droit de parenté. Le duc d'Anjou, petit-fils de *Louis XIV,* hérita du royaume d'Espagne par le testament de *Charles II,* au préjudice de l'empereur *Léopold,* à qui la couronne appartenait par le droit du sang. *Henri IV* devint roi de France par la force des armes, par le droit de la naissance et par le vœu de la nation.

Il y a eu des occasions où la force militaire a prévalu sur le droit électif. Après la mort de *Frédéric-Auguste, Stanislas,* beau-père de *Louis XV,* désigné en 1704 pour monter sur le trône de Pologne, fut élu roi en 1733 de la manière la plus légitime et la plus solennelle ; mais l'empereur *Charles VI* fit procéder à une autre élection, appuyée par ses armes, en faveur de l'électeur de Saxe, qui avait épousé sa nièce. *Stanislas,* étant allé à Dantzick pour se faire couronner, ne se sauva qu'à la faveur du déguisement dans son propre pays, et au milieu du peuple qui l'avait élu suivant les lois. C'est ainsi qu'en 1697 *Louis-François Armand*, prince de Conti, appelé au même royaume par le vœu de la nation, mais sans argent, sans troupes et sans pouvoir, fut déchu de la couronne par *Auguste*, électeur de Saxe, quoique élu par un parti beaucoup moins nombreux. (1) Il faut remarquer que le droit du plus fort se cache ici sous des apparences légitimes, puisqu'il semble respecter encore la souveraineté du peuple en violant ses droits les plus sacrés; car une faible partie de la nation dispose de la couronne, contre le vœu de la grande majorité, en faveur d'un usurpateur qui fonde sa puissance sur un simulacre d'élection, c'est à dire contre la loi.

Il y a aussi des tems où les droits héréditaires et les droits électifs, c'est à dire ceux des princes comme ceux des peuples, ont été également transgressés. Sous *Charles-le-Gros,* empereur et roi de France, l'ordre de la succession fut compté pour rien, puisqu'*Arnould,*

---

(1) Voyez l'Essai sur l'Hist. gén., tom. 8, ch. 159.

bâtard de *Carloman*, fils de *Louis-le-Bègue*, fut déclaré empereur, et qu'*Eudes*, comte de Paris, fut roi de France. Il n'y avait alors ni droit de naissance, ni droit d'élection reconnus ; l'Europe était un cahos, dans lequel le plus fort s'élevait sur les ruines du plus faible.

L'orgueil du diadème a fait commettre toutes sortes de crimes dans les maisons royales : on y a vu des intrigues, des conspirations aussi habilement conduites que sourdement ourdies ; des pères, des mères, des enfans, des époux, des frères, des sœurs, des beaux-frères, des oncles, des neveux ont été tour à tour immolés à l'ambition souveraine. En 533 *Childebert* et *Clotaire* firent massacrer dans Paris les deux enfans de *Clodomir*, leurs neveux, pour devenir rois de France. Au neuvième siècle *Irène* fit périr son fils pour régner dans Constantinople ; au dixième siècle *Sanche Garcia*, comte de Castille, empoisonna sa mère pour jouir de ses états ; en 1331 *Edouard III*, mineur encore, mais impatient de régner, fit enfermer sa mère *Isabelle* pour monter sur le trône d'Angleterre ; en 1346 la reine *Jeanne* de Naples fit étrangler son mari *André*, roi de Hongrie,

pour épouser le comte de Tarente; en 1567
Marie Stuard, reine d'Ecosse, fit assassiner
son mari *Henri Stuard*, comte d'Arlai, pour
épouser le comte *Bothuel*, son amant; en
1594 *Boris Gadenou*, premier ministre de
Russie, fit empoisonner le czar *Fédor*, son
beau-frère, pour régner à sa place; en 1596
Mahomet III commença son règne par faire
étrangler dix-neuf de ses frères, et noyer
douze femmes de son père, de peur qu'ils
n'aspirassent à la couronne ; en 1627 *Scha*
Jean, l'un des fils du grand mogol *Jean*
Guis, s'étant révolté contre son père, s'empara de l'empire. (1) Je n'aurais jamais
fini si je voulais raconter toutes les atrocités,
tous les attentats qui ont ensanglanté les trônes européens et asiatiques, toutes les révolutions des palais, les crimes de tant d'empereurs et de rois égorgés les uns par les autres.

Quiconque est parvenu à la royauté par la
voie des armes doit s'y conserver par la sagesse du gouvernement, et s'y affermir par le
vœu de la nation. Les plus habiles conqué-

_____

(1) Tous ces faits sont distributivement consignés
dans l'Essai sur l'Hist. gén.

rans, reconnaissant la souveraineté du peuple,
se sont fait confirmer sur le trône par ses
suffrages.(1) Ils ont pensé que cette puissance,
uniquement fondée sur le droit de la force, ne
dure qu'autant qu'on est à la tête d'une armée,
et que ce despotisme, qui détruit tout, se
détruit enfin lui-même ; car tout gouvernement violent est de courte durée, parce que
ses ressorts organiques sont trop tendus pour
ne pas rompre. Ainsi dans la Perse et dans
le Mogol les dynasties commencent par la
force, et finissent par la faiblesse. L'empire
de *Gengiskan* se conserva bien quelque tems
par les armes ; mais il ne tarda pas à s'engloutir dans les rebellions populaires.

Le choix d'un peuple qui délègue l'autorité souveraine doit être fondé sur le mérite
personnel ; car on n'est vraiment digne de
gouverner les hommes qu'autant qu'on peut
les rendre heureux. *Louis*, fils de *Carobert*,
roi de Hongrie, était chéri de ses peuples et
admiré des étrangers par ses vertus : les Po-

---

(1) *Servilius* le sentit si bien, que, trouvant le vœu
du sénat insuffisant, il se fit proclamer roi par le peuple
romain.

lonais le choisirent en 1730 pour leur souverain, et il les gouverna si bien pendant son
règne, qu'ils lui donnèrent le nom de *Grand*.
Vers le neuvième siècle, tandis que l'Angleterre était ravagée par les Danois, *Alfred*,
résolu de venger sa patrie, marcha contre ces
dévastateurs avec une petite troupe bien dé-
terminée ; et, les ayant complètement battus,
il fut également reconnu pour roi par les
Anglais et par les Danois, saisis d'admiration
pour un si grand homme : aussi justifia-t-il
pleinement leur choix par ses belles institutions. *Jean Sobieski*, par la victoire de
Chotezein qu'il gagna sur les Turcs, ayant
délivré la Pologne du tribut que lui avait
imposé la Porte-Ottomane, obtint la couronne de la main des Polonais, et s'en fit
aimer par la sagesse de son gouvernement.
Bonaparte, ayant sauvé la France contre les
puissances étrangères, a été élu empereur
par la nation en reconnaissance de ses bienfaits.

Dans tous les tems, lorsque les peuples se
sont soumis volontairement à un homme, ils
l'ont jugé capable de les gouverner ; ce sont
les qualités personnelles qui les ont détermi-
nés à la soumission envers l'un plutôt qu'en-

vers l'autre, parce qu'étant libres dans leurs choix ils n'ont pas voulu se donner un souverain qui n'eût pas les lumières nécessaires au gouvernement.

CHAPITRE V.

Troupes qu'un Etat doit entretenir.

Dans chaque état il faut qu'il y ait un nombre de troupes convenable, c'est à dire proportionné à sa population, à son étendue, à sa situation, au sol et au climat.

Les gouvernemens sont placés entre deux écueils qu'il leur importe d'éviter : s'ils ont trop de troupes, ils sont obligés de faire la guerre pour subsister; il ne faut que jeter les yeux sur les Tartares pour s'en convaincre; s'ils n'en ont pas assez, ils sont exposés à faire la guerre pour se défendre, et à être envahis; l'exemple des Polonais le prouve clairement.(1) Il faut se tenir dans la voie moyenne, c'est à dire entre les deux extrémités.

Ce serait un très-grand inconvénient de ne pas donner à chaque état le nombre de troupes

(1) Il est certain que le petit nombre de troupes qu'il y avait en Pologne lors de son invasion, contribua beaucoup à faire passer ce peuple sous le joug de trois puissances étrangères.

qui lui convient. Un état qui n'aurait pas
assez de troupes vivrait sous l'empire anarchi-
que des passions humaines, et deviendrait
monstrueux pour le peuple; cet état serait dans le cas d'une destruction intérieure
et extérieure: esclave au-dedans, il invoque-
rait la guerre civile pour le devenir au-dehors
par la guerre étrangère; et tandis que la violation du droit civil et du droit des gens le
frapperait de toutes parts, (1) il se dissou-
drait, tomberait en lambeaux, et les passions brutales rouleraient ses débris dans les
horreurs de la servitude : sur le trône de la
licence s'assied toujours le despotisme. C'est
ce qui est arrivé Syracuse, à Rome, et c'est ce
qui arrivera dans tous les empires où les passions ne pourront être contenues. Un état
qui n'aurait pas assez de troupes serait encore d'autant plus faible qu'il se dissimu-
lerait sa faiblesse, en se reposant sur une

_____

(1) Les lois civiles et politiques ne peuvent être bien
observées dans les états que sous la protection d'une
force publique convenable. Ce grand nombre de soldats
oisifs pendant la paix, que l'orgueil fait entretenir,
n'est propre qu'à troubler l'ordre de la société, ruiner
l'agriculture et épuiser le trésor public.

I. 19

armée insuffisante; cet état commettrait deux
fautes, l'une en privant les arts d'hommes
qui leur seraient utiles, et l'autre en donnant à la milice des hommes qui lui seraient inutiles; maux qui résulteraient d'un
côté pour n'avoir pas suffisamment ôté, et de
l'autre pour n'avoir pas suffisamment donné;
car l'avantage que l'état retirerait de la création d'un nombre de troupes convenable, se
perd également sous le rapport civil et sous
le rapport militaire lorsqu'on en entretient un
nombre insuffisant. Il ne faut jamais épargner
ce qui est absolument nécessaire; l'économie,
qui tient le milieu entre l'avarice et la prodigalité, consiste à laisser à chaque chose ses propriétés. Un état qui aurait trop de troupes
serait bientôt un état malheureux, qui, au lieu
d'assurer son repos, le sacrifierait en se privant des arts utiles et nourriciers; cet état
formerait un peuple de brigands, ou tout au
moins d'aventuriers sans frein, sans règle,
sans discipline, sans mœurs, qui, faute de cultiver le sol de leur pays, passeraient, comme
les anciens habitans des forêts germaniques,
chez leurs voisins agricoles pour enlever leurs
vivres. Mais un état qui a un nombre de troupes convenable, est un état riche, vigoureux,

ranquille et capable de se faire respecter au-
ledans et au-dehors.

Il faut donc se placer au centre des deux
extrémités pour établir dans chaque empire
une force militaire qui puisse en même tems
suffire et subsister : or, pour cela il faut qu'il y
ait aussi dans le sein de l'état des magistrats,
les artistes, des artisans, des manufacturiers,
des commerçans, et surtout des agriculteurs.

Pour bien régler la société civile il faudrait déterminer précisément le nombre
d'hommes nécessaire à chaque art et métier ; mais cette détermination, pour être
faite habilement, devrait être relative à la
durée de chaque ouvrage, à la brièveté de
sa façon, et à sa plus ou moins grande utilité ;
elle devrait être encore relative à l'étendue du
pays, à sa situation physique, à son commerce, à la nature de son sol, au caractère
de ses habitans, à leur génie, à leurs inclinations, et principalement à leurs besoins ; sans
quoi le balancement de la machine politique
serait irrégulier par la disproportion des ressorts. C'est une règle tirée de la nature que
si l'on accorde trop à une chose on n'accorde
pas assez à l'autre quand elles peuvent avoir
chacune leur contingent : or, lorsque dans un

intérêt commun on ôte le nécessaire à celle-
ci pour donner le superflu à celle-là, on les
rend tour à tour destructrices l'une de l'autre.
D'après ces principes, pour bien déterminer
le nombre d'hommes qu'il faut donner à l'armée et à chaque art et métier, il faut comprendre dans le dénombrement tous les citoyens actifs, c'est à dire tous ceux qui sont
en état de travailler, excepté les enfans, les
vieillards, les imbécilles, les estropiés et les
femmes; (1) ce qui forme à peu près les trois
quarts de la population qu'on ne doit pas
compter.

Sans le donner pour juste, ni même pour
approximatif, je vais essayer ce calcul sur une
étroite surface, et on pourra l'appliquer à une
plus large en le faisant d'une manière pro-
portionnelle. Supposons d'abord une petite
contrée de 100,000 arpens de terrain (d'une
moyenne qualité) qui doive nourrir 100,000
ames; supposons ensuite que cette étendue

_____

(1) Dans la société il y a des femmes qui sont manu-
facturières; mais elles ne doivent pas faire exception à
la règle, parce que le nombre de ces ouvrières n'est pas
bien considérable : au reste, il n'est pas nuisible au
bien public d'accorder un peu plus de bras aux fabri-
ques et aux manufactures.

produise 200,000 charges de blé ; à deux charges par tête tous les habitans seront nourris :
supposons encore qu'il faille 3,000 hommes
pour les cultiver, ce qui revient à trois têtes
par centaine d'arpens, et 1,500 soldats pour
assurer le pays au-dedans et au-dehors,
reste, déduction faite, 95,500 personnes : mais
ôtez, comme nous avons dit, les trois quarts de
la population, c'est à dire 75,000 personnes
dont le travail est comme nul, il n'en reste
plus que 20,500 qui doivent être distribuées
dans les autres arts et métiers. Progressivement
on peut faire le même calcul par rapport à la
population et à l'étendue de la France, qui a
environ 530 lieues de surface, c'est à dire
mesurée en carré ; par rapport à la population et à l'étendue de l'Espagne, qui a environ 440 lieues de surface carrée ; et par
rapport à la population et à l'étendue de l'Angleterre, qui en a environ 210, en en donnant
néanmoins, s'il est nécessaire, beaucoup plus
à l'agriculture, attendu que c'est le métier le
plus utile et le plus rude ; en en donnant aussi
plus ou moins à chaque art, selon la plus ou
moins grande utilité qu'il a, et aux troupes
tant de terre que de mer.

La diversité des penchans et des fortunes

distribue naturellement des hommes dans
chaque art et métier ; sans quoi la nécessité le
ferait elle-même. Le nombre des ouvriers des
différentes professions est relatif : par exemple, si dans un métier il y a trop d'ouvriers,
la main d'œuvre y diminue, et augmente à
proportion dans un autre où il n'y en a pas
assez ; si au contraire il n'y a pas assez d'ouvriers dans ce métier, le gain y augmente, et
diminue dans un autre où il y en a trop ; ce
qui en proportionne le nombre : d'ailleurs,
le gain qu'on fait dans chaque profession est
toujours en raison de l'aptitude qu'on y ap-
porte, de la peine qu'on a pour la remplir, du
tems qu'il faut pour l'apprendre, de ce qu'il
en coûte pour la savoir, de la quantité des
moyens qu'on a pour l'exercer, et non en
raison de sa moindre extension, qui est nécessaire, parce qu'elle tient essentiellement à
son espèce, ainsi qu'à sa qualité ; et s'il est
vrai qu'il y ait des métiers plus lucratifs, ce
sont ordinairement ceux qu'il faut bannir de
l'état, ceux des petites ames, ceux qui sortent des règles communes, ceux qui doivent
être rares, sous peine de désœuvrement, ceux
qui commencent là où les autres finissent, et
qu'on peut appeler *sur-métiers*, ceux du luxe,

de l'opulence, de la vanité, de la galanterie, de la frivolité, de la délicatesse, de l'inconstance, du superflu, du raffinement, de la corruption, de la gourmandise, de l'apprêt et de la recherche, tous faits pour déroger à l'usage établi, pour introduire des modes, pour épuiser et piquer le goût émoussé, pour provoquer l'agrément d'un appétit qu'on n'a plus, et assouvir la satiété même.

CHAPITRE VI.

*Danger du trop grand nombre de Troupes,
et règle que l'on doit suivre pour les
diriger vers le but de l'institution sociale.*

Sɪ dans un empire il y a trop de troupes, il
est dangereux que le gouvernement n'y devienne militaire; (1) s'il n'y en a pas assez,
l'état tombera infailliblement dans l'anarchie:
que les citoyens soient trop supérieurs aux
soldats, ils exciteront des troubles quand
les troubles leur seront avantageux; que les
soldats soient trop supérieurs aux citoyens,
ils tourneront leurs armes contre la société
quand leur intérêt les y portera. Deux corps faits
pour se balancer et pour se contenir ne se balancent plus ni ne se contiennent plus quand

---

(1) Excepté dans les tems de guerre, parce qu'alors
les soldats sont aux frontières, et on peut en augmenter le nombre selon le besoin qu'on en a, sans avoir
rien à craindre.

il y a parmi eux une trop grande disparité de
force : or, si l'on ne détermine pas bien dans
chaque état le nombre qu'il faut de citoyens et
de soldats pour les mettre en équilibre, on y
sera exposé à des violences et à des agitations
continuelles, parce que les uns voudront sans
cesse réprimer les autres.

Le rapport proportionnel du corps militaire
avec le corps social ne doit pas s'établir
d'un soldat à huit citoyens, comme il se
pratiquait à Rome, (1) mais d'un soldat à environ seize citoyens, en comptant sur un quart
de la population, parce qu'il faut exclure tous
ceux qui sont hors d'état de travailler : la proportion peut s'y faire encore, ce qui revient
au même, d'un à cent, en comptant par
ame, sans en excepter aucune, comme il
se pratique aujourd'hui dans l'Europe. A
Rome, comme on avait également à trembler devant le citoyen et devant le soldat,
parce qu'on était à la fois l'un et l'autre, on tempéra tantôt le gouvernement militaire, tantôt le gouvernement civil, selon

(1) Néanmoins cette règle ne fut pas toujours suivie;
car sous le règne d'*Auguste* le nombre des ames était
à celui des soldats comme soixante-quinze est à un; ce
qui fait à peu près la différence du tiers.

les circonstances ; savoir, le premier quand
le temple de *Janus* était ouvert, et le second
quand il était fermé. *Auguste* craignait les
révoltes des soldats en tems de guerre, et
il redoutait les conjurations des citoyens
en tems de paix. Que fit cet empereur pour
s'en préserver ? Il enchaîna l'armée par
le peuple, et le peuple par l'armée en
établissant, dit Montesquieu, (1) *un gouvernement aristocratique par rapport au
civil, et monarchique par rapport au militaire*. Le premier tranquillisait et réglait
l'intérieur, et le second troublait l'extérieur
en défendant l'intérieur ; mais *Maximin*, le
barbare *Maximin* irrita si fort l'état militaire par son inconduite, qu'il en fit une ti-
mocratie qui lui coûta la vie.

A présent il ne peut plus s'établir dans
l'Europe de gouvernement militaire ; la mutuelle surveillance des nations s'y oppose. Pour
se contenir réciproquement elles tiennent
entr'elles, autant qu'elles peuvent, une balance égale de force et de puissance ; elles en-
tretiennent les unes chez les autres des ambassadeurs, et même des espions, pour observer leurs démarches, pénétrer leurs des-

---

(1) Grand. et décad. des Romains, chap. 8.

seins, et garantir les plus faibles des invasions des plus forts.

Au reste, un état qui, pour sa sûreté, armerait aujourd'hui tous ses citoyens, obligerait les autres à armer aussi les leurs. Cet état tiendrait la conduite d'un homme qui aurait l'imbécillité de se donner la mort pour n'avoir plus aucune crainte : alors chaque citoyen abandonnerait la charrue pour n'avoir pas le déplaisir de labourer pour des guerriers ; et tandis qu'on ne songerait plus qu'aux armes, surviendrait la famine, qui traînerait après elle l'antropophagie et la mort. Si autrefois les Romains furent tous soldats, c'est qu'ils ne virent dans les autres pays que des peuples agricoles et peu aguerris : mais ils n'étaient pas seulement soldats ; ils étaient aussi cultivateurs ; soit qu'ils fussent sous la royauté, ou dans l'aristocratie, ou dans l'état populaire, toujours après avoir triomphé des ennemis ils revenaient à la charrue couverts des lauriers de la victoire et de l'herbe qui leur avait été présentée par les vaincus. (1)

_____

(1) *Gaudente terra vomere laureato, et triumphali aratro.* C'était la coutume chez les anciens que les vaincus présentaient de l'herbe aux vainqueurs pour marquer leur soumission. *Porrigere herbam.* Pline.

Mais aujourd'hui le commerce et les arts qui fleurissent partout, l'équilibre des puissances, les mêmes armes, la même discipline, la même façon de faire la guerre, et le pouvoir qu'elles ont chacune également de se transformer en soldats pour mourir de faim, tout cela les oblige à renoncer au gouvernement militaire.

Le gouvernement militaire pourrait s'établir chez un peuple brave, robuste, ambitieux, pauvre, sans commerce et sans arts; il s'est maintenu autrefois à Rome, comme il se maintient aujourd'hui en Tartarie, avec la différence que les Romains faisaient la guerre plus pour conquérir que pour piller, et que les Tartares la font plus pour piller que pour conquérir : l'ambition et l'amour de la gloire armaient les premiers; le besoin et l'amour des richesses armaient les seconds, deux choses également terribles aux peuples paisibles qui sont exposés à la fureur des peuples guerriers. Il faut que tout soit dans l'équilibre; lorsque le produit ne peut pas payer la dépense, lorsque dans les travaux pénibles on manque d'encouragemens, qu'on a trop à vaincre l'inclémence des saisons, l'ingratitude du terrain, et qu'on n'est environné que d'objets affreux, on est porté alors à la guerre, si ce métier destructeur peut procurer les subsistances dont on a un extrême besoin. Ainsi le Germain aima mieux faire des courses chez les peuples méridionaux que de combattre les élémens dans son pays, et de vaincre l'ingratitude de son sol: ainsi le Tartare préfère la vie errante et vagabonde de berger, et de voleur à la vie plus pénible de cultivateur.

Si les Romains et les Spartiates furent guerriers, c'est que l'ambition de ces peuples, leur pauvreté, leur gloire, leur courage, leur éducation militaire, leur gouvernement les portaient à la guerre. Si les Tyriens et les Marseillais furent des peuples pacifiques, c'est que leur position avantageuse, leur commerce, leurs arts, leur douceur, leur modération, leur équité les engageaient à la paix. Carthage fut vaincue par Rome, parce qu'elle était commerçante plutôt que guerrière: Rome fut victorieuse de Carthage, parce qu'elle était dans le sens contraire.

Le gouvernement militaire ne pourrait guère s'établir chez un peuple riche qui serait avoisiné d'autres peuples riches, tels que le sont ceux d'Europe : ce peuple trouverait

alors mieux son avantage dans le commerce
conservateur que dans la guerre destructrice;
et quand même il aurait autour de lui des nations pauvres, ne devrait-il pas s'attendre à la
réponse que firent à *Thémistocle* les An-
drosiens, (insulaires de l'Archipel) qu'ils se
soumettraient s'ils n'étaient encouragés par
l'indigence et le désespoir? S'il les subjugue
il devra les secourir. (Ce fut par cette raison
que les Romains laissèrent les peuples du Nord
dans leur pauvreté, dans leurs bois et dans
leurs glaces, pour conquérir les riches contrées du Midi et de l'Orient.) Il serait donc
absurde de vouloir armer tout un peuple; ce
plan serait gigantesque et impraticable. Ecou-
tons *Montesquieu* sur l'augmentation des
troupes:

   « Une maladie nouvelle, dit-il, s'est ré-
« pandue en Europe; elle a saisi nos princes,
« et leur fait entretenir un nombre désor-
« donné de soldats : elle a ses redoublemens,
« et devient nécessairement contagieuse; car
« sitôt qu'un état augmente ce qu'il appelle
« ses troupes, les autres soudain augmentent
« les leurs, de façon qu'on ne gagne rien par-
« là que la ruine commune. Chaque mo-
« narque tient sur pied toutes les armées qu'il

« pourrait avoir, si ses peuples étaient en
« danger d'être exterminés, et on nomme
« paix cet état d'effort de tous contre tous :
« aussi l'Europe est-elle si ruinée, que les
« particuliers qui seraient dans la situation
« où sont les trois puissances de cette partie
« du monde les plus opulentes, n'auraient
« pas de quoi vivre. Nous sommes pauvres
« avec les richesses et le commerce de tout
« l'univers; et bientôt, à force d'avoir des sol-
« dats, nous n'aurons plus que des soldats,
« et nous serons comme des Tartares. » (1)

Cet illustre auteur a raison ; et pour le
prouver voici mon raisonnement : en mathématique la proportion de cinq à cinq est
aussi juste que celle de dix à dix. Que deux
états également riches, également peuplés,
également étendus, à peu près sous le même
climat et avec le même gouvernement, tiennent chacun sur pied dix mille hommes de
troupes ou vingt mille, ils seront toujours
dans un égal degré de force, l'un par rapport à l'autre : la multiplication la plus grande
ne change rien, si la progression se fait également de tous côtés. La proportion se con-

---

(1) Esprit des Lois, liv. 13, ch. 17.

serve dans un plus grand nombre comme
dans un plus petit ; et il vaut mieux proportionner les troupes sur peu que sur beaucoup.
Chaque état peut augmenter ses milices au
point qu'il n'ait plus que des soldats; aussi vaut-
il mieux qu'il n'en entretienne que le plus
petit nombre qu'il pourra, à raison de son
étendue et de sa population. Par exemple, si
deux empires sont du plus au moins du quart
en population et en étendue, c'est à dire si
l'un ne fait que les trois quarts de l'autre, il
faut les proportionner par trois et quatre,
ou par six et huit, en préférant toujours la
moindre quantité ; s'ils sont du plus au moins
du tiers, il faut les proportionner par deux et
trois, ou par quatre et six ; s'ils sont du plus
au moins de la moitié, c'est à dire si l'un vaut
deux fois l'autre, il faut les proportionner
par un et deux, ou par deux et quatre ;
si l'un ne fait que le tiers de l'autre, ou
bien des trois parts une, il faut les proportionner par un et trois, ou par trois et neuf.
Dans le premier cas, trois mille hommes de
troupes sont à quatre mille ce que six mille
sont à huit mille; dans le second cas, deux
mille sont à trois mille ce que quatre mille sont
à six mille ; dans le troisième cas, mille sont

à deux mille ce que deux mille sont à quatre mille ; et dans le quatrième cas , mille sont à trois mille ce que trois mille sont à neuf mille : or, en remontant selon la synthèse du dernier au premier, on trouve la différence , 1°. des deux tiers ; 2°. de la moitié ; 3°. du tiers , et 4°. du quart , qu'on peut également désigner de la manière suivante : deux tiers, un demi, un tiers, un quart. Or, la proportion de zéro à zéro serait la meilleure qu'on pût établir, si la société pouvait subsister sans troupes ; mais puisqu'il en faut dans chaque état pour assurer les citoyens au-dedans et au-dehors, il importe toujours de lui en donner le plus petit nombre possible.

Il est physiquement démontré que plus une étendue est grande, plus il faut de corps pour la couvrir : ainsi, un empire qui est deux fois autant étendu qu'un autre a besoin d'avoir plus de troupes à raison de sa plus grande étendue ; mais la nécessité d'augmenter ses troupes croît plus qu'en proportion de l'étendue d'un état; quand on doit garantir le double de terrain il faut le triple de soldats. Voilà pourquoi plus un empire a de circonférence , plus il faut de tems aux troupes pour se réunir, et plus aussi elles ont à

veiller sur des points faibles pour les défendre.
Dans la Chine et dans la Russie il faut
quelques mois pour rassembler les troupes dis-
persées; en France et en Espagne il ne faut
que quelques jours : on a plus à les ménager
dans une longue marche que dans une courte;
ainsi on a moins de vîtesse à mesure qu'on a
un plus grand trajet à faire, parce que la
force d'un corps s'affaiblit à proportion de ce
qu'on l'use davantage. Or, si l'on ne propor-
tionnait pas les troupes des états à raison de
leur étendue, les grands empires seraient
plus exposés que les petits.

Pour mettre les forces militaires des états
dans un vrai équilibre il faut avoir égard à
leur population, à leur étendue, à leur situation, à leurs richesses, à leur discipline, au
climat, au gouvernement et aux caractères
nationaux. Dire que quatre mille soldats valent toujours plus que deux mille serait un
paradoxe contredit par une infinité d'exemples. Cela serait ainsi dans le calcul arith-
métique, où chaque nombre égal a une valeur égale; mais cela ne peut être ainsi dans l'art
militaire que quand les troupes sont également bien disciplinées de part et d'autre.
Alexandre avec peu de troupes défit les

nombreuses armées de Darius. *Agésilas* avec
une poignée de soldats porta la terreur de ses
armes jusque dans Babylone. En 1352, dans
le canton de Glaris, trois cent cinquante
Suisses battirent huit mille Autrichiens. A
la bataille de Saint-Jacques près de Bâle,
douzecents braves de la même nation battirent
l'avant-garde des Armagnacs, forte de dix-
huit mille hommes. En 1700 *Charles XII*
avec huit mille Suédois défit à Narva quatre-
vingt mille Moscovites. (1) En 1733 trois mille
Russes disciplinés dispersèrent toute la noblesse de Pologne, qui soutenait l'élection de
Stanislas, son légitime roi, contre la Russie et
l'empereur d'Allemagne. En 1738 Thamas
Kouli-Kan étant venu dans le Mogol à la tête
de cinquante mille Persans, sans autre raison
que le désir du butin, battit et dissipa la
grande armée que lui opposa l'empereur Mahamad, composée de douze cent mille hommes. (2) Et, pour passer à des exemples plus
récens, en 1805, à la journée du 20 novembre, près de Krems, sur le bord du Da-
nube, quatre mille Français ont défait

---

(1) Hist. de Charles XII, liv. 2, par *Voltaire*.
(2) Essai sur l'Hist. gén., tom. 6, ch. 162.

trente mille Russes. Peu de jours après, quatre-
vingt mille Français ont encore vaincu à
Austerlitz cent cinq mille Russes ou Autrichiens. Tous ces faits historiques prouvent
plus mon assertion que ne le ferait aucun raisonnement. Sans examiner ici tous les détails
de l'art militaire, j'observerai qu'entre les
diverses causes qui firent gagner tant de batailles aux Romains il y en eut deux principales; la sévère discipline et l'exacte subordination, accompagnées d'un exercice continuel.

Pour savoir quelle fut la force de la subordination et de la discipline dans les légions
romaines, il ne faut que voir les exemples terribles que firent les généraux à la tête de leurs
troupes. *Manlius* condamna à mort son
propre fils pour avoir vaincu sans ordre; (1)
et ce fut pour donner de la vigueur au généralat qu'il fit cet effort extraordinaire. Le
consul *Aurélius* fit battre publiquement de
verges le tribun légionnaire *Cassius*, pour
avoir attaqué en son absence et contre ses
ordres la ville de Lipari. (2) Enfin ce qu'il y a

---

(1) *Tit-Liv.*, liv. 8, chap. 7.
(2) Hist. rom., par *Rollin*, tom. 4, liv. 11,

de bien admirable, c'est que dans leurs victoires comme dans leurs défaites les Romains affermirent toujours la discipline militaire.

Oui, ce n'est pas tant le grand nombre de troupes qui fait la sûreté des états que des troupes bien disciplinées; les Grecs avec peu de soldats vainquirent les armées nombreuses de *Xercès* et de *Darius*. Or, pour bien discipliner la troupe il faut que toutes les lois militaires s'exécutent rigoureusement : s'il y avait des lois dont la violation ne fût pas un crime impardonnable, elles affaibliraient bientôt les lois les plus utiles. Pourquoi des lois qui ne punissent pas quand elles sont transgressées! il ne faut jamais en faire qu'on puisse violer impunément; et dans les cas où les lois ne sont pas absolument nécessaires, il faut établir des préceptes moraux; car les lois, et surtout les lois étayées des mœurs, deviennent plus puissantes à mesure qu'on les décharge d'une foule de détails qui les affaiblissent entièrement.

Tous les publicistes ont fait la distinction des mœurs et des lois pour empêcher les crimes qui se commettent, et ils se sont également servis des unes et des autres avec avantage. Voyez chez les anciens Cicéron,

Tacite, Platon, Sénèque, Aristote; et chez
les modernes Locke, Mably, Thomas More,
Servan, Montesquieu; ils ont tous bâti l'édi-
fice de la société sur ces deux bases, sans les
confondre. En effet, comme citoyens nous
avons besoin de lois civiles; comme soldats
nous avons besoin de lois militaires, et comme
hommes nous avons besoin de préceptes moraux. Il serait donc absurde de croire qu'il ne
faille de bonnes mœurs et de bonnes lois dans
une armée aussi bien que dans un état. Les
unes forment la discipline, et punissent les
fautes militaires; les autres maintiennent la
discipline, et forment les bons soldats. *Xéno-
phon* dit *que dans un jour de bataille ceux
qui craignent le plus les dieux craignent
le moins les hommes.* En effet, l'homme impie sera plus audacieux à commettre le meurtre lorsqu'il pourra le faire sans crainte;
mais l'homme religieux montrera plus de
courage contre l'ennemi de la patrie quand il
sera exposé au danger.

Il faut observer qu'il n'y a point de probité
sans mœurs, ni de mœurs sans religion; ce
principe est reconnu par tous les législateurs.
La religion est le fondement des mœurs; et
les mœurs sont le ciment des lois; sans ces

deux freins l'homme vivrait à la merci des
passions brutales. A Rome, à Athènes les
mœurs suppléèrent toujours les lois quand
les lois furent affaiblies ; mais les lois n'y purent jamais suppléer les mœurs quand les
mœurs furent corrompues : or, c'est une vérité
en morale aussi bien qu'en politique, que
moins les mœurs sont pures, plus il faut
multiplier les lois ; et plus on multiplie les
lois, moins elles ont de vigueur.

En général, moins il y a de lois, plus elles
sont grandes et puissantes ; et plus il y a de
mœurs, moins elles sont faibles et dépravées :
telle est la différence des unes d'avec les autres. Il y a dans une bonne législation civile
et militaire la partie des mœurs et la
partie des lois ; elles se donnent la main
pour s'étayer ; mais on ne doit pas les confondre. Les premières regardent l'humanité et
les affections qui l'honorent, ou les passions
qui la dépravent ; les dernières regardent le
civisme et le *milicisme,* et les actions qui les
anoblissent, ou celles qui les avilissent. Enfin,
les mœurs préparent l'exécution des lois en
inspirant la vertu par l'estime, et en écartant
le vice par la honte ; et les lois maintiennent
les mœurs en protégeant l'innocent, et en

punissant le coupable : alors les souverains
et les généraux ont en main l'autorité des
lois, et la puissance des mœurs ; ce sont deux
remparts qu'ils opposent aux méchans pour
les retenir. Or, les crimes qu'on ne peut
prévenir doivent être bientôt réprimés : c'est
une clémence que de faire sur le champ des
exemples qui arrêtent le cours du mal, en
retenant les méchans qui y seraient disposés ; ainsi on épargne beaucoup de supplices, et on se met en état d'être craint sans
user de rigueur.

Les crimes contre la religion et les mœurs
sont les plus grands et les moins faciles à
punir, parce qu'ils attaquent ce qu'il y a de
plus saint parmi les hommes. Ces crimes, qui
sont intérieurs, échappent souvent aux châtimens humains, et l'on n'a plus rien pour les
réprimer quand les lois ne portent pas sur ces
deux bases fondamentales ; c'est l'état d'une
bonne ou mauvaise conscience qui en décide.
Les remords, les syndérèses, les componc-
tions, les sollicitudes sont, quand on a de la
piété, des peines invisibles qui ont plus de force
que toutes les peines corporelles, parcequ'elles
parlent au cœur et à l'esprit, qu'elles retien-
nent l'homme dans le secret, et le tourmentent

à l'insu de ses semblables; les crimes civils et politiques, c'est à dire ceux qui attaquent directement la société, sont les plus aisés à punir parce qu'indépendamment des lois, dont on élude quelquefois la punition, il reste encore les mœurs et la religion qui châtient toujours par l'affreuse pensée que le coupable a sans cesse de son crime; et quand les citoyens et les soldats sont vertueux, les peines des mœurs deviennent alors les peines des lois, qui, quoiqu'elles soient douces, ne laissent pas d'être bien observées; or, mieux les lois sont faites, plus leurs peines se rapprochent de celles des mœurs. A Rome, à Sparte on unit tellement les lois avec les mœurs, et les mœurs eurent tant d'autorité, qu'on ne punit très-souvent les coupables que par des peines infamantes;(1) c'est que les mœurs y suppléaient les lois, et que la vertu y exerçait son empire.

Il n'en est pas des mœurs comme il en est

---

(1) Quand il y a de bonnes mœurs chez un peuple, la honte est le plus terrible des châtimens. Dans les beaux jours de la république romaine un coup d'œil échappé des censeurs sur un coupable était une punition rigoureuse. Dans les armées on punissait par la dégradation le militaire qui avait manqué à son devoir.

des lois; on peut les inspirer, mais non les établir; il faut que le législateur les fasse naître
par la sagesse de ses institutions. La bonne
morale n'est autre chose que le respect de la
Divinité et de l'humanité: la règle de ses devoirs, l'amour de l'équité, la pratique de la
vertu, la constance dans le malheur, la mé-
diocrité dans la fortune, les bonnes actions
de toute espèce, ce qu'on approuve et ce qu'on
rejette d'après sa conscience, l'esprit général
qui s'est formé sur de sages opinions, le souvenir d'autrui, son propre souvenir, tout cela
constitue les mœurs : ordinairement la conduite les décide, et elles règlent la conduite.
Or, si l'on veut de la probité dans l'état comme
dans l'armée, il faut cultiver les mœurs; si
l'on veut épurer les mœurs il faut cultiver
la religion; et si l'on veut de la bravoure il
faut honorer, cultiver et inspirer à la fois ces
trois choses, la probité, les mœurs et la religion. Le guerrier le plus courageux, dit un
écrivain célèbre (l'auteur *des Mœurs*) est
celui qui, se sentant un cœur pur, peut con-
templer avec plus de sécurité l'autre vie.

La plupart des législateurs se bornent à
des réglemens purement humains; pour ne
pas remonter au principe des choses, ils se

contentent de châtier le corps, et abandonnent
l'âme, qui est la source des égaremens : par ce
moyen ils peuvent éloigner quelquefois du
vice ; mais ils ne portent jamais à la vertu : ils
font des lois cruelles qu'ils appliquent sans
aucun fruit, parce que la passion les a dictées,
et, ignorant que les lois ne peuvent avoir
d'autre force que celle qu'elles tirent de la religion et des mœurs, ils les entassent en
vain les unes sur les autres. Il est certain qu'à
des hommes qui sont sujets à bien des faiblesses il faut quelque chose de très-pur pour
les soutenir ; comme leur ame est imprégnée
de passions abjectes, il faut avoir recours à
une puissance supérieure pour pouvoir les
réprimer ; et vouloir soumettre les passions
de tant de soldats par les passions d'un seul
homme, serait vouloir une chose impossible :
il faut pour cela recourir à une cause très-
parfaite, je veux dire à la religion. Or, un
général qui ne l'inspire point à ses troupes
voit mépriser toutes les lois militaires,
qui ne passent que pour des volontés humaines si elles ne sont sanctionnées par la
religion, qui rend le serment de fidélité
inviolable, et qui fait descendre du ciel
sur le commandement une autorité sacrée qui

le rend inviolable comme le serment même.

Le serment n'est plus qu'un mot inutile quand il n'est pas fondé sur la religion et sur la morale ; c'est en vain qu'on en parle à des hommes sans foi et sans mœurs ; ils violent toutes les lois s'ils peuvent le faire impunément ; mais appuyé sur la religion il fortifie la discipline ; il donne aux troupes un courage héroïque ; il rappelle continuellement la Divinité à l'esprit des soldats, et devient inviolable au nom de cette même Divinité. Ce serment pour être efficace n'a pas besoin d'être gravé sur les épées ni sur les drapeaux, mais dans l'ame des soldats. Jamais aucun peuple n'en a été plus rigide observateur que le peuple romain ; c'est qu'il eut toujours la plus grande vénération pour ses dieux : aussi plutôt que de le violer aurait-il préféré la mort. Cela est si vrai que dans un mécontentement, s'étant séparé des consuls, il revint à eux au souvenir du serment qu'il avait prêté de les suivre à la guerre ; et si les Carthaginois y furent moins fidèles, c'est qu'ils n'eurent pas le même respect pour leurs divinités : aussi furent-ils vaincus par les Romains, qui appelèrent à l'appui de leurs armes les sacrifices aux idoles, les aruspices,

les réponses des oracles, et toutes les supersti-
tions humaines. (1)

---

(1) « Les livres de la Sibylle de Cumes furent, entre
les mains du prince et ensuite du sénat, les interprètes
infaillibles de la volonté des dieux : on les faisait parler au besoin; on en tirait les oracles que l'intérêt
présent pouvait dicter. Avec une pareille machine on
était sûr de maîtriser une nation superstitieuse. »
Millot, *Elémens d'Hist. gén.*, *Hist. rom.*, *première
époque.*

LIVRE TROISIÈME.

De la perfection de la discipline dans ses rapports avec la bonne organisation des troupes.

CHAPITRE PREMIER.

De la Discipline militaire.

La discipline militaire règle les armées, comme le droit civil et politique règle les empires. Sans faire des lois on n'aurait pu établir des sociétés, et on ne pourrait former des troupes sans créer cette discipline qui trace le devoir de l'officier et celui du soldat, qui punit et récompense. A Rome on ne négligea rien de ce qui pouvait contribuer à son affermissement : aussi les Romains furent-ils invincibles tant qu'elle conserva sa force ; mais s'étant relâchée sous le règne de

Sévère, on y vit commettre toutes sortes d'horreurs, et plusieurs généraux périrent en voulant la rétablir.

Comme la discipline militaire se compose de plusieurs parties, il peut s'en trouver qui soient défectueuses ; et alors on doit y remédier en substituant les points nécessaires à son entière perfection. Or, il n'est jamais plus facile de le faire que quand elle commence à s'affaiblir, parce que le mal n'a pas encore fait de funestes progrès ; mais lorsqu'une fois elle s'est détériorée, qu'il s'est écoulé un tems considérable sans qu'on y ait remédié, on ne peut la corriger qu'avec beaucoup de peine, et il faut souvent même la réformer entièrement. Il est plus aisé d'établir une bonne discipline que d'en améliorer une mauvaise ; la réforme présente une opération plus complexe par cela qu'elle est double : il faut détruire et édifier.

En supposant donc le cas d'une réforme, il serait plus expédient de n'avoir point de discipline, afin de pouvoir en établir une bonne. On ne pourrait alors se plaindre dans l'armée, parce que la nouvelle discipline n'y causerait aucun changement, et par conséquent nulle jalousie entre les officiers et les

soldats , qui , par ce moyen , seraient capables
de faire les plus grands progrès dans l'art
de la guerre.

Il vaudrait toutefois mieux avoir une mauvaise discipline que de n'en point avoir, si l'on
ne pense pas à en établir une. C'est sans doute
un grand mal d'outrer les peines et de pro-
diguer les récompenses ; c'est une preuve de
relâchement ; mais c'est encore un bien plus
grand mal quand il n'y a ni punition ni encouragement , parce qu'alors les officiers n'ont
aucun moyen de s'assurer de la fidélité des
soldats. Une telle discipline peut laisser des
crimes sans punition et des services sans récompense , comme elle peut punir des fautes
légères et récompenser de petits exploits ; elle
inflige souvent des peines quand il ne faudrait que des menaces : mais si cette discipline a de mauvais effets dans certaines circonstances , elle peut aussi en avoir de bons ;
car la plus mauvaise discipline a toujours
quelque utilité : elle renferme des abus , et
ces abus même ont quelquefois un bon effet ,
parce qu'ils prescrivent une certaine règle.

Quoi qu'il en soit , il faut donner de la sta-
bilité à la discipline qu'on établit. Si elle
éprouvait chaque jour un changement total,

elle serait toujours neuve, et ne pourrait jamais être observée. Quand l'institution remplace tous les jours l'institution, on en change continuellement une nouvelle par une plus nouvelle, et l'on va ainsi de mal en pis. En effet, ce renouvellement périodique est toujours funeste, parce qu'on ne peut s'éclairer par l'expérience.

Lorsque les troupes sont depuis long-tems bien disciplinées, la force seule de l'habitude détermine les soldats à l'obéissance : (1) alors le général, agissant avec plus de confiance, met plus d'attention à ses devoirs ; l'idée avantageuse qu'il a de son armée lui permet de méditer de grandes choses, et parce qu'il n'a pas de soins particuliers à donner à la discipline, il ne s'occupe absolument que de l'exécution de ses desseins. Comme il règne un ordre admirable dans toutes les parties du corps militaire, la moindre attention suffit

_____

(1) Voici à ce sujet une comparaison : un levier, posant d'abord par le milieu sur un pivot avec un poids inégal de chaque bout, penchera du côté où le poids est plus grand; et s'il y pose ensuite avec un poids égal, il penchera encore du même côté, parce que le pivot sera plus usé de ce côté-là. Il en est de même de l'empire de la coutume.

pour y conserver l'harmonie, et quelquefois
le général peut y faire des fautes sans danger;
cependant il doit agir avec prudence : plus les
soldats sont soumis à ses ordres, plus il est à
même de perfectionner son commandement,
parce qu'il n'a qu'à l'exercer pour être obéi.
Les consuls romains, se confiant à l'esprit de
leurs soldats, à leur penchant pour la guerre,
à leur amour pour la patrie, à la pureté de
leurs mœurs, à la sévérité de leur discipline,
à leur constance, à leur courage, et enfin à
la force de leurs institutions, ne travaillaient
qu'à former des projets de conquêtes; ils mar-
chaient en avant, et les troupes suivaient pour
exécuter leurs ordres. *Sylla* disait que
la bravoure et l'intelligence de son armée
l'avaient seules rendu victorieux dans plusieurs batailles : (1) mais quand les mœurs
furent corrompues, et que la discipline fût af-

---

(1) Une troupe bien disciplinée n'a pas besoin d'être
surveillée continuellement pour être maintenue dans
l'ordre; elle peut le conserver quelque tems d'elle-
même : cela est si vrai, qu'après la mort des deux
Scipion les soldats romains vinrent à bout, par leur
bonne discipline et par leur valeureuse conduite, de
battre eux-mêmes l'ennemi, et de conserver l'Espagne
sous leur domination.

faiblie, les plus petites fautes eurent les suites
les plus funestes. Quelque réglée que puisse
être la conduite des soldats, il ne faut pas
rester long-tems sans l'examiner ; Rome nous
en donne l'exemple : pour peu qu'on eût
fixé les yeux sur les cohortes, la discipline ne
se serait pas détruite ; mais on sembla avoir
oublié tout l'esprit des institutions militaires pour s'abandonner aux passions volup-
tueuses.

Quand il y a dans l'armée des mœurs, des
lois et de bons principes, les plus petits talens
suffisent pour y remplir les postes les plus
élevés, parce que le génie y est aidé par les
règles de l'institution. Or, la meilleure des institutions est sans contredit la bonne disposition des esprits ; mais il faut des talens supérieurs pour tenir une armée dans l'ordre
si les mœurs sont dépravées, si l'amour patriotique est refroidi, s'il ne règne pas une
exacte subordination, s'il n'y a pas enfin une
discipline sévère.

Même avec une bonne discipline le général
ne doit jamais tellement se confier au bon
esprit de ses troupes, qu'il néglige de les
mettre encore dans une meilleure disposition.
Ce fut le défaut de *Cornélius Scipion* : il

était brave ; mais, dans sa présomption, se pré-
valant trop du courage de ses soldats, il fut
vaincu par ses ennemis. Plus une armée est
bien ordonnée, plus on doit l'observer de
près pour la mieux ordonner encore. Si
Annibal veilla continuellement sur la discipline, c'est qu'il eut à suppléer par son
exactitude à tout ce qui manquait aux institutions militaires ; et malgré tous les soins
que cet habile général se donna, il y eut
assez d'une Capoue pour amollir ses troupes
et causer sa perte. (1)

Un général a deux écueils à éviter dans
l'exercice du commandement ; il doit se tenir
en garde contre ses soldats et contre lui-même ;
contre ses soldats, pour les réprimer lorsqu'ils
manquent à leurs devoirs ; contre lui-même,
pour se montrer toujours digne de son caractère. Enfin il doit être en garde contre ses

---

(1) Il n'est pas de soldats si bien disciplinés qui
ne puissent se laisser corrompre par l'appât des richesses. L'armée de *Xerxès*, ayant paru aux portes du
Péloponèse avec le faste, le luxe et les richesses de
l'Asie, fut défaite à Platée ; et les Spartiates, qui avaient
jusqu'alors méprisé les dépouilles médiocres des Grecs,
étant éblouis par celles des Perses, se laissèrent amollir
par la victoire.

soldats et contre lui-même, pour ne recevoir de leur côté aucun mauvais exemple, ni pour leur en donner du sien aucun mauvais; et il aura cette double réserve s'il considère qu'il est placé dans un poste où tous les yeux de l'armée sont fixés sur lui.

Si le général ne met pas une sévère exactitude dans ses devoirs, il s'opère bientôt un relâchement dans la discipline militaire : en tems de paix comme en tems de guerre la troupe le suit, le voit, l'observe; il faut qu'il se méfie de son amour-propre, de son orgueil, de ses faiblesses, de ses passions, de ses talens même : soit qu'il se rende directement coupable en négligeant ses propres fonctions, soit qu'il se rende indirectement coupable en négligeant celles des soldats, il en résulte également la perte des mœurs, des lois, de la discipline, de la subordination, et par conséquent le désordre et le trouble.

Il y a autant de remèdes moraux et physiques qu'il y a de maladies physiques et morales. (1) Les troubles militaires peuvent avoir

---

(1) Il n'y a point de maladies physiques et morales qui n'aient ici-bas leurs remèdes : les remèdes existent, mais nous ne sommes pas assez instruits pour en déterminer le véritable emploi, ni peut-être même assez

deux causes différentes; ils peuvent provenir
des lois trop sévères ou trop douces; il faut
alors modifier la discipline; ils peuvent provenir non des lois, mais de leur inobservation;
il faut alors renforcer la discipline et faire
exécuter les lois. Néanmoins on ne doit tou-
cher à la discipline que pour les vices qui sont
inhérens à l'institution; quant aux fautes
qui sont attachées à la corruption hu-

---

sages pour prévenir les maux qui les nécessitent.
La médecine et la chimie sont à la poursuite des
plantes salutaires contre les maladies corporelles;
la morale et la politique sont à la recherche des moyens
de guérison propres aux maladies spirituelles : les unes
se décident par le déréglement du pouls; les autres
s'annoncent par l'irrégularité des pensées et des actions. Règle générale : avant de se servir du remède
il faut connaître la nature du mal; et ce serait une
pratique dangereuse que d'en agir autrement. Le
même remède, quelque bon qu'il soit, ne peut pas s'appliquer à toutes sortes de maladies; telle drogue devient poison ou remède, selon le tempérament du
malade, la nature de la maladie et la force du médi-
cament : mais, comme ordinairement les remèdes affaiblissent et détériorent, il vaut mieux user, tant
qu'il est possible, de préservatifs pour les indisposi-
tions de l'esprit et du corps, afin de prévenir beaucoup
de maladies qui, malgré les remèdes, deviendraient
mortelles.

maine, il ne faut qu'appliquer les peines ré-
glementaires pour les corriger. Il serait absurde
de refondre un code criminel , parce qu'on
en aurait transgressé quelques' points ; on
doit alors appliquer les lois pénales ; et tant
s'en faut que cet expédient fasse reconnaître
le code mauvais , qu'il le fait reconnaître
bon , parce qu'il y a des gens dont la dépravation les porte à y contrevenir. D'ailleurs ,
il n'y a pas de discipline qui puisse empêcher
de commettre des fautes ; mais pour être
censée bonne il suffit qu'elle sollicite le bien
en récompensant son auteur , et arrête le mal
en punissant le coupable ; car les peines qu'elle
porte font voir qu'elle n'est pas toujours observée, et la juste application de ses peines
prouve sa bonté.

La discipline, on ne saurait trop le répéter,
doit être inviolable pour tous les gens de
guerre : c'est elle qui fait régner la subordination dans les troupes , et qui entretient
l'harmonie parmi les rangs ; elle prescrit les
devoirs de l'officier et du soldat ; elle donne
la vie à tout le corps militaire, et a une
influence salutaire sur le corps politique ; elle
est la main avec laquelle les généraux gagnent
les batailles. Malheur à ceux qui la négli-

gent! ils s'exposent à des révoltes que rien ne peut arrêter : une troupe indisciplinée est indisciplinable, parce que le désordre naît alors du désordre.

La discipline est tout ce qui sert au réglement des troupes; elle se divise en différens points; elle désigne les fonctions de chaque grade, elle fait un engagement aux officiers de bien commander, et aux soldats de bien obéir; elle les règle chacun dans ses devoirs particuliers, et les co-ordonne tous dans leurs obligations communes; mais dans les mêmes grades il se trouve des personnes mieux disciplinées les unes que les autres : or, il faudrait, pour mettre l'armée sur un bon pied, que non-seulement dans le même poste on observât également bien la discipline, mais encore qu'elle fût également bien observée entre les divers postes dans leurs fonctions respectives.

A mesure que l'on oublie quelques points essentiels de la discipline, il faut les rappeler aussitôt à l'esprit de la troupe : si la tiédeur est tolérée dans les obligations rigoureuses, elle ne tardera pas de s'introduire dans les obligations moins sévères, et, de licence en licence, on ne remplira bientôt plus aucun

devoir : si les officiers n'observent pas le rè-
glement militaire, les soldats suivront le même
exemple, et la discipline sera détruite.

Il faut que les officiers soient le modèle de
l'observation rigoureuse des lois militaires;
que par eux commence la punition s'ils manquent à leurs devoirs : plus les obligations
humaines sont grandes, plus elles doivent être
sévèrement remplies; une faute commise dans
des premiers rangs semble autoriser le crime
dans les dernières places. On ne doit commettre aucune faute qu'elle ne soit punie à
l'instant même. Or, si la discipline faiblissait
du côté des officiers, bientôt elle porterait
les soldats à la révolte, en sorte qu'il n'y aurait
plus de frein contre l'insubordination.

Vient-il à s'introduire quelque vice dans
l'armée, il faut le corriger tout de suite; le
tems est alors favorable, parce que l'habitude
ne l'a pas encore consacré : on préviendra
ainsi les grandes réformes, et l'on conservera
toujours la bonté de l'institution; car l'institution est originairement bonne; ce sont les
conséquences qui la détériorent. Les vices
encore nouveaux ont de la retenue; il faut
peu d'efforts pour les combattre et les vaincre;
on les déracine et détruit par la honte; mais

à mesure qu'ils se succèdent, devenant plus audacieux par l'usage, il faut recourir à la violence pour les réprimer; et quand les lois s'arment de rigueur, on ne donne bientôt plus de bornes à la cruauté. Alors on tremble d'être toujours trop indulgent, et l'on est trop sévère; on emploie la mort où ce serait assez de la prison, les coups où suffiraient les menaces, les reproches où il ne faudrait que des avis, et quelquefois des peines au lieu de récompenses, et il arrive qu'on punit les soldats sans les rendre obéissans, tandis qu'une légère correction aurait suffi pour les ramener à leurs devoirs.

Une exacte discipline réprime toutes les fautes qui ont quelque importance; elle se présente sans cesse à l'esprit des officiers et des soldats pour les prévenir du châtiment; elle ne néglige rien; elle ne ferme les yeux sur aucun devoir; elle n'omet aucun point essentiel; et elle a raison, car lorsqu'on ne corrige pas les petites fautes, il arrive qu'il s'en commet de grandes à cause de l'impunité.

CHAPITRE II.

De la Subordination.

LA subordination militaire consiste en la soumission de l'inférieur à son supérieur; c'est l'enchaînement de tous les grades à la faveur du rapport qu'ils ont entr'eux : elle les rend utiles les uns aux autres par l'union qu'elle en fait. Si les grades subalternes n'étaient pas subordonnés aux grades supérieurs, il n'y aurait plus d'ensemble dans le corps militaire; chaque partie formerait comme un tout isolé, et deviendrait inutile dans sa fin particulière. C'est la diversité des grades qui établit la subordination, laquelle n'est parfaite qu'autant que la différence des grades est celle de la capacité.

Il ne faut pas confondre la subordination avec la discipline : la première se rapporte plus spécialement aux fonctions des soldats, et la seconde à celles des officiers; néanmoins elles sont si dépendantes qu'elles ne peuvent

pas exister l'une sans l'autre ; car la discipline
invite et force, en cas de besoin, aux devoirs
que la subordination exige : c'est pourquoi le
désordre éclate dans les troupes dès que
la discipline s'y relâche.

La détérioration de la discipline conduit à
l'insubordination, et l'insubordination conduit à la dissolution du corps militaire : la
première provient des officiers qui ne savent
pas commander ; la seconde provient des
soldats qui refusent d'obéir; (1) et la troisième
est le résultat des deux précédentes.

Mais de quelque part que l'insubordination
provienne, il faut la corriger par l'améliora-
tion, et non par le changement de la discipline:
comme on ne renouvelle pas le corps humain
toutes les fois qu'il est attaqué d'une maladie,
mais qu'on tâche de le guérir, de même on
ne refond pas l'institution toutes les fois qu'il
s'y glisse un abus ; mais on essaie de l'épurer.

---

(1) L'insubordination se trouve toujours dans le
soldat, par la raison que l'officier ne peut s'insubor-
donner envers celui qui est sous sa dépendance; mais
néanmoins l'officier peut être la cause occasionnelle de
l'insubordination; et il l'est en effet bien souvent,
puisqu'il doit l'empêcher et même la prévenir.

Il est pourtant bon d'observer que les préservatifs valent mieux que les remèdes, et que
les remèdes valent mieux que les palliatifs:
bannissons ces derniers qui ne servent qu'à
aggraver le mal; en paraissant l'adoucir ils
le font négliger.

Le soldat aime ce qui flatte son orgueil
comme les autres hommes; il prétend à l'élévation, il déteste l'infériorité; il voudrait
aller de pair avec son commandant; et
l'art militaire consisterait à le rehausser davantage en lui ménageant l'espérance de
parvenir au grade d'officier; mais à quelque
hauteur qu'on le place, il est fait pour obéir
tant qu'il n'est que soldat. Peut-être que les
officiers, pour se trop prévaloir de ce principe,
négligent de remplir leurs devoirs, et les
soldats, pour n'en être pas assez contens, dé-
daignent de remplir les leurs, et toutes les
parties du corps militaire en deviennent mal
ordonnées.

On envie toujours le sort de ses supérieurs;
le soldat voudrait s'élever à la hauteur de
l'officier, ou le faire descendre jusqu'à lui: de là
s'établit dans l'armée une lutte entre le premier, qui veut conserver sa supériorité, et le
second, qui veut sortir de son infériorité.
Dans cette rivalité de grades si l'officier est

pusillanime, il accusera le soldat d'aspirer
à l'insubordination, tandis qu'il sera encore
soumis ; et si le soldat est jaloux, il criera à
la tyrannie de l'officier, tandis qu'il sera encore modéré. Ainsi, par la crainte excessive
qu'on a de perdre son autorité on l'augmente,
et par le desir extrême qu'on a d'éviter la tyrannie on la suppose.

Faites respecter tous les grades dans l'armée ; assurez-y la confiance des soldats aux
officiers, et celle des officiers aux soldats ; que
l'inférieur soit soumis à son supérieur ;
que l'oubli de leurs devoirs soit un obstacle à leur avancement ; marquez - y du
mépris pour le vice et de l'estime pour la
vertu ; ce sera là le vrai moyen d'y exciter
l'émulation.

Pour inspirer dans l'armée une émulation générale on doit faire espérer au soldat la place
d'officier s'il fait son devoir, et faire craindre à
l'officier le poste de soldat s'il ne fait pas le
sien : alors celui-ci remplira ses obligations par
crainte, et celui-là les remplira par espérance ;
l'un commandera de la manière qu'il voudrait
qu'on le commandât s'il était destiné à obéir, et
l'autre obéira de la manière qu'il voudrait
qu'on lui obéît s'il était destiné à commander,

et tous les deux rempliront exactement leurs devoirs.

En faisant concevoir aux soldats l'espérance de parvenir aux grades, il faut prendre garde que cette idée flatteuse ne les rende moins dociles; car alors tout serait perdu; ils se mettraient déjà au-dessus de l'obéissance, et peut-être même du commandement, et il n'y aurait plus dans l'armée aucune subordination : or, cela arriverait si on leur inspirait trop de présomption. Il faut qu'ils s'élèvent au-dessus de l'obéissance en obéissant avec la plus grande exactitude, et qu'ils parviennent aux grades par le mérite de la soumission.

Voulez-vous établir une parfaite subordination, tâchez d'inspirer aux soldats la crainte de leurs officiers, par la seule idée de leur infériorité : lorsqu'ils craignent leurs commandans plus que leurs ennemis, ils ne voient de danger nulle part; ils sont prêts à obéir dans toutes les occasions; et, par le désir qu'ils ont de leur plaire, ils bravent la fureur des ennemis, qu'ils redoutent moins que les reproches qui pourraient leur être adressés. Quand *Marcellus,* à la tête de son armée et au milieu du péril, s'écrie : *Je vois des corps et des armes, mais point de Romains*, ce capitaine sait que ces paroles feront une impression terrible sur l'esprit des soldats, parce qu'ils le craignent ; autrement il ne les apostropherait pas avec cette fermeté.

Quoi qu'il en soit, le sentiment de l'amitié vaut mieux que celui de la crainte pour soumettre les esprits ; l'un s'exprime par la douceur, et l'autre se manifeste par la cruauté. Dans les états monarchiques, où tout inspire la confiance, les soldats sont capables des plus grands efforts de courage, parce qu'ils sont attachés à leurs officiers ; mais dans les états despotiques, où tout fait horreur, les soldats tremblent aux ordres d'un général qui prend le ton menaçant ; il n'y a que des troupes d'esclaves, d'hommes lâches, qui, à l'aspect de l'ennemi, mettent bas les armes, parce qu'ils sont sous le commandement d'un chef qui a autant de faiblesse dans ses actions que de fureur dans ses paroles.

Si l'on veut rendre l'obéissance facile il faut attacher les soldats à leurs devoirs par les liens du cœur même ; alors l'amour qu'ils ont pour le général leur sert de règle, de conduite, et ils se font un plaisir de le se-

conder dans ses entreprises : comme il jouit
de leur confiance , il n'a qu'à leur donner des
ordres pour qu'ils soient aussitôt exécutés. Le
devoir est pénible quand on l'exige trop impé-
rieusement; mais il n'a rien que d'aisé lorsque la douceur l'impose, parce qu'on le
trouve alors dans sa propre satisfaction. En
effet, on est capable des plus grandes choses
quand on les fait avec affection ; il n'est pas de
ressort plus puissant dans le monde , parce
que c'est celui de la nature. (1) Le soldat qui
reçoit les ordres du général lui obéit sans retenue s'il lui est attaché, parce qu'il règne
entr'eux une double confiance. Tous les
grands généraux, anciens et modernes , ont
senti le prix de l'amitié de leurs soldats , et ils
se la sont attirée avec les plus grands succès.

---

(1) *Epaminondas* et *Lycurgue* pour avoir de bons
guerriers employèrent les affections les plus douces;
c'est à dire qu'ils rendirent les soldats intrépides dans
la guerre en les attachant par l'amour aux jeunes
Lacédémoniennes : mais comme cela pouvait les amollir, ils auraient mieux fait de les attacher uniquement
à leurs chefs : alors l'attention et l'amitié, n'étant point
partagées entre deux objets différens, ne les auraien
jamais distraits de leurs devoirs.

I.　　　　　　　　　　　22

Les peuples les plus belliqueux de la terre ont mis en jeu les ressorts de l'amitié dans leurs troupes. Chez les Macédoniens *Alexandre*, à la tête d'une armée qui le chérit, parcourt et conquiert presque tout l'univers. Chez les Germains, qui aimaient mieux chercher l'ennemi et des blessures que de labourer les champs et d'attendre la moisson, les chefs combattaient pour la victoire, et les soldats combattaient pour les chefs; ils faisaient dépendre de cette pratique leurs succès militaires; tant il est vrai que l'amour des soldats pour le général est un puissant moyen pour rendre une armée invincible. Mais il vaut encore mieux que les généraux et les soldats, tous bien unis, combattent, comme faisaient les Crétois, directement pour la patrie.

L'amitié et la haine des soldats éclatent toujours dans les conjonctures difficiles; c'est alors qu'un de ces deux sentimens se manifeste, selon la conduite du général : s'il les a traités avec dureté, comme *Appius*, la vue du danger les irrite contre lui, et, comme pour le punir, ils se laissent vaincre par les ennemis; si, au contraire, il a eu pour eux de la douceur, comme *Quintius*, l'aspect du péril les excite en sa faveur, et ils sont victo-

rieux. Les effusions de l'amitié font recevoir
facilement, au milieu des plus grands dangers,
des ordres qui révolteraient s'ils étaient donnés avec trop de rigueur.

Que le commandement des troupes soit
donc modéré ; la modération du commandement rend l'obéissance facile : c'est un malheur quand le général est obligé de recourir à
des lois cruelles pour faire exécuter ses ordres ;
c'est parce qu'il n'a pas su rendre l'obéissance
aisée aux soldats qu'il est obligé d'avoir recours à la contrainte, et les troupes en deviennent souvent rebelles et pusillanimes. Pourquoi l'empire ottoman manque-t-il de bons
soldats? Parce qu'ils y sont traités avec trop
de dureté. La modération et le courage ne
sont pas incompatibles ; si leur alliance est
rare, c'est que les lois de la discipline n'ont
pas su la former. En effet, quand les réglemens
militaires sont trop rigoureux, les sens sont
glacés d'effroi, et le courage s'éteint entièrement.

En accoutumant les soldats à une obéissance facile, le général se réserve des ressources pour les coups d'éclat, pour les
grandes actions, pour les entreprises difficiles ; il peut rendre alors son commande-

ment impétueux, pour exciter le courage de
ses troupes : si, au contraire, le commandement était toujours véhément, il aurait, par
son uniformité, un mauvais effet, et dans les
cas ordinaires où il faut de la prudence, et
dans les cas extraordinaires où il faut de la
témérité.

Quelquefois les soldats ont une douceur de
caractère qui se concilie bien avec un commandement modéré : le génie du général
consiste à la connaître pour s'y conformer;
car il verra naître bien des révoltes si, au
lieu de les traiter avec modération, il les irrite, comme *Maximin*, par des violences :
alors les invitations qu'il fera seront des ordres; les ordres seront des menaces, et les
menaces deviendront des coups. Les soldats
sont sensibles comme les autres hommes, et
ils ne veulent ni être frappés ni avilis. Il peut
se faire néanmoins qu'ils aient de la rudesse,
et alors on doit corriger peu à peu ce vice de
caractère en tempérant jusqu'à un certain
point le commandement, comme *Blésus* le
fit à Rome; car autrement l'armée, forte dans
chaque soldat pris séparément, serait d'une
faiblesse extrême dans tous les soldats réunis;
les lois qu'on y porterait seraient inutiles : si

elles étaient violentes, elles révolteraient les esprits ; si elles étaient douces, elles ne feraient sur eux aucune impression. Il y a plus ; l'inconstance des troupes rendrait vaines toutes leurs démarches ; des mouvemens convulsifs détruiraient toutes leurs forces.

Une sage modération adoucit insensiblement les soldats, dont le caractère a quelque chose d'âpre ; elle leur ôte cette impétuosité aveugle qui les égare en les poussant à la révolte, et elle les réduit au vrai courage, qui exclut la lâcheté ainsi que la férocité. Oui, la douceur s'allie très-bien avec la docilité, et produit des actes admirables ; mais il faut prendre garde qu'elle ne dégénère en faiblesse, qui serait aussi dangereuse que la cruauté. On doit rendre les soldats dociles et obéissans, sans leur inspirer cette crainte immodérée qui avilit l'ame et abat le courage.

La modération est donc le fondement de la meilleure discipline ; mais jamais le commandement ne sera modéré si l'homme qui l'exerce ne voit son semblable dans celui qui doit exécuter ses ordres : en effet, par l'élévation de sa place il le mépriserait trop pour le commander avec modération. C'est pour cela sans doute que le meilleur officier est or-

dinairement celui qui a commencé par être
soldat, parce qu'alors il connaît le sentiment
qui l'anime, et prend sur sa propre expérience le vrai moyen d'être obéi.

Il serait pourtant inutile d'employer la modération quand les soldats sont devenus trop
impétueux; les leçons, les conseils, les reproches ne feraient alors sur eux qu'une très-
légère impression; parce qu'ils croiraient être
craints, leur caractère en deviendrait plus in-
traitable; ils paraîtraient soumis, mais ils ne
le seraient pas; ils rempliraient leurs devoirs
tant qu'ils seraient sous les yeux des officiers,
et dès qu'ils n'y seraient plus ils se livre-
raient à leurs désordres.

Il faut donc user tantôt de modération et
tantôt de rigueur, selon les circonstances. Par
exemple, le commandement peut se déployer
dans toute sa force lorsque les soldats ne redoutent pas le danger; mais s'ils sont abattus
par la crainte, le général doit être moins sévère dans ses ordres; il faut alors qu'il donne
du ressort à l'ame de la troupe en la ménageant, sans quoi il surviendrait une défection
dans l'armée, parce qu'à la vue du danger
les soldats seraient plutôt portés à se révolter
contre la rigueur du commandement qu'à se
roidir contre le péril.

Dans les circonstances critiques on doit cacher le danger aux soldats ; en le leur faisant
paraître plus petit, ils déploieront trois fois
plus de force qu'il n'en faudra pour le surmonter, parce qu'ils n'auront aucune crainte.

Mais il faut que les généraux voient le danger
tel qu'il est, avec autant de sang froid que
de courage ; ils ne doivent pas se le dissimuler à eux-mêmes Qu'ils se gardent bien
d'une aveugle confiance ; trop d'amour-
propre leur serait funeste : ils ont à considérer toute la grandeur du péril, afin de
prendre les moyens nécessaires pour l'éloigner;
ils doivent si bien combiner la marche des
troupes, qu'elles puissent vaincre tous les
obstacles en ne leur en découvrant qu'une
faible partie.

CHAPITRE III.

De la Trahison.

LA trahison peut s'opérer de plusieurs manières, par des marches simulées, par des mesures secrètes, par des résolutions concertées, par la précipitation ou la lenteur des entreprises : or, comme celui qui commande à la troupe est censé jouir de la confiance des soldats tant qu'il n'est pas reconnu pour traître, il peut disposer de tout à sa volonté, et combiner les mouvemens de l'armée à l'avantage de sa perfidie.

La perfidie dans le commandement, et l'obéissance aveugle aux ordres supérieurs, concourent à former une trahison; ce sont là les élémens qui la constituent. Quand le général trompe adroitement les soldats, il conduit insensiblement ses opérations à son but caché, qui ne se manifeste que dans le moment qui lui est favorable; alors le chef abuse perfidement de la confiance des soldats en favorisant les projets de l'ennemi : et les soldats, se confiant sincèrement au général, agissent contre les intérêts de la patrie; et la

trahison réussit : mais quand elle est reconnue, le général perd la confiance de l'armée,
et l'armée trompe l'espérance du général.

C'est un crime de prononcer le mot *trahison* lorsqu'il n'en existe pas; on semble incul-
per l'innocent même, quoique ce soit pour
prouver qu'il n'est pas coupable, car on fait
croire qu'on en a le sujet par cela seul qu'on
le dit; et néanmoins c'est un inconvénient
inévitable dans le doute; ce qui outrage l'innocence, qui n'était pas moins pure lorsqu'on
l'a couverte d'un soupçon d'autant plus funeste, que souvent il fait commettre par désespoir le crime soupçonné à celui dont l'innocence est méconnue, parce qu'il n'y a plus
alors que la moitié du danger à le consommer.

En effet, l'homme, dans la crainte d'être
injustement puni, accomplit souvent par faiblesse ce qu'il aurait eu garde de faire s'il
n'en avait été soupçonné. Il y a dans la justice humaine toujours des désagrémens pour
le sage, et souvent des avantages pour le méchant : le premier est tourmenté par une
honte qu'il ne mérite point, par les outrages
qu'il reçoit, par les peines qu'il endure, par les
interrogatoires qu'il subit, par les longueurs

juridiques, par les détails de sa justification,
par le sentiment de son innocence même,
tandis que le scélérat, audacieux comme le
crime, se soustrait souvent à toutes ces ri-
gueurs, parce qu'avant de commettre le
délit il en a médité toutes les suites, et
pris ses mesures pour échapper au supplice,
étant d'ailleurs toujours plus favorisé de la
justice s'il arrive qu'il soit saisi et convaincu, parce qu'il ne subit que les mêmes
peines. Ce double vice est attaché à notre imperfection. Il est vrai que quand l'innocence
est reconnue on l'acquitte, on l'absout; mais
elle n'a pas moins essuyé un indigne traite-
ment; et il importerait qu'on traitât l'accusé
comme innocent tant qu'il n'est pas reconnu
coupable.

Quand la trahison n'est pas présumée,
mais avérée par des signes non équivoques,
soit qu'elle s'effectue, soit qu'elle ne s'effectue
pas, il faut lui faire subir une peine capitale.
La trahison est comparable à un sophisme qui
donne au mensonge les couleurs de la vérité;
elle fait illusion à tous ceux qui manquent de
clairvoyance; et, comme elle masque le vice
sous les apparences de la vertu, elle est doublement coupable, et il faut la frapper d'ignominie et de mort.

Pour savoir si la conduite de celui qu'on soupçonne est franche ou perfide, il faut le mettre aux prises avec ses accusateurs ; il ne tardera pas à se découvrir en les repoussant avec force, ou en fuyant devant eux ; car la trahison recule à l'aspect de la vérité inflexible et sévère, et la fidélité seule demeure ferme et tranquille à la vue de l'imposture lâche et timide. Si c'est la vérité qui crie à la trahison, le coupable aura beau se dissimuler, son visage le trahira en dépit de lui-même : si c'est la calomnie, l'innocent ne pâlira point, parce que la paix de son ame et la pureté de son cœur la démentiront ; ainsi livré au sentiment de sa conscience, le combat intérieur qu'il éprouvera décidera alors sa sincérité ou sa perfidie, par la persuasion de son innocence, ou par la conviction de son crime.

La calomnie est la fausse dégradation d'un honnête homme ; c'est le langage mordant de l'envie et de la haine ; mais celui qui fait son devoir doit la braver. Il est pourtant des hommes fidèles que la calomnie décourage ; indignés, avec raison, d'être injustement noircis, ils n'ont pas la force de la surmonter ; ils préfèrent d'abandonner leur poste,

et par cet acte de faiblesse ils semblent la
vérifier au lieu de la démentir; de sorte
que, sans être perfides, ils passent quelquefois pour coupables de perfidie : c'est l'effet d'une trop grande sensibilité au blâme,
ou d'un trop vif sentiment de l'estime qu'ils
regrettent de perdre un seul instant; et ce qui
semble en eux une éminente vertu, n'est
qu'une indigne lâcheté; car le regret qu'ils ont
de perdre un moment l'estime publique prouve
qu'ils tiennent plus à la récompense de la vertu
qu'à la vertu même; ce qui décèle beaucoup
d'amour-propre, et fait que, pour vouloir
mettre leur vertu à l'abri de toute atteinte, ils
la sacrifient toute entière! Certes, ils ont bien
peu de mérite ceux dont la vertu ne doit éprouver aucun obstacle, puisque ce sont les épreuves qui la caractérisent. Ceux-là seuls sont
vraiment vertueux qui, plus attachés à leurs
devoirs qu'à leur réputation, foulent aux
pieds la calomnie, et démentent ainsi ceux
qui la répandent! ils sacrifient un peu de leur
gloire présente pour en avoir désormais davantage : ils pensent que la vertu n'est pas
au pouvoir de ses ennemis; qu'elle peut être
un instant méconnue, mais jamais dégradée;
qu'elle échappe au calomniateur au moment

qu'il croit l'avoir ternie, pour briller dans son triomphe d'un plus bel éclat. Cela arrive au général qui a de la grandeur d'ame : il sait que les plus fortes épreuves s'en font par la calomnie, qui découvre le fond du caractère et les plis de la conscience, et, convaincu de sa fidélité, il demeure ferme à son poste.

La trahison se peint ordinairement sous des couleurs trop vives pour ne pas être reconnue : elle manière ses démarches, afin de mieux tromper; mais elle excite le soupçon par un déguisement trop remarquable. Le traître use de détours et de subtilités pour tendre des pièges à la bonne foi ; mais chaque mouvement qu'il fait le décèle ; ses effusions de cœur sont contrefaites; les gestes qu'il affecte sont recherchés; le personnage qu'il joue est feint; le langage qu'il tient est faux; les moyens de séduction qu'il emploie sont simulés; les principes qu'il manifeste sont astucieux : tout n'est dans ses actions qu'ironie, qu'illusion, qu'hypocrisie, que souplesse et que mensonge ; la noirceur de ses desseins paraît à travers le voile qui les couvre; ses raisonnemens sont exagérés; son ame n'est jamais tranquille; son cœur est toujours ému de crainte; son visage et ses yeux sont effarés.

Lorsque, dans Télémaque, (1) *Idoménée*, raconte à *Mentor* les artifices de *Protésilas* pour perdre *Philoclès* et le trahir lui-même, il décrit de point en point une véritable perfidie.

La trahison est ordinairement fort lente; elle fait agir une foule de ressorts en secret; elle se cache et attend dans le silence le succès de ses manœuvres : il faut qu'elle agisse comme la fidélité, parce qu'on la surveille, ou du moins qu'elle la contrefasse de manière qu'on s'y méprenne; ce qui la retarde dans ses opérations, parce qu'elle doit s'appliquer à conduire ses perfidies avec un air de vraisemblance, et exercer même quelques actes de franchise pour mieux faire accueillir ceux qui sont perfides. Il faut qu'elle rende secrets les uns, et qu'elle mette en évidence les autres, pour éloigner le soupçon; et dans la double attention qu'elle doit avoir, elle ne peut guère éviter de se faire connaître : ainsi les forces de ces deux actions en sens contraire, dont l'une est découverte, et l'autre cachée, se balançant de part et d'autre, embarrassent la trahison et la retardent, quoiqu'elles veuillent la favo-

---

(1) Liv. 13.

iser, parce qu'elles ne se déclarent pour elles
qu'au moment de l'éclat où le traître, n'étant
pas prêt au combat, consent à une capitula-
tion honteusement résolue.

Plus un complot a de ramifications, plus il
est aisé de le découvrir : le grand nombre des
agens, la multiplicité des moyens, l'étendue
des rapports, un mouvement plus sensible
et moins régulier, des opérations plus complexes, des intérêts plus considérables, tout
cela le fait reconnaître. Si la trahison était
conduite par un seul individu, elle n'aurait rien que de caché, et elle serait imper-
ceptible ; mais comme elle a besoin de sup-
pôts, elle se manifeste, ou du moins se fait
soupçonner. Il n'y a point de traître qui n'ait
des complices, et qui ne soit vendu à l'étranger : il serait insensé de croire qu'un général
livrât gratuitement une forteresse aux ennemis ; toute trahison suppose un traité préalable, car elle ne peut être avantageuse à celui
qui devient traître qu'après avoir déclaré
qu'il exécutera ce qu'il a promis.

C'est un malheur qu'on puisse commettre
des trahisons impunément : l'art militaire consisterait à les prévenir ou à les empêcher ;
mais l'art militaire ne pourra rien contre elles

tant que les puissances en feront une politique pour se nuire les unes aux autres. Chaque nation aurait intérêt de punir les traîtres qui passeraient de l'ennemi chez elle, parce qu'elles sont toutes sujettes à en avoir; mais en tems de guerre on ferme les yeux sur tous les vices qui sont avantageux, et l'on se sert des moyens les plus iniques pour vaincre ses ennemis, ou prévenir une disgrace : c'est un instrument que se prêtent les puissances pour se détruire, et il vaudrait mieux qu'elles y renonçassent pour leur plus grand intérêt. Au reste, celui qui a trahi sa patrie porte dans le cœur le germe de tous les vices; il serait insensé de se fier à lui, parce qu'il est également capable de trahir dans un instant de caprice la nation que, dans un autre instant de caprice, il a favorisée.

Il y a des trahisons plus pernicieuses les unes que les autres; les malheurs qu'elles entraînent augmentent ou diminuent, selon le poids des affaires dont il s'agit, selon la grandeur du pouvoir que l'on a, enfin suivant la place qu'on occupe : celles, par exemple, qui ont lieu dans les postes militaires sont ordinairement plus funestes que celles qui éclatent dans les magistratures civiles :

c'est pour cela qu'au rapport de *Montes-quieu* (1) *Alexandre* dans ses conquêtes mit les Macédoniens à la tête des troupes, et les gens du pays à la tête du gouvernement.

Les trahisons des généraux affaiblissent toujours la discipline militaire; elles causent une révolution dans les mœurs et les opinions; elles opèrent un changement dans les principes et les lois; elles apportent une différence dans les vues et les desseins; elles entraînent enfin à leur suite cette inexpérience que les Romains redoutèrent d'autant plus, qu'ils fixèrent à cinq ans les charges des consuls, qui étaient annuelles. Ces trahisons donnent lieu à la méfiance, qui est toujours funeste dans les troupes, dont toute la force consiste dans la confiance mutuelle des officiers et des soldats.

Mais ce qui décourage encore plus les soldats, ce sont les désertions des généraux, qui ont lieu lorsqu'on découvre trop tard leurs trahisons; un mauvais exemple en faisant craindre un autre mauvais, ils ne donnent plus à leur chef cette confiance qui lui est

_____

(1) Esprit des Lois, liv. 10, chap. 14.

nécessaire pour en faire un vrai guerrier, parce qu'ils soupçonnent des desseins dont ils ne peuvent ni ne doivent pénétrer la profondeur. De la méfiance des soldats à la trahison des généraux il n'y a pas loin; car le soupçon écarte ceux qui seraient fidèles dans le commandement, pour placer à la tête de l'armée des hommes perfides.

En effet, si un général, poursuivi par le soupçon, succombe en opposant sa franchise, bientôt ses successeurs, persuadés de l'impuissance de la vérité, n'opposeront plus que l'intrigue et la bassesse pour s'en garantir, et les hommes remuans seront alors les seuls qui parviendront au commandement, parce que les hommes sages ne s'en soucieront plus.

Quoi qu'il en soit, la trahison a précédé le soupçon; car il a fallu être trompé pour avoir un motif de suspicion : il est donc dans l'ordre des choses que la méfiance prévienne la trahison; et si la prudence pouvait elle-même parler, elle ne tiendrait pas un autre langage.

Il faut donc surveiller les généraux pour les empêcher de trahir, et cesser de se confier à eux dès le moment qu'on reconnaît parfaitement leurs perfidies, afin qu'ils n'aient pas le tems de passer chez l'ennemi pour lui découvrir les opérations de l'armée.

Il faut regarder la trahison indirectement pour l'apercevoir : si on la fixe directement, elle échappe à la vue ; comme les regards la frappent, elle se contrefait, et, en se déguisant, elle prend l'apparence de la fidélité pour faire illusion ; mais si on la regarde indirectement elle se laisse surprendre, parce que, dans l'idée de n'être pas observée, elle croit pouvoir agir en sûreté, et alors elle paraît sans déguisement ; de sorte qu'on la trouve indirecte quand on la regarde indirectement ; mais en la regardant de cette manière il faut avoir l'attention de ne pas prendre un acte perfide pour un acte sincère : comme le regard et l'objet sont de nature oblique, il faut se souvenir qu'on est alors de chaque côté dans le sens de la supercherie. Au reste, il n'y a pas de crime plus subtil que celui de la trahison ; mais quand il a été commis il faut appliquer la loi.

Rien n'affaiblit plus la discipline que de faire mourir un général sans que la loi l'ait condamné ; ces actions militaires font trembler les bons généraux, parce qu'ils sont autant en danger lorsqu'ils font leur devoir que lorsqu'ils y manquent; ce qui, en favorisant les traîtres, encourage les trahisons, parce qu'il ne coûte ni plus ni moins d'en commettre. Or, pour éviter cet inconvénient il faut qu'un général, accusé de trahison, soit jugé et puni s'il en est convaincu, et que son arrêt de mort soit montré à son successeur, pour lui faire voir qu'on a puni un traître.

La confiance des soldats pour le général doit être autant aveugle que leur méfiance doit être éclairée. Il est des fautes dans la guerre qui naissent des évènemens les plus imprévus, c'est à dire de la nature même des choses : il arrive souvent, par fatalité, que pour vouloir faire mieux on fait plus mal; que pour éviter un petit piège qu'on aperçoit on tombe dans un grand piège qu'on n'aperçoit pas : alors ce n'est plus un crime, mais une erreur; c'est un effet de l'imperfection attachée à la nature humaine; et si le simple soldat, qui ne peut juger des causes accidentelles, peut arbitrairement donner la mort à son général, parce qu'il n'aura pas pu parer à un malheur inévitable, on tombe alors dans le despotisme le plus affreux.

Avant de punir un général qu'on accuse de trahison il faut donc voir s'il n'est pas innocent selon la loi, et s'il ne peut même être présumé innocent par elle ; car il est des actions qui paraissent d'abord criminelles aux yeux de l'homme, et qui ensuite ne le sont pas aux yeux de la loi : l'homme est passionné, et la loi est impassible. Avant de condamner à mort un individu quelconque il faut faire toutes les recherches qui peuvent le disculper, examiner toutes les raisons qui peuvent le justifier ; et si après toutes les instructions il est reconnu coupable, on peut le punir sans regret : mais faire périr un homme sur un simple soupçon, sur une atroce calomnie, serait un acte plus tyrannique que ceux qui avaient lieu sous le gouvernement militaire du tems des empereurs romains. Un homme est présumé innocent tant que la loi ne l'a pas condamné; et si on le fait mourir sans l'entendre, on commet une injustice. En France et en Angleterre il est permis à l'accusé d'avoir des témoins comme l'accusateur ; et c'est sur les deux témoignages contradictoires que le juge condamne ou absout. S'il suffisait d'accuser pour trouver des coupables, alors les magistrats les plus intègres, les juges les plus incorruptibles, les généraux les plus fidèles seraient bientôt accusés par des envieux : mais l'accusation par sa nature ne peut rien préjuger sur le crime ni sur l'innocence ; c'est à la loi seule ou à ses organes de prononcer.

Toutefois il peut y avoir des exceptions dans cette règle : quand, par exemple, l'auteur d'une trahison ou d'une révolte, ne pouvant être saisi corporellement, peut compromettre le salut de la patrie, soit en ordonnant des massacres, soit en fuyant chez l'ennemi, on doit alors prévenir son jugement par un coup de feu qui lui arrache la vie ; mais hormis cette circonstance il faut toujours consulter la loi, et ne jamais se permettre de faire périr un homme sur un simple soupçon.

L'aveugle soupçon poursuit tout ce qui est tacite et caché, et cependant le succès des plus grandes entreprises dépend du secret. Si la méfiance règne dans l'armée les opérations militaires sont contre-carrées, et le général ne peut faire autrement que d'abandonner son poste. Le secret est souvent nécessaire dans les postes supérieurs, et le soupçon dangereux dans les derniers grades. Les soldats ne doivent pas savoir tout ce qui se combine dans la

tête du général; il faut qu'ils agissent aveu-
glément dans bien des circonstances.

Si toutes les démarches du général devaient être simples et connues pour jouir
de la confiance de ses troupes, comment
pourrait-il tromper la clairvoyance des ennemis, qui pénétreraient bientôt ses desseins?
Que deviendrait cet art militaire qui fait les
succès de la guerre? A quoi serviraient ces
combinaisons profondes du tactitien, ces plans
vastes, mais cachés, de la plus habile expérience? C'est moins par le nombre des soldats que par la force de la discipline qu'on
gagne les batailles; c'est ce que nous avons vu
de la part des Français. La confiance de l'armée pour son chef la rend supérieure; mais
le soupçon lui enlève ses forces, et l'on perd
plus dans l'irrésolution où jette la défiance,
qu'on ne gagne dans la sûreté qu'une confiance aveugle donne.

C'est ordinairement sur la tête des grands
hommes que la jalousie, de concert avec la calomnie, fait éclater le soupçon pour les perdre.
Cela est si vrai, que des jaloux firent priver
de la vue le vaillant *Bélisaire* en l'accusant
de trahison devant l'empereur *Justinien*, et
firent boire la ciguë au vertueux *Socrate* en

le déclarant faussement corrupteur de la jeunesse athénienne.

La jalousie, qui participe à tous les crimes, donne sans cesse à l'imposture les couleurs de la vérité pour parvenir à son but : comme c'est une passion violente, on peut l'apercevoir facilement à l'immodération de son langage, et au vif empressement qu'elle met dans ses démarches : elle est habile à se cacher, car elle ne lâche le soupçon que quand elle croit lui avoir donné assez de vraisemblance pour tromper ; mais elle se trahit toujours, parce qu'elle décrie des qualités estimables que la justice reconnaît tôt ou tard. Il est pourtant vrai qu'elle porte souvent atteinte à la vertu, et il serait important de prévenir ses funestes artifices. Si donc elle ruse avec nous pour se cacher, il faut que nous rusions avec elle pour la découvrir, et rien n'est plus facile : ses cris sont perçans, réitérés et importuns, parce qu'à moins d'être jaloux, on a de la peine à révéler les défauts d'autrui ; et si quelque chose doit faire connaître la jalousie, c'est l'empressement qu'elle met à faire périr un homme sans consulter la loi.

CHAPITRE IV.

De la Désertion.

La désertion est l'abandon qu'un militaire fait de son drapeau : elle peut avoir pour cause occasionnelle le relâchement de la discipline, la trop grande rigueur des peines, l'inconduite des officiers, la désobéissance des soldats, le caprice, l'humeur, le dégoût, le désespoir, le désœuvrement, le défaut de patriotisme, la lâcheté.

Je distinguerai d'abord deux sortes de désertions : l'une a lieu quand le déserteur quitte son drapeau pour passer sous un autre drapeau de son pays ; ce qui décomplète sa compagnie : cette désertion, qui est une infraction à l'ordre de la discipline, peut mériter indulgence, parce qu'en passant dans un autre corps le déserteur ne prive point la patrie de son service. L'autre s'opère lorsque le déserteur se retire dans ses foyers avant le terme du congé, pour priver de son service l'état dans le tems qu'il le réclame encore·

Ces deux désertions sont l'effet quelquefois de l'inconstance du soldat, et plus souvent encore des dilapidations des officiers sur sa paie. Or, comme elles peuvent avoir un fondement en quelque sorte légitime, avant de punir ceux qui s'en rendent coupables il importerait de leur faire un avertissement préalable de rejoindre incontinent leur poste; car il faut donner lieu au retour tant qu'on n'a pas des raisons pour n'y pas espérer, et l'on voit alors si c'est par ignorance ou préméditation qu'un soldat a déserté.

On peut encore distinguer deux espèces de désertions : la première est celle qui a lieu lorsque le déserteur passe dans le pays ennemi; et la seconde quand il passe chez une nation étrangère, mais neutre. Il faut que celui qui déserte prenne un de ces deux partis, car il ne peut demeurer comme citoyen dans sa patrie avant le terme de son congé. Celle-ci est moins coupable, parce qu'en passant chez une nation neutre le déserteur ne fortifie point l'ennemi contre sa patrie : celle-là est plus criminelle, parce que le déserteur va fortifier un pays ennemi au préjudice du sien, et on peut lui donner alors le nom de *transfuge*.

Il y a aussi deux espèces de transfuges : les uns le deviennent pour et les autres contre la patrie. Le persan *Bion* fut un transfuge au préjudice de son pays lorsqu'il vint annoncer à *Alexandre* que *Darius* avait planté dans la terre des chausse-trappes par où il croyait qu'il ferait passer sa cavalerie ; ce qui mit les Macédoniens en garde pour éviter le piège. (1). Le romain *Sextus* devint transfuge à l'avantage de son pays lorsqu'ayant passé chez les Gabiens sous le prétexte de fuir la colère de *Tarquin* son père, il parvint au commandement des troupes, et fit tomber ce peuple sous la puissance romaine par la mort ou l'exil des principaux citoyens. (2)

Les désertions se font en tems de paix ou en tems de guerre : les premières sont moins dangereuses, parce qu'elles compromettent moins le salut de la patrie ; les secondes sont plus funestes, parce que l'état a un plus grand besoin de défenseurs. Il faut donc veiller sur les désertions, principalement pendant la guerre, et les arrêter plus par la honte que

---

(1) *Quinte-Curce*, liv. 4.
(2) *Tite-Live*, liv. 1.

par les supplices, si l'on veut, comme l'observe *Montesquieu,* (1) en diminuer le nombre et conserver les principes. Les Romains pour empêcher la désertion intéressaient au service militaire la religion et le serment; ce qui joignait à l'idée d'être lâche la crainte de devenir impie.

Tous les peuples belliqueux ont regardé la désertion comme un crime digne des plus grands supplices : les Germains faisaient pendre leurs déserteurs à des arbres; les Athéniens leur coupaient le pouce droit, et leur déchiraient le visage avec un fer pointu; les Romains les frappaient de verges et les vendaient comme esclaves. Toutes ces atrocités prouvent qu'on punissait très-sévèrement les déserteurs; mais elles ne prouvent pas qu'il y eût moins de désertions.

L'extrême rigueur des peines les rend souvent infructueuses, parce que, ne pouvant bientôt plus les appliquer à cause des révoltes qui les accompagnent, les crimes restent impunis. On n'a jamais vu de lois plus violentes que celles qu'on avait faites sur la désertion dans

(1) Esprit des Lois, liv. 6, chap. 12.

le tems de la république française, et jamais aussi on n'avait vu tant de déserteurs. Outre la peine de mort qu'elles portaient, on plaçait encore des garnisaires chez les parens du déserteur. Or, en faisant ainsi tomber la punition sur des personnes qui n'étaient point coupables, le gouvernement se faisait tous les jours de nouveaux ennemis ; de sorte que la défection était dans les armées, et la désolation dans les familles. Mais comparons le tems passé avec le tems présent, et nous verrons que les désertions ont totalement disparu par le moyen d'un gouvernement sage et équitable.

Quoique la désertion soit un crime capital, il est pourtant des circonstances où l'on doit publier des amnisties en faveur des déserteurs ; mais il faut prendre garde de ne pas trop les multiplier, car alors les désertions deviendraient plus fréquentes, vu que le soldat pourrait s'y porter dans l'espérance d'obtenir bientôt son pardon. Il faut ménager ces amnisties pour les circonstances indispensables, si l'on veut qu'elles aient un effet salutaire ; par exemple, on peut en accorder lorsqu'il y a un grand nombre de déserteurs, ou qu'on est à la veille d'une guerre étrangère ;

alors tous les moyens de pardon pour les déserteurs sont avantageux à la patrie; par-là
on conserve à ces amnisties un plein effet, et
au lieu de n'être qu'un remède elles deviennent un préservatif.

CHAPITRE V.

Des Peines.

LES peines sont le salaire des forfaits, des trahisons, des révoltes; elles doivent porter l'empreinte de la modération, même pour les plus grands crimes. Si dans l'état ou dans l'armée la loi demande la mort d'un coupable, il faut le faire mourir sans aucun supplice recherché. N'écoutons point ces publicistes qui, ne connaissant pas le cœur humain, nous disent tous les jours qu'il faut de la rigueur dans les châtimens : bien au contraire il faut de la douceur : autrement on tyrannise; on ne punit pas. La peine ne fait plus alors aucune impression sur le coupable; la grande terreur a frappé ses esprits; ses sens, se refusant à leurs fonctions, le rendent stupide; il ne peut plus réfléchir sur son état, ni considérer sa faute dans le tems qu'il devrait la comparer à la punition; et s'il doit mourir, il est, pour ainsi dire, déjà mort, (1) sinon il devient furieux et tur-

_____

(1) La mort, physiquement parlant, n'est que la fin des peines, et bien souvent le désespoir en affaiblit

bulent. Que produisent chez le Japonnais ces
lois sanguinaires, si ce n'est des rebellions et un
avilissement épouvantable? Qu'ont produit
autrefois dans le royaume de France les coups
de plat de sabre, les étrivières et les fusil-
lades, si ce n'est d'avoir rendu le soldat ré-
calcitrant, et multiplié les désertions? En Turquie a-t-on de meilleures troupes parce que
les lois militaires portent le caractère du despotisme? En Moscovie se commet-il moins
d'assassinats sur les grandes routes, parce
qu'il n'y a aucune proportion dans les peines?

Il faut donc mesurer la grandeur de la punition à la grandeur du délit, et appliquer
des peines toujours proportionnées aux crimes, en les modérant autant que possible.
Tacite a écrit (1) que les Germains pendaient
les traîtres et les transfuges; qu'ils jetaient
dans un bourbier, sous une claie, les lâches
et les infames, et qu'ils avaient établi cette

---

l'impression et en diminue l'horreur. Or, pour conserver à la discipline toute sa vigueur il faut qu'elle
soit un glaive menaçant qui ne frappe point; un glaive
toujours levé et suspendu pour tenir en garde les soldats, et prévenir ou empêcher les châtimens militaires.

(1) *De Morib. Germ.*

diversité de supplices pour montrer d'un côté la punition des crimes, et ensevelir de l'autre celle de l'infamie; mais ils auraient dû faire quatre distinctions au lieu de n'en faire que deux, et punir différemment le traître, le transfuge, le lâche et l'infame.

Comme on doit récompenser la vertu, on doit punir le vice; ce principe est prouvé par la nature même, puisque le crime cause un remords de conscience, un chagrin intérieur, qui est un châtiment, tandis que l'innocence procure une tranquillité d'esprit, une satisfaction intérieure, qui est une récompense.

Dans un état où il y a des mœurs pures, des opinions saines et de bons principes, on récompense civilement et militairement par des marques honorables les actions vertueuses et magnanimes, et l'on punit par des flétrissures celles qui sont vicieuses et pusillanimes; tout ce qu'on y nomme peine et récompense l'est réellement; c'est une peine, par exemple, de n'y pas jouir de l'estime publique, comme c'est une récompense d'y pouvoir prétendre. Lorsqu'on peut employer des choses communes pour récompenser la vertu et punir le vice, on peut alors décerner tous les jours des récompenses sans épuiser ses ressources, et des

I.   24

punitions sans tarir ses châtimens. Il est des crimes qui par leur nature sont dignes de mort; mais il est des fautes purement correctionnelles. On doit se servir du supplice quand un homme est si méchant qu'on ne peut plus espérer de le changer; mais il faut employer les peines morales lorsqu'on peut encore le ramener à son devoir. (1)

Quand les citoyens dans l'état et les soldats dans l'armée ont le sentiment de leur propre estime, il suffit de prononcer qu'une certaine action est honteuse pour qu'ils se gardent de la commettre; c'est une peine qui gît dans l'excellence des principes : il y a des punitions de préjugé ou d'opinion, et quelque douces qu'elles nous paraissent, elle font plus d'impression que les autres. Lacédémone déclarait-elle une action contraire aux bonnes

---

(1) Sans les peines morales quel châtiment réserverait-on aux crimes des officiers si l'on inflige aux soldats les plus grands supplices? Quelle proportion y aurait-il dans les peines si l'on fait subir également la mort dans les divers grades? Par l'ignominie on punit toujours plus sévèrement les officiers que les soldats, soit parce qu'on peut les flétrir de cette manière autant que l'on veut, soit parce qu'ils y sont plus sensibles à raison de leur éducation.

moeurs, les citoyens s'en abstenaient : c'était
là une peine de confusion. Rome notait-
elle d'ignominie un soldat qui avait fui devant l'ennemi, tout le monde se piquait d'être
courageux. La récompense alors est aussi gra-
tuite ; il suffit de croire qu'on la mérite pour
que l'on devienne vertueux. A Athènes dé-
clarait-on une action magnanime, aucun citoyen qui ne voulût en faire une semblable.
Dans les armées françaises aujourd'hui faut-il
monter sur la brèche, chaque soldat veut y arriver le premier, parce qu'on y attache de la
gloire.

Il importe d'adoucir les peines toutes les
fois qu'on peut le faire sans danger, surtout
si le coupable a eu pour but le bien public :
il est des fautes légères que le général
peut prendre sur son compte sans affaiblir
la discipline ; la plus rigoureuse des lois
peut se relâcher en faveur d'une infraction
qu'il serait dangereux de punir. Malgré la sévérité de la discipline romaine on voit des exemples où il fut permis à Rome de tempérer la
rigueur des lois militaires : quand *Fabius*,
général de la cavalerie, a défait ses ennemis
contre les ordres de *Papirius*, ce dictateur
veut le punir ; l'armée s'y oppose. *Fabius*

se réfugie à Rome : son père appelle de la sentence. *Papirius* harangue contr'eux ; il insiste sur l'autorité du commandement : il cite les exemples de *Brutus* et de *Manlius*. Le peuple n'ose implorer sa clémence : les *Fabius* se jettent à ses pieds ; et le dictateur pardonne. « C'était le cas, dit *Millot*, (1) où les lois pouvaient fléchir sans porter atteinte à la discipline. » Quoi qu'il en soit, il ne faut pas trop multiplier ces exemples, car ils pourraient devenir funestes : Rome n'en fournit pas beaucoup ; peut-être même que pour décider d'un tel pardon (2) on aurait dû être témoin de l'action, afin de voir si elle n'avait pas trop mis en danger la patrie ; mais le gain d'une bataille peut bien mériter une indulgence en faveur de celui qui a transgressé un point de discipline dans la vue de servir utilement sa patrie.

Les peines militaires augmentent ou diminuent à mesure qu'on se rapproche plus ou moins de la liberté ; il faut donc ménager l'empire que les lois ont sur les esprits, afin de ne les pas rendre inutiles par

_____

(1) Hist. rom., 5ᵉ époque, chap. 3.

(2) Il serait toujours bon de pardonner si en le faisant le coupable venait à résipiscence.

une trop grande rigueur. La sévérité des peines ne fait pas mieux observer les lois; elle tend au contraire à les affaiblir. Le supplice de *Métius Suffetius*, qui, par ordre de *Tullus Hostilius*, fut traîné par deux chariots, prouve qu'on avait alors oublié à Rome toute idée d'humanité; mais un système si atroce ne fut pas long-tems suivi; et ce ne fut certainement pas dans ce tems horrible que les lois romaines furent le mieux observées.

Pour rendre impuissantes les peines les plus rigoureuses il ne faudrait que quelques exemples, tels que celui de *Mucius-Scévola*, qui, ayant poignardé le secrétaire de *Porsena*, pour *Porsena* lui-même, porta, par ordre de ce roi, sa main sur un brasier ardent, et la vit brûler de sang froid. (1)

_____

(1) Tous les historiens ont rapporté ce trait comme digne d'éloges : pour moi je pense que s'il est glorieux sous le rapport du patriotisme, il est horrible sous celui de l'humanité; et peut-être encore la fermeté que ce Romain montra en portant sa main dans les flammes, ce qui est le plus beau de cette action, ne fut-elle que l'effet d'un lâche désespoir; car, comme il est dans notre nature de ne pouvoir nous résoudre que

Quand les lois militaires sont trop sévères dans leurs châtimens, elles inspirent de la pitié pour le coupable, et excitent de l'indignation contre ceux qui les appliquent.

Dans un état bien ordonné toute la nation est affligée quand on est dans le cas de punir quelque crime; comme il y règne l'union la plus parfaite, chacun semble s'y mettre à la place de son semblable. Chez les Romains, dans les beaux jours de la république, la peine d'un citoyen était une désolation publique; aussi, plutôt que de lui faire subir la mort, on eut souvent recours au bannissement. A Sparte on était dans une perplexité terrible lorsqu'on devait punir un coupable, et il ne fallait pas moins qu'une assemblée de tout le peuple pour en condamner un seul. Dans la Chine il est rare qu'on inflige une peine capitale sans que l'empereur ait confirmé la senteuce.

difficilement à la souffrance, les peines que nous sommes forcés d'endurer semblent nous causer moins de douleur que si nous les supportions volontairement. Nous nous résignons à la mort parce que c'est pour nous un acte de nécessité absolue : c'est ce qui explique comment il se fait que tel serait lâche au moment du supplice, qui meurt courageusement.

Ce n'est pas qu'il ne faille établir des peines suffisantes pour réprimer les méchans. Observons que la discipline militaire ne sera jamais bonne tant qu'elle aura trop de sévérité ou trop de douceur; il est des peuples que l'on doit traiter avec plus de rigueur à cause de la rudesse de leur caractère; et à l'égard de ces premiers il faut connaître le degré de sévérité qu'il convient d'employer : il en est d'autres que l'on doit traiter avec plus de modération à cause de la douceur de leur naturel; et à l'égard de ces derniers il faut connaître le degré de modération qui peut leur convenir.

Il faut se tenir toujours en garde contre les deux excès; une discipline trop douce ne vaut pas mieux qu'une discipline trop sévère: celle-ci, en détruisant le coupable par des supplices inouis, jette les ames dans l'abattement; celle-là, en épargnant le criminel par des ménagemens déplacés, rend les esprits intraitables : l'une favorise le méchant, parce qu'elle ne sévit pas assez contre le crime; l'autre outrage l'homme bon, mais faillible, parce qu'elle sévit trop contre l'erreur.

Tâchons donc d'allier, autant qu'il est possible, la sévérité avec la douceur, en usant

d'une sage modération. La sévérité sans
douceur aigrit les esprits et les porte à la révolte ; la douceur sans sévérité énerve l'autorité, et la rend bientôt nulle. Celui qui commande à la troupe doit avoir une raisonnable sévérité. Il faut entendre par ce mot
l'usage des peines morales ; peu de supplices
et beaucoup de flétrissures. Telles étaient à
Rome les peines de la censure, et à Samos
celles de l'animadversion publique.

Quoique la source des peines infamantes
soit inépuisable, on ne doit cependant les appliquer que dans les cas nécessaires, si l'on
veut conserver la pureté des mœurs. Ainsi,
quand *Louis XIV* ordonna de traîner dans
Utrecht le brave *Dupas* une pelle à la main,
et de rompre son épée, parce qu'il avait
rendu en 1672 la ville de Naerden au
prince d'Orange après quatre jours de siège,
qu'une garnison faible ne pouvait défendre,
ce fut une ignominie aussi injuste qu'inutile
pour un officier français qui n'avait cédé qu'à
la dernière extrémité.

On doit changer de discipline à mesure
qu'on change de gouvernement pour les
allier ensemble ; et la discipline, en s'adap-
tant au gouvernement, s'adaptera à tout

ce qui le forme; aux lois, aux mœurs,
aux manières, aux coutumes, aux principes
et aux caractères. Or, quoique la discipline
militaire se différencie dans chaque état, elle
a partout pour but de former de bonnes
troupes; mais elle y parvient d'une manière
plus ou moins efficace. Par exemple, dans les
républiques, où règne l'idée de la liberté, il
faut une discipline plus douce, parce que le
sentiment de la vertu s'excite par la modération. Dans les monarchies, où règne l'opinion
de la grandeur, il faut une discipline un peu
plus rigide; parce que l'amour de la gloire
agite quelquefois trop fortement les esprits.
Dans les états despotiques, où la condition
de l'homme est dure et servile; il faut une
discipline sévère, parce qu'on n'y est retenu
ni par l'honneur, ni par la vertu, mais seulement par la crainte.

Nous venons de voir que la discipline militaire peut périr de deux manières; par des
peines trop modérées, ou trop sévères : il
faut donc éviter les deux extrêmes. En effet,
des lois trop rigoureuses n'empêchent pas plus
le mal que des lois trop douces ne portent
au bien : la modération seule fait la bonne
discipline, et pose la vraie et solide autorité.

Rien ne menace plus d'une chûte funeste que la puissance poussée trop loin : c'est pourquoi il faut des peines médiocres, et les appliquer sans passion.

Rien n'est plus dangereux que de mettre de la colère dans les châtimens ; on semble alors se plaire dans la vengeance. Les peines qu'on inflige avec réserve font un bien meilleur effet; le coupable pense qu'on le punit à raison de sa faute, et non par esprit de haine particulière : c'est alors que l'homme qui a failli se recueille, réfléchit et aperçoit dans le calme de son ame la faute qu'il a commise, la reconnaît, s'en repent et s'en corrige. Tel est l'heureux effet de la modération des peines, qu'elles conservent les coupables en détruisant les crimes : quand, au contraire, les punitions sont capitales on détruit les coupables sans détruire les attentats, qui ne cessent de se reproduire au milieu de ces horreurs.

CHAPITRE V.

Des Récompenses.

Les récompenses sont le prix des belles actions : elles sont grandes ou petites, selon l'importance du service; elles consistent en honneurs ou en argent, selon la pureté des principes. Les Romains, qui, dans le tems de leur splendeur, n'avaient que de la gloire à donner, eurent des guerriers invincibles : témoin le soldat qui, après s'être distingué, refusa d'accepter des mains de son lieutenant une chaîne d'or, disant que c'était la récompense d'un avare. Les Carthaginois, au contraire, qui ne donnaient que de l'argent, n'eurent jamais de si braves défenseurs. Cela dépend de l'esprit, des mœurs, des habitudes, et surtout de l'état d'une nation : si elle est pauvre et magnanime, elle ne récompense qu'avec des honneurs, et s'enrichit; si elle est opulente et voluptueuse, elle ne récompense qu'avec de l'argent, et s'appauvrit. Rome nous en fournit le double exemple : sa puis-

sance alla en croissant tant que la pauvreté
soutint ses vertus civiques et militaires; mais
elle tomba en décadence lorsque de grandes
richesses eurent corrompu ces mêmes vertus.

Dans les bons gouvernemens l'or ne sert
que pour exécuter les beaux projets que
l'amour de la gloire enfante; mais dans les
mauvais gouvernemens il faut toujours parler
d'argent pour faire entreprendre des actions
communes. L'estime publique est le ressort
des états républicains; l'honneur est le mobile
des états monarchiques, et l'argent est celui
des états despotiques; car dans les états où
toutes les impressions se font par la crainte,
l'ame se ferme à toutes les passions nobles, et,
comme elle ne peut s'y nourrir que d'un aliment grossier, elle est incapable de rien de
grand. (1)

_____

(1) Dans un état bien policé on compte pour peu
de choses les récompenses en argent; car il faut toujours les multiplier, parce qu'elles sont celles de
l'avarice. En effet, plus l'homme obtient de ces récompenses, plus il en desire; de manière qu'il ne se
croit jamais suffisamment récompensé, à cause de
l'ambition qui laisse toujours un vide dans son ame.
D'ailleurs, quand les récompenses consistent en argent, et les peines en supplice, elles annoncent la corruption des mœurs et des principes.

En effet, dans ces états où la domination la plus absolue est à côté de la servitude la plus profonde, où la tyrannie et l'esclavage blessent également les yeux, où l'orgueil et le caprice d'un souverain se jouent tranquillement de la nature humaine, l'ame n'a aucune énergie, et il faut multiplier les récompenses pécuniaires pour qu'elles puissent aiguillonner le talent; car que peut-on donner dans un gouvernement où la vie de l'homme est continuellement en danger, où l'air qu'il respire n'est pas à lui, où les tristes jours qu'il traîne semblent être un oubli de la cruauté du despote : il est impossible qu'il ait des jouissances; et, comme il ne s'appartient pas lui-même, tout ce qu'il peut recevoir ne le rend que plus esclave. (1)

'Dans les états monarchiques, au contraire, l'esprit se développe d'une manière étonnante : le citoyen, doué des sentimens les plus

---

(1) Dans les états despotiques l'homme ne saurait être vertueux; car, par cela qu'il est esclave, il est impossible qu'il fasse volontairement aucun sacrifice; il faut le lui arracher de force; et il ne peut rien donner à la patrie, parce qu'il n'y est pas maître de lui-même. S'il fait quelque action importante, c'est avec la froideur de la mort.

délicats, y est vivement affecté du prix de l'esti me et de l'honneur. Dans les états monarchiques, où règnent la liberté et la vertu, l'ame y a tant d'action, que la plus petite récompense la flatte, l'anime, la transporte et la vivifie; la liberté même semble y être sa propre récompense. Nous en voyons la preuve dans l'histoire ancienne : tant que Rome fut vertueuse et libre, quelques feuilles de laurier récompensèrent dignement ses soldats.

Lorsque l'enthousiasme de la liberté transporte les soldats, il n'est point de péril qu'ils ne bravent avec audace; un mouvement noble et pur les fait agir; et l'ardeur brûlante du patriotisme les enflamme à tel point, qu'elle en fait de vaillans guerriers : l'empire alors a des défenseurs intrépides, et n'a qu'à tresser des couronnes de laurier pour récompenser leurs beaux exploits. La valeur des soldats et la bonté de la discipline; ces deux choses s'accordent entr'elles, et existent quand les lois militaires sont en vigueur.

Les récompenses dans une monarchie sont l'ornement des belles actions, et dans une république elles en sont la renommée; peut-être encore ne sont-elles pour l'homme de génie que la persuasion intérieure de son propre mérite. Telle est la nature des vertus républicaines, qu'elles n'ont pas besoin d'autre aliment pour être inspirées; elles sont le désintéressement même : aussi n'est-il pas de ressort plus puissant lorsqu'on sait le mettre en œuvre. (1) L'honneur et l'estime flattent l'homme de mérite qui les reçoit; mais on ne lui donne rien de trop, parce qu'il faut exciter les humains à la vertu par des récompenses, comme il faut les détourner du vice par des châtimens.

Que les récompenses consistent en tribut de gloire, et l'état deviendra plus riche et plus puissant à mesure qu'il en accordera davantage; mais pour cela il faut ennoblir les sentimens des soldats: si on ne leur inspire le sentiment de l'honneur, on les rend mercenaires; alors il faut leur parler d'argent

---

(1) C'est peu de ne pas prétendre aux récompenses qu'on ne mérite pas, il faut encore savoir renoncer à celles qu'on a méritées, pour être véritablement vertueux. La république, qui passe pour le meilleur des gouvernemens, fait consister la vraie récompense dans le désintéressement personnel; mais il ne faut jamais oublier qu'elle a pour fondement la vertu, sans laquelle elle devient le plus mauvais de tous les gouvernemens.

pour les aiguilloner, et l'état est à la veille de
sa ruine; car bientôt, ne pouvant plus donner
des récompenses si coûteuses, il se trouve
sans défenseurs. Il importe donc de récompenser avec des choses simples et de peu de
valeur, afin qu'elles ne lui deviennent pas
onéreuses. A Rome la plus grande simplicité
accompagnait partout la plus grande vertu: aux
héros on décernait des couronnes de feuilles,
récompenses qui sont les plus belles; parce
qu'elles sortent des mains de la nature; et les
couronnes d'or étaient réservées pour les actions médiocres.

Tant que les pompes triomphales, les couronnes civiques et murales furent des récompenses flatteuses chez les Romains; tant que la
pauvreté conserva la discipline militaire et
les mœurs civiles, Rome fut florissante; mais
lorsque la discipline se fut relâchée, que
l'abus des richesses se fut introduit, que
l'usage des triomphes se fut aboli, la grandeur romaine ne tarda de s'éclipser.

Quand les beaux exploits sont récompensés
par des marques d'honneur, ils en font naître
de plus beaux encore. L'enthousiasme, l'exal-
tation, le transport inspirent le courage et
forment les héros. La gloire excite et nourrit

la valeur guerrière : il faut un aliment pur pour les passions nobles, et nul n'est vertueux par le seul amour de la vertu; car il faudrait qu'il fût sans passions; et un homme sans passions serait un animal stupide, ou pour mieux dire un être inanimé. La vertu a besoin d'être inspirée; il est des gens qui font des exploits avec éclat; ceux-là aiment la gloire, et ne le cachent pas : d'autres agissent sans bruit; ceux-là aiment aussi la gloire, et ne le font pas connaître : s'ils montrent plus de désintéressement en paraissant en être moins avides, c'est que, leurs vertus éclatant d'elles-mêmes, ils passent pour avoir plus de mérite; et alors l'homme se cache pour mieux jouir.

Qu'on récompense toujours les actions, quelque peu méritoires qu'elles soient, si l'on veut en faire naître d'éclatantes; en négligeant les petites les grandes s'évanouissent : les exploits les plus communs ajoutent encore leur lustre aux exploits les plus rares; ils sont à la vie d'un homme célèbre ce que les ombres sont dans le tableau d'un peintre habile : c'est ainsi que pour achever l'histoire d'un grand homme public on tire de l'obscurité des traits de sa vie privée.

Il importe de ménager les honneurs, afin qu'ils ne deviennent pas trop communs ; quand on les dispense avec profusion on prouve qu'on n'a plus bonne opinion des hommes, et ils ne produisent plus d'effet, parce que la vertu s'éteint dans le cœur des citoyens. Il est pourtant vrai de dire que plus on puisait autrefois dans le trésor de la gloire, plus ce trésor s'augmentait par l'émulation publique ; mais l'esprit frivole des hommes modernes se dégoûte de toutes les choses qu'on ne sait pas leur ménager : d'ailleurs les grandes récompenses annoncent la chûte des états en annonçant la corruption des mœurs ; l'honneur n'a plus alors la même force, ni le civisme la même énergie, et dans cet affaiblissement il faut donner beaucoup pour obtenir peu.

Quand les honneurs sont décernés avec économie et à propos on a cet avantage que celui qui les accorde n'a pas à se repentir de les avoir prodigués, et celui qui les reçoit n'a pas à rougir de les avoir indignement obtenus.

FIN DU PREMIER VOLUME.

TABLE
DES MATIÈRES.

LIVRE PREMIER.

De la Société dans ses rapports avec le bonheur du genre humain.

LIVRE SECOND.

Des Troupes dans le rapport qu'elles ont avec la sûreté de chaque état.

LIVRE TROISIÈME.

De la Perfection de la Discipline dans ses rapports avec la bonne organisation des Troupes.

FIN DE LA TABLE DU PREMIER VOLUME.

ERRATA DU PREMIER VOLUME.

Page 137, dernière lig. de la note, au lieu de *imitation*, lisez *invention*.

Page 152, lig. 1re et 2e, au lieu de *quand la famille régnante s'éteint entièrement, et que le sceptre passe*, etc., lisez *quand la famille régnante n'est pas entièrement éteinte, et que néanmoins le sceptre passe*, etc.

Page 170, lig. 24, au lieu de *à raison*, lisez *en raison*.

Page 274, lig. 16, au lieu de *préteurs*, lisez *préfets du prétoire*.

Page 300, lig. 20, au lieu de *armaient*, lisez *arment*.

Page 304, lig. 7, au lieu de *à raison*, lisez *en raison*.

www.ingramcontent.com/pod-product-compliance
Lightning Source LLC
Chambersburg PA
CBHW061103220326
41599CB00024B/3897